国际知识产权保护与协同创新文化建设研究

佘力焓 著

Research on Protection of International Intellectual Property Right and Culture Construction of Synergy Innovation

中国政法大学出版社
2024·北京

声　明　1. 版权所有，侵权必究。

　　　　 2. 如有缺页、倒装问题，由出版社负责退换。

图书在版编目（CIP）数据

国际知识产权保护与协同创新文化建设研究 / 佘力焓著. -- 北京：中国政法大学出版社，2024.6.
ISBN 978-7-5764-1532-2

Ⅰ.D923.404

中国国家版本馆CIP数据核字第2024YV9207号

出 版 者	中国政法大学出版社
地　　 址	北京市海淀区西土城路25号
邮寄地址	北京100088 信箱8034分箱　邮编100088
网　　 址	http://www.cuplpress.com（网络实名：中国政法大学出版社）
电　　 话	010-58908441(编辑部) 58908334(邮购部)
承　　 印	固安华明印业有限公司
开　　 本	880mm×1230mm　1/32
印　　 张	10.25
字　　 数	250千字
版　　 次	2024年6月第1版
印　　 次	2024年6月第1次印刷
定　　 价	49.00元

目 录

绪 论 ……………………………………………………… 001

一、国际区域性知识产权保护的态势分析……………… 007
  （一）协同创新文化建设的知识产权需求及研究现状 …… 007
  （二）"一带一路"倡议下国际知识产权保护研究的
       重要性 ……………………………………………… 009
  （三）国际区域性知识产权发展的现状：以"一带一路"
       沿线国家为例 ……………………………………… 010
  （四）国际知识产权制度地域性的差别化 …………… 016
  （五）国际区域性知识产权保护的风险 ……………… 022
  （六）国际区域性知识产权保护的思考 ……………… 025

二、国际知识产权保护中协同创新机理………………… 027
  （一）知识产权合作及协同创新的理论前提 ………… 027
  （二）国际合作中知识产权协同创新模式：专利审查
       高速路 ……………………………………………… 031
  （三）国际合作中知识产权协同创新：专利审查国际协作
       的创新效应 ………………………………………… 050
  （四）知识产权协同创新的影响因素 ………………… 055
  （五）知识产权协同创新的运行机制 ………………… 061

三、国际知识产权保护水平的评价体系及创新影响 …… 068

（一）基于"一带一路"沿线国家知识产权保护水平的

指标设计 …………………………………………… 071

（二）"一带一路"沿线国家知识产权保护水平的评价

指标体系的构建 …………………………………… 073

（三）知识产权保护水平的测试 ……………………… 082

（四）"一带一路"沿线国家知识产权保护水平的

测试评价 …………………………………………… 087

（五）"一带一路"沿线国家知识产权保护水平与

国际合作创新 ……………………………………… 088

（六）"一带一路"沿线国家知识产权保护水平与国际合作

创新的影响 ………………………………………… 095

四、国际知识产权协同创新的实施路径 …………………… 098

（一）技术创新国际化与知识产权国际协作的理论

逻辑和制度框架 …………………………………… 098

（二）国际区域性知识产权协作的范式选择与要素分析 … 108

（三）知识产权协同创新的多元化 …………………… 110

（四）基于效率和质量导向的专利审查国际协作

优化路径 …………………………………………… 127

五、数字时代的国际知识产权保护与协同创新制度 …… 146

（一）数字技术与专利制度的创新导向 ……………… 147

（二）数字技术领域专利的发展态势：以G部为例 …… 150

（三）数字技术与专利制度的互动效应 ……………… 158

（四）全球化视野下版权制度转型：《马拉喀什条约》
及其产业影响 …………………………………… 162
（五）商标平行进口的知识产权规制 ……………… 174
（六）商标平行进口的多维检视及因应之策 ……… 182

六、国际知识产权保护制度与协同创新文化的
发展策略 …………………………………………… 196
（一）国际知识产权保护水平的趋势 ……………… 197
（二）适应数字技术发展的专利保护规则创新 …… 200
（三）知识产权国际协作水平对我国的潜在影响 … 207
（四）知识产权协同创新的维度 …………………… 216
（五）国际知识产权保护与协同创新完善策略 …… 219

附录一 推动共建丝绸之路经济带和 21 世纪海上丝绸
之路的愿景与行动 ………………………………… 225

附录二 中共中央、国务院印发《国家创新驱动发展战略
纲要》 ……………………………………………… 240

附录三 专利合作条约 ………………………………… 262

参考文献 ………………………………………………… 313

绪 论

一、研究背景

在诸多的民事权利制度中，知识产权具备更多的科技因素和知识要素。在一国之内，知识产权制度的实施效果关系到经济发展与科技进步；而在知识产权全球治理的体系中，国际知识产权保护制度涉及国际经济、文化与科技的交流与合作。

当前，我国经济发展进入新常态，作为全国政治中心、文化中心、国际交往中心和科技创新中心，北京已率先进入"增速放缓、结构优化"的深度转型期，正加快构建"高精尖"经济结构，推动创新发展，通过技术创新不断增强首都发展的新动能。2022年全球创新指数排名中，中国名列全球第十一位[1]。2021年中国通过《专利合作条约》（PCT）途径提交的国际专利申请数量为6.95万件，同比增长0.9%[2]，连续三年位居世界

---

[1] "Global Innovation Index 2022: Switzerland, the U.S., and Sweden Lead the Global Innovation Ranking; China Approaches Top 10; India and Türkiye Ramping Up Fast; Impact-Driven Innovation Needed in Turbulent Times", available at https://www.wipo.int/pressroom/en/articles/2022/article_0011.html, last visited on 2022-10-30.

[2] "WIPO's Global IP Filing Services Reach Record Levels Despite Pandemic", available at http://ocms.wipo.int/pressroom/en/articles/2022/article_0002.html, last visited on 2022-02-10.

第一。从国家创新体系的层面来说,应构建国际创新体系知识生产、知识转移和知识利用的畅通网络[1],同时要着力培育高技术产业,促进技术创新的产生和扩散[2]。

在国际知识产权的制度体系中,法律制度的创新在本质上要求在适用法律资源的过程中掌握好利益分配的格局。本研究着眼于国际知识产权保护与协同创新文化构建之间的联动关系,以效率和公平的平衡约束条件为基础,提出如何通过国际知识产权法律制度的优化(以专利审查国际协作为例)有效促进创新文化建设,如何以"一带一路"倡议下知识产权保护制度的优化提升创新能力、促进创新成果运用,以及如何对合作各方形成兼顾效率和公平的优化机制,从而探寻在创新驱动发展战略实施中的知识产权创新路径和国际协作方案。

二、研究价值

(一) 研究的学术价值

研究国际知识产权保护制度与协同创新文化建设,能够结合具体的国家战略对知识产权保护及国家利益之间的关系进行更深刻的认识。而对国际知识产权保护制度的研究,则能为我国知识产权法学和科技政策提供理论建议。同时,本研究采用的管理学、法学和经济学等交叉学科的实证研究方法也是对知识产权学界近十年来不断反思研究范式的回应。至于如何做到而不仅仅是在方法论上进行浮于表面的争论,本研究将在国际

---

[1] 叶伟巍等:"协同创新的动态机制与激励政策——基于复杂系统理论视角",载《管理世界》2014年第6期。

[2] Maksim Belitski, Anna Aginskaja, Radzivon Marozau, "Commercializing University Research in Transition Economies: Technology Transfer Offices or Direct Industrial Funding?" *Research Policy*, Vol. 48, 3 (2019), pp. 601-615.

知识产权保护制度与协同创新文化建设方面做出自身的探索，以期取得在具体研究领域上综合运用交叉学科的理论突破。

第一，完善知识产权法律制度的认识。当前，我国域外知识产权制度的理论研究持续跟进不够，理论的迟滞使得相关的知识产权法律规则未取得有影响的改变，期待结合科技创新发展的需求对知识产权及创新之间的关系进行更深刻的认识。

第二，丰富我国知识产权研究的范式。本研究采用法学、管理学、经济学和社会学等交叉学科的研究方法，以加强知识产权研究领域的学术融合和学科互补，丰富传统的以规范分析和定性研究为主的知识产权法研究范式。

第三，平衡国际化和本土化的研究。对知识产权保护与科技创新法律制度所展开的研究是知识产权国际协调机制与我国创新发展中法律制度需求的一种平衡探索。

（二）研究的应用价值

第一，在创新驱动发展战略的支持下，中国出现了许多利用知识产权参与国际竞争的创新型企业，中国企业《专利合作条约》国际专利申请量连续多年位居全球首位，这些企业发展亟需知识产权法律制度的保障和支持。

第二，在国际知识产权保护的法律制度中，不同发展程度的国家或地区之间存在较大的差异，亟须探寻科技创新过程中知识产权国际保护对于效率和公平的合理配置。

第三，研究成果对完善我国参与国际知识产权保护、加强我国知识产权法律法规建设、阐明知识产权协同创新机制运行具有重要的应用价值，对激励创新创造和国际科技创新中心建设具有重要的实践意义。

三、研究方法

研究方法为，对具体国家或国际组织的知识产权法律法规、国际条约、案例、年度报告、数据统计和各种原始文献等进行细密、准确的分析论证，同时积极关注域外的经验和总结汇报，多层面、多视角进行研究。

第一，归纳法与演绎法结合。一方面归纳出既有的国际知识产权保护模式和发展趋向，另一方面从一般的国际法律制度协作规律中演绎出解决实际问题的具体策略。

第二，法学、经济学、管理学方法相结合。既注重从法学层面解析专利协作的各种制度要素，又注重运用经济学、管理学把握各种制度模式的实施效果。

第三，规范分析与实证分析相结合。既注重从理论上对专利协作的法律规则进行规范分析与阐释，又注重从创新个案上进行实证的验证与解析。

四、应用前景

通过世界知识产权组织（WIPO）《专利合作条约》途径提交的国际专利申请量，是广泛使用的衡量创新活动的指标之一。2020年的《专利合作条约》国际专利申请量较上年增长了4%，达到27.59万件申请，其中中国（68 720件申请，同比增长16.1%）《专利合作条约》国际专利申请量居于世界首位；2021年全球的《专利合作条约》国际专利申请量呈逆势增长，达到27.75万件，中国的国际专利申请量持续位居世界第一[1]。全球科技创新持续发展，对知识产权保护的要求也越来越高。知识产权保护的缺失或不足将增加专利系统的不确定性、降低专利的品质、阻碍发明人获得投资机会并阻碍创新。2021年1月1日《中华人民共和国民法典》（以下简称《民法典》）正式实施，确立了知识产权的惩罚性赔偿原则；2021年3月1日，《中华人民共和国刑法修正案（十一）》施行，其中的"侵犯著作权罪"加强了对于知识产权侵权行为的惩罚力度。目前，我国的知识产权的法律法规仍需进一步完善和修改，《中华人民共和国专利法》《中华人民共和国商标法》《中华人民共和国著作权法》[2]《中华人民共和国反垄断法》《中华人民共和国科学技术进步法》等修订工作需要统筹推进，从而增强法律之间的一致性，同时还需要加强地理标志、商业秘密等领域立法。本研究成果能给我国知识产权法的修改和完善提供理论建议和实证研究。本研究将集中反映知识产权保护与科技创新中的法律困境，并探讨因地制宜的解决方式。首先，本书将通过研究知识产权综合性保护方式，运用法律、行政、经济、技术、社会治理等多种研究视角，从审查授权、行政执法、司法保护、仲裁调解、行业自律等环节完善保护体系，加强协同配合。其次，本书将结合知识产权创造、运用、保护、管理、服务等各个部分，健全知识产权综合管理体制，增强系统保护能力，从而促进创新要素自主有序流动、高效配置。最后，本书将构建知识产权公共服务体系，让创新成果服务于社会。

中国需要统筹推进知识产权领域国际合作和竞争，坚持人

---

[1] "WIPO's Global IP Filing Services Reach Record Levels Despite Pandemic", available at http://ocms.wipo.int/pressroom/en/articles/2022/article_0002.html, last visited on 2022-02-10.

[2] 以下均使用简称，即《专利法》《商标法》《著作权法》。

类命运共同体理念，坚持开放包容、平衡普惠的原则，深度参与世界知识产权组织框架下的全球知识产权治理，推动完善知识产权及相关国际贸易、国际投资等国际规则和标准，推动全球知识产权治理体系向着更加公正合理的方向发展。本研究能给我国科学技术的海外发展提供一个可行的路径，通过对当前国际专利申请、审查和授权等知识产权体系的优化，对跨国界交互的知识产权保护行为的差异性进行定量化的测度，探寻国际协作过程中知识产权保护对创新的影响机理，研究知识产权全球治理体系下兼顾效率与公平的利益分配机制，因地制宜地构建区域化知识产权保护与科技创新协作机制。研究成果有利于维护知识产权领域的国家安全，推进我国知识产权有关法律规定的域外适用，完善跨境司法协作安排，形成高效的国际知识产权风险预警和应急机制，建设知识产权涉外风险防控体系。同时，研究成果对明确我国参与知识产权国际合作的政策方向，基于差异化的视角优化全球治理视阈中知识产权保护与科技创新协同机制具有重大的理论价值，对国际科技创新中心建设具有重大的实践意义。

一、国际区域性知识产权保护的态势分析

在一国之内,知识产权制度的实施效果关系到本国经济发展与科技进步;而在知识产权全球治理的体系中,国际知识产权保护制度涉及国际经济、文化与科技的交流与合作。

(一)协同创新文化建设的知识产权需求及研究现状

知识产权法规制度体系和保护体系不断健全、保护力度不断加强,对激励创新、构建现代市场秩序、扩大对外开放、促进国际交流合作发挥了重要作用。当前,我国经济发展进入新常态。2019年度,中国超过美国成为《专利合作条约》体系的年度最大用户,国际专利申请量居全球第一。而在此之前,这一地位一直由美国占据。我国创新能力提升,对知识产权国际保护的需求也日益增加。

在国内,对于全球化治理体系中知识产权保护的研究涉及甚少。学界研究指出知识产权具有多元属性,包括民法学强调的私权本质,以及经济学、管理学研究的应用价值[1],更需要通过实施运用以实现创新[2]。企业通过知识产权可以获得市场

---

[1] 吴汉东:"知识产权的多元属性及研究范式",载《中国社会科学》2011年第5期。

[2] 罗莉:"我国《专利法》修改草案中开放许可制度设计之完善",载《政治与法律》2019年第5期;李拯:"知识产权保护是最大激励",载《中国中小企业》2021年第4期。

扩张路径，以及通过在各国的专利申请和实施，企业有可能在有限的时间内实现市场的全球化。在国际上，专利协作不只是强调合作，也强调竞争。协作是在竞争基础上系统的合作行为[1]。当今，协同创新成为科技创新的新范式[2]，从国家创新体系的层面来理解，就是要构建国际创新体系知识生产、知识转移和知识利用的畅通网络[3]。

在国外，对知识产权国际保护制度的研究在"法律的经济分析"领域有较为集中的论证。实证研究表明，专利法律制度对各个产业有着广泛的影响[4]，尤其伴随经济全球化的高速发展，在研发领域对创新产生影响[5]。虽然发达国家在专利国际协作的规则制定上有先发优势，但发展中国家的权益也逐渐受到重视[6]。关于专利国际协作模式，主要有美日欧三边局合作模式（Triway）、五国知识产权合作模式（IP5）、基于检索与审

---

[1] 范如国："复杂网络结构范型下的社会治理协同创新"，载《中国社会科学》2014年第4期。

[2] 陈劲、阳银娟："协同创新的理论基础与内涵"，载《科学学研究》2012年第2期。

[3] 申长雨："全面开启知识产权强国建设新征程"，载《知识产权》2017年第10期。

[4] Michael J. Meurer, James Bessen, "Lessons for Patent Policy from Empirical Research on Patent Litigation", *Lewis and Clark Law Review*, Vol. 9, 1 (2005) pp. 1-27; Matti Karvonen et al., "Technology Competition in the Internal Combustion Engine Waste Heat Recovery: A Patent Landscape Analysis", *Journal of Cleaner Production*, Vol. 112, 5 (2016), pp. 3735-3743.

[5] Bomi Song, Hyeonju Seol, Yongtae Park, "A Patent Portfolio-Based Approach for Accessing Potential R&D Partners: An Application of the Shapley Value", *Technological Forecasting and Social Change*, Vol. 103, 2016, pp. 156-165.

[6] Subhashini Chandrasekharan et al., "Intellectual Property Rights and Challenges for Development of Affordable Human Papillomavirus, Rotavirus and Pneumococcal Vaccines: Patent Landscaping and Perspectives of Developing Country Vaccine Manufacturers", *Vaccine*, Vol. 33, 46 (2015), pp. 6366-6370.

查信息及时共享的新路线（New Route）、专利申请快速审查渠道（SHARE）和专利审查高速路（PPH）等[1]。

知识产权学界对当前专利制度国际发展的了解有待加深，关于知识产权保护与创新关联的法律研究成果比较匮乏，对知识产权制度影响创新的各种制约因素、作用机制和法律体系成效关注不够，在应对策略方面的研究也显露出薄弱和不足，法学理论与实务的研究还需向广度和深度进一步扩展。现有研究往往忽略了知识产权创新需求差异性，也没有考虑到创新驱动发展战略的现实要求，基于"一带一路"倡议的知识产权保护研究较少。对此，国际知识产权保护制度的研究需要针对中国与不同国家、区域之间的具体情况进行具体分析。

（二）"一带一路"倡议下国际知识产权保护研究的重要性

在国际知识产权保护的大环境下，《推动共建丝绸之路经济带和21世纪海上丝绸之路的愿景与行动》是一项重要的行动倡议。丝绸之路经济带和21世纪海上丝绸之路的美好愿景将历史和现实联系起来，将古代中国与亚非欧国家和地区的互通有无与当今中国与这些国家和地区的友好经贸往来结合起来，并赋予了其时代意义。

"一带一路"倡议是一项系统工程，其坚持共商、共建、共享原则，积极推进沿线国家发展战略的相互对接。"一带一路"建设贯穿亚欧非大陆，在推进过程中，我国面临着不同的知识产权制度和文化。在拓宽贸易领域、加快投资便利化进程、推动新兴产业合作、优化产业链分工布局、加强科技合作等方面，

---

[1] Toshinao Yamazaki, "Patent Prosecution Highways (PPHs): Their First Five Years and Recent Developments Seen from Japan", *World Patent Information*, Vol. 34, 4 (2012), pp. 279-283.

知识产权的规则构建和战略布局起着至关重要的作用。如果不能有效地解决知识产权保护问题，就会影响到"一带一路"的整体建设。

共建"一带一路"是顺应世界多极化、经济全球化、文化多样化、社会信息化的潮流，秉持开放的区域合作精神的结果，知识产权保护是维护全球自由贸易体系和开放型世界经济的必然需求。在复杂的国际形势下实施"一带一路"倡议，中国应加强知识产权国际合作机制的建设，积极主动构建相关的知识产权规则，并前瞻性地进行知识产权保护战略布局。

（三）国际区域性知识产权发展的现状：以"一带一路"沿线国家为例

1. 地理位置与发展历史

两千多年前，亚欧大陆的居民开始互通有无，在长期的历史发展过程中逐步形成了多条通商渠道。中国的丝绸是通商渠道中流通的主要商品之一，并深受消费者青睐。频繁的使节往来和商品贸易促进了文化的沟通和交流，形成了一条中国与中亚各国及印度之间以丝绸贸易为主的交通要道，创造了辉煌的文明。19世纪，德国地理学家李希霍芬在其论述中将中国与中亚、印度之间以丝绸、棉花贸易为主的交通要道命名为"丝绸之路"。在近代地理学中，李希霍芬被视为开创性的人物，由于其在学术界地位和影响力，丝绸之路的名称逐渐得到广泛认同，并流传开来。后续学者的研究将丝绸之路确定为古代中国经过中亚通往南亚、西亚、欧洲、北非、东非的陆上贸易交往的通道。

与此同时，从中国东南沿海出发，经过南海，穿过印度洋进入红海，抵达东非和欧洲，形成了一条古代中国与东非、欧洲之间的贸易通道。起初，海上贸易通路从中国徐闻港、合浦港等港口出发，逐步形成了世界性的贸易网络[1]。唐代以降，我国东南沿海有一条名为"广州通海夷道"的海上航路，这大概是"海上丝绸之路"的最早命名[2]。

知识产权制度伴随着社会经济发展而逐步产生。在我国，知识产权是一种民事权利。现有的资料表明，知识产权的起源并非任何一种民事权利或私权，而是一种特权[3]。曾经的专利证书是由国家元首签发的法律文书，用以确认国家权力机构或官方组织授予某人或某个组织的特殊权利。现代的专利制度发源于专利特许制度，不同之处在于：曾经的专利是专有权利，如今的专利是"有限垄断+充分公开"。换言之，曾经的专利在某种程度上可以作为秘密受到保护，尤其是在商业领域，这点在专利制度萌芽的威尼斯可见端倪；现今的专利若想要获得专利权，则在此之前定要充分公开，保证专利知识已经成为社会的公共财富，并由法律来确定该专利在有限时间内的独占权。

人们通常认为计算机软件是20世纪中后期出现的新事物，其实，电影电视也是社会发展中的新产品，由此衍生出的知识产权研究主题层出不穷。而音乐和文学早在公元前就已经产生，即使在没有知识产权的社会中，人类发展的每一个阶段都有大量的音乐和文学作品。在印刷机发明之后，作品的印刷出版逐

---

[1] 林华东："'海上丝路'的影响与启示"，载 http://opinion.people.com.cn/n/2014/1019/c1003-25861481.html，最后访问日期：2017年10月19日。

[2] 据《新唐书》记载，当时东南沿海有一条通往东南亚、印度洋北部诸国、红海沿岸、东北非和波斯湾诸国的海上航道，即所谓"广州通海夷道"。参见"海上丝绸之路千年兴衰"，载 http://history.people.com.cn/n/2014/0520/c385134-25040882.html，最后访问日期：2017年12月10日。

[3] 郑成思：《知识产权论》，社会科学文献出版社2007年版，第2页。

渐成为一种工作,并可以获得相应的报酬。最初的版权制度并不是为了保护作者的权益,而是一种政府的审查制度。当权者可以决定作品是否可以印刷并由谁印刷,"复制权"是由官方权力机构授予民众的一种特权。获得这种特权的人才能复制和出版官方所认可的刊物。由此可见,著作权的起源也是以特权的形式出现的,伽利略在罗马所受到的审判正是罗马教皇在执行版权的规定[1]。

社会经济和科技的进一步发展以及知识产品的扩散促使专利、版权和相关特许权发展演变。威尼斯共和国是15世纪前后的海上强国,往来商贾云集,与世界各国频繁的贸易往来促进了其文化和科技的进步。15世纪晚期,威尼斯颁布了世界上第一部最接近现代专利制度的法律。在此之前,意大利的佛罗伦萨已经出现"带吊机的驳船",这项专利有3年的保护期。从有限保护的期限上看,这项专利已有现代专利制度的气息。但被认为世界上第一部现代含义上专利法的是英国于1624年实施的《垄断法规》(The Statute of Monopolies)。英国在工业革命前期国力逐步强盛,国家鼓励科技创新,鼓励发展机器工业,并由此产生机器大工业代替传统手工业的历史变革。这次工业革命前后历经了一个多世纪,不仅推动了本国的技术革新,同时将影响扩展到了西欧和北美,东欧和亚洲国家也出现了工业革命的高潮。在现实的推动之下,对于技术创新的保护和激励逐步被推上了重要的位置,并形成了现代专利法的雏形。1709年,英国议会通过《为鼓励知识创作而授予作者及购买者就其已印刷成册的图书在一定时期内之权利的法》,通常简称为《安娜女

---

[1] 伽利略主张日心说,与当时教皇所维护的地心说相悖。17世纪初,伽利略出版了他的《关于托勒密和哥白尼两大世界体系的对话》一书,遭受教皇审判。

王法》或《安妮法案》，该法被认为是世界上第一部版权法，在这部法案中，文学艺术作品的作者开始拥有法律上的权利。

社会的进步和科技的发展推动了现代知识产权制度的发展和变革。通过世界各地的经贸往来，各国的文明相互交流，将知识产权的理念和法律传播到全球各地。"一带一路"涉及亚欧非大陆，连接繁荣的东亚经济圈和发达的欧洲经济圈，在这条经济带上，商业往来频繁，技术贸易有效促进了科技成果的实施和使用。纵观知识产权发展的历史，每次经济、科技、社会的进步都将产生新的知识产权需求。在"一带一路"倡议之下，专利、商标、著作权等知识产权获得保护是经济互通、文化相融时代发展的应有之义。

2. 制度构建与国际合作

目前，欧美发达国家之间，以及美、日、韩、中、欧等国家和地区已经达成了良好的知识产权保护共识，但对于丝绸之路经济带的亚非欧国家而言，知识产权制度构建与国际合作在逐步开展，知识产权保护的制度建设有待完善、制度成效有待观察。

丝绸之路沿线国家经济发展水平参差不齐，在知识产权保护问题上的态度不一。南亚国家，比如斯里兰卡，虽然没有社会政治问题，却是农业大国，从国家层面对于知识产权的意识和管理都很薄弱，各项知识产权法律法规长期处于空缺状态。随着国际协作的开展和深入，这些国家在近几年纷纷加入了《世界知识产权组织公约》、《保护工业产权巴黎公约》（以下简称《巴黎公约》）、《国际商标注册马德里协定》、《保护文学和艺术作品伯尔尼公约》（以下简称《伯尔尼公约》）、《与贸易有关的知识产权协议》（以下简称《Trips协议》）等知识产权国际合作条约，短期内迅速颁布了专利法、商标法和著作权法等知识产权法律法规，以配合知识产权国际合作条约的要求。由于国家知识产权法律的长期缺位，这些速成的知识产权法保护成效还有待观察。

在亚非欧国家的知识产权国际协作中，大多数国家都参与到知识产权国际合作的条约中，但是每个区域的国家根据自身发展的需求和本区域的国际影响，参与的国际知识产权合作的程度不一，在国际合作途径上也存在较大的差别。东欧国家由于地处欧洲，其中波兰、捷克、斯洛伐克、匈牙利、保加利亚、罗马尼亚已经加入欧盟，这些国家在国际合作方面展现出同欧盟高度一致的知识产权协作方式，其他东欧国家也积极努力地朝这个方向靠拢。西亚、波斯湾地区的中东国家和地区则由于经济实力雄厚，且有着广泛的对外贸易，会根据自身国际经贸往来的需求有选择地参与到知识产权国际协作中。

东欧国家，尤其是波兰、捷克、斯洛伐克、匈牙利、保加利亚、罗马尼亚、白俄罗斯、乌克兰这八个国家，几乎参与了以下全部主要的知识产权国际合作条约：《世界知识产权组织表演和录音制品条约》（WPPT）、《世界知识产权组织版权条约》（WCT）、《商标国际注册马德里协定有关议定书》（以下简称《马德里协定有关议定书》）、《商标法条约》、《专利合作条约》、《伯尔尼公约》、《保护产地名称及其国际注册里斯本协定》（以下简称《里斯本协定》）、《巴黎公约》、《保护录音制品制作者防止未经许可复制其录音制品公约》、《保护表演者、音像制品制作者和广播组织罗马公约》（以下简称《罗马公约》）、《制止商品产地虚假或欺骗性标记马德里协定》、《国际商标注册马德里协定》、《商标注册用商品和服务国际分类尼斯协定》（以下简称《尼斯协定》)、《国际专利分类斯特拉斯堡协定》、《国际承认用于专利程序的微生物保存布达佩斯条约》、《世界知识产权组织公约》、《建立工业品外观设计国际分类洛迦诺协定》。东欧国家在知识产权国际协作中表现积极有很大一部分原因是为融入欧盟而做的准备,在东欧国家进行知识产权保护存在国际协调的途径,符合知识产权全球化的趋势。

在世界知识产权组织成员中,阿拉伯国家约占11%。除巴勒斯坦、叙利亚外,大多数的阿拉伯国家均为世界知识产权组织的成员,例如:阿尔及利亚、阿联酋、阿曼、埃及、巴林、吉布提、科威特、黎巴嫩、利比亚、毛里塔尼亚、摩洛哥、沙特阿拉伯、苏丹、索马里、突尼斯、也门、伊拉克、约旦、卡塔尔等[1]。相对于东欧国家参与知识产权国际协作的出发点,西亚、波斯湾地区的中东国家则是基于本国经济发展需求而有选择性地加入知识产权国际条约。

在东亚、南亚和东南亚等国家,知识产权国际协作的不均衡更为明显。中国、印度、马来西亚和新加坡等国家有较为全面的国际合作渠道,而泰国、文莱、越南、老挝、缅甸和柬埔寨等国近几年集中加入国际条约,显得颇为仓促。知识产权国民意识的提升是一个漫长的过程,不可一蹴而就。

基于本国的知识产权状况,丝绸之路相关国家参与的知识产权国际协作较少,有的国家不是《专利合作条约》的成员国,且多数国家对专利审查高速路更是了解甚少,因此,外国人在这些国家进行专利的申请和审查缺失便捷的途径,不利于海外资本的投入和利用,不利于在丝绸之路合作中海外的技术研发

---

[1] Member States (wipo. int), available at https://www.wipo.int/members/en/index.html, last visited on 2022-11-26.

和转移，进一步影响到国与国之间的技术投资。丝绸之路沿线部分国家虽然不是《专利合作条约》或专利审查高速路的成员国，却是美日在亚洲展开区域经济合作的伙伴，可以享受美日之间专利申请的便利。而丝绸之路沿线国家的知识产权国际合作方式尚欠缺，现存的对外合作更多集中在美日等发达国家所搭建的渠道之中，从而产品和服务贸易的利益更倾向于流向这些参与知识产权制度建设的发达国家。

由于知识产权制度欠缺，知识产权文化尚未建立，在已经设有知识产权制度的国家中，仍有国家的知识产权保护处于初级阶段。多数国家的知识产权保护的主要是商标权，对于专利保护的意识欠缺。丝绸之路沿线国家的本国公民对于商标制度有一定的认识，多数国家中本国公民的商标申请量和授权量都达到两位数以上。由于自身知识产权制度的欠缺，关于知识产权的法律制度尚不完善甚至缺位，这些国家容易滋生知识产权侵权问题，且知识产权纠纷解决也面临困境。

（四）国际知识产权制度地域性的差别化

当前，通过知识产权政策法律体系、知识产权法律制度的结构、商标和专利的申请量和授权量、著作权和商业秘密诉讼案例、所参与的知识产权国际协作制度的类型和数量、知识产权国际协作途径在本国知识产权保护中所发挥的具体作用等可以将"一带一路"沿线国家的知识产权水平划分为不同层次。比如知识产权政策法律体系处于萌芽期的国家柬埔寨、孟加拉国；具有知识产权政策法律体系但收效甚微的国家哈萨克斯坦、格鲁吉亚；具备知识产权政策法律体系且具有现实功能的国家土耳其、马来西亚；国内知识产权政策及法律较为完善且国际协作广泛的国家沙特阿拉伯；等等。

一、国际区域性知识产权保护的态势分析

1. 国际区域性知识产权发展程度所呈现的不均衡性

"一带一路"贯穿亚欧非大陆，从国际的大环境中观察，目前"一带一路"的两端是当今国际经济最活跃的两个主引擎：欧盟和环太平洋经济带。中间的国家处于两个引擎之间的"塌陷地带"〔1〕。对于此类代表性的国家，分述如下〔2〕：

（1）具有基本知识产权需求的农业国家

柬埔寨是典型的农业国，工业并不发达，其农产品主要出口国是美国、德国、英国、新加坡和日本。其本国政府对知识产权关注不多，专利制度在该国并未受到足够的重视，虽然制定了专利法等相关知识产权法律，但发明专利和实用新型专利的授权量极低，拥有一定数量的注册商标，较少参与知识产权国际合作条约，对外知识产权合作的渠道主要是通过相关的双边贸易协定，主要集中在美国、日本和中国。

孟加拉国也是一个农业大国，全国80%以上的人口从事农业生产，政府对知识产权同样关注不足。其本国的知识产权制度源自英国殖民时期，专利法制定于1911年，后来在1933年增订了专利法规则。孟加拉国在1971年脱离英国殖民统治获得独立后，国家对旧有法律进行了全面的修改和重新颁定，但专利法几乎被忽视，原有的专利法形同虚设。1912年的版权法和1940年的商标法分别在2000年和2009年进行了重新修订，著作权和商标权在该国可以获得一定程度的保护。其本国的专利申请主要来自国外，而商标申请主要来自国内。目前对外合作

---

〔1〕 朱显平、邹向阳："中国—中亚新丝绸之路经济发展带构想"，载《东北亚论坛》2006年第5期。

〔2〕 如无特殊说明，第一章数据均来自"一带一路"沿线国家知识产权负责人会议演讲资料，载 http://news.tongji.edu.cn/classid-15-newsid-46821-t-show.html，最后访问日期：2015年9月24日。

的渠道主要是《Trips 协议》和《关税及贸易总协定》（GATT）等贸易协定，同时，孟加拉国也是《巴黎公约》《伯尔尼公约》和世界知识产权组织的成员国。

（2）初步加入知识产权体系建设的国家

格鲁吉亚是《巴黎公约》、《伯尔尼公约》、《国际商标注册马德里协定》、《Trips 协定》、《工业品外观设计国际保存海牙协定》（以下简称《海牙协定》）的成员国。哈萨克斯坦是《专利合作条约》的成员国，2014 年，来自中国的发明专利申请为 7 件，实用新型申请为 6 件，外观设计申请为 6 件，商标申请为 57 件。长期以来，中国对外贸易知识产权战略集中在美、日等发达国家，与"一带一路"沿线国家，尤其是中亚国家进行经贸往来时，较少考虑到知识产权保护的问题。这主要是因为在此之前，中国与这些国家的经贸往来次数少，产业层次不高，企业没有过多考虑到知识产权的布局。

（3）具有较为完备知识产权法律体系的国家

土耳其国内有完备的知识产权法律体系，覆盖专利权、商标权和设计权，是世界贸易组织（WTO）和《Trips 协议》的成员国，并加入了《欧洲专利公约》（EPC）和世界知识产权组织。土耳其专利局成立于 1994 年，是科学、工业和技术部下属的专门机构，拥有 432 名雇员，其中包含 60 名专利审查员和 120 名商标审查员，参加了 13 个知识产权国际协议。土耳其专利局提供有效而全面的知识产权保护以确保本国的科技在全球范围内的竞争力，并致力于成为世界上领先的知识产权机构。同时其根据本国的发展情况制定了设计战略、地理标志战略，并且在 2015 年提出知识产权国家战略的制定计划。此外，其还搭建了技术转移平台，设立专利许可池，发布专利合作者信息，出版刊物,定期公布数据,并为专利技术的商业运行寻求资助。

马来西亚有较为完善的知识产权管理机构,经过1983年、1990年和2003年三次的改革,形成了马来西亚知识产权局(Intellectual Property Corporation of Malaysia),总计雇员425人,其中专利工作人员110人,商标工作人员104人,工业设计工作人员17人,版权工作人员11人,其他工作人员183人。其知识产权法律体系较为完整,主要有2002年的《马来西亚知识产权合作法案》(Intellectual Property Corporation of Malaysia Act)、2000年的《集中电路布图设计法案》和《地理标志法案》、1996年的《工业设计法案》、1987年的《版权法》、1983年的《专利法》和1976年的《商标法》。其中比较有特点的知识产权措施是建立马来西亚遗传资源数据库,为国家生物资源的多样性提供保护,避免授予不当的专利,为专利审查员提供技术支持。在国际合作方面,马来西亚是世界知识产权组织的成员国,参与了《巴黎公约》、《伯尔尼公约》、《Trips协议》、《专利合作条约》、《尼斯协定》、《建立商标图形要素国际分类维也纳协定》(以下简称《维也纳协定》)等。

(4) 国际协作和国内知识产权体制全面建设的国家

沙特阿拉伯专利局成立于1982年,且该国在2013年成为《专利合作条约》和《专利法条约》(PLT)的成员国。专利局员工有90人,其中高级管理层有10人,审查员40人,助理审查员5人,专利信息专员4人,法律工作人员5人,客户服务人员6人,行政工作人员20人。40位审查员中,10人具有硕士研究生学历,30人具有本科学历。从2010年到2014年,在沙特阿拉伯提交专利申请最多的是沙特阿拉伯本国申请人,共计1851件,占总申请量的40%;其次是来自美国的申请849件,占18%；中国申请人提交的专利申请排名第十，为78件，约占全部申请的2%。自2003年到2012年，沙特阿拉伯国内专利申请量年平均上升25%。在国际合作方面，目前已经建立合作关系的有海湾阿拉伯国家合作委员会专利局[1]、中国国家知识产权局和摩洛哥工业与商业产权局（Moroccan Industrial and Commercial Property Office），正在商谈建立国际合作关系的有欧洲专利局、塔吉克斯坦的国家专利信息中心和韩国知识产权局等。同时，沙特阿拉伯还积极参与了世界知识产权组织的多项国际合作项目。

由此可见，"一带一路"沿线国家的知识产权发展并不均衡。对于以农业发展为主的国家而言，其并不重视专利等知识产权在本国的制度建立和保护，多数国家没有加入《专利合作条约》等条约；一些发展中的大国比较注重本国知识产权制度体系的建立，并积极参与国际协作。国际知识产权规则历来是国内知识产权制度发展和完善的重要依据，无论是在中国还是"一带一路"沿线国家，无论是在发达国家还是发展中国家，无论是对国际组织还是民间组织，也无论是对私人机构还是公共部门，知识产权制度都正在成为一项重要的基本法律制度，知识产权已经成为关系国家发展、国际贸易和国际合作的重要问题。由于经济和社会发展的不平衡，知识产权在国际上已经成为热点问题，有关知识产权的争议也时有发生。知识产权人才的交流与合作可以促进知识产权领域的国际对话和国际合作不

---

[1] 海湾阿拉伯国家合作委员会专利局（GCCPO）是位于沙特阿拉伯利雅得的一个区域专利局，隶属海湾阿拉伯国家合作委员会（GCC）总秘书处。它成立于1992年，1998年开始运营。海湾阿拉伯国家合作委员会专利局授予在所有海湾阿拉伯国家合作委员会成员国有效的专利。海湾阿拉伯国家合作委员会的第一项专利于2002年获得批准。

断发展，推动知识产权制度向既要履行相关国际条约义务也要符合本国国情的方向发展。

2. 国际区域性知识产权发展特征

"一带一路"跨越了亚洲、欧洲、非洲三个大陆，沿途经过60多个国家和地区。知识产权在这些国家和地区的分布呈现以下层次：

其一，对于多数农业国家而言，政府并不关注知识产权的制度建设，本国的知识产权法律缺失或没有实效，尤其是在专利法领域。由于知识产权并未得到重视，知识产权人才也没有相应的培养机制，公众的知识产权意识淡薄。这些国家的知识产权相关法律是根据经济贸易的需要而附带有相关的规定，国内的法律制度主要集中在商标领域，而对外的知识产权规定则集中在与之有贸易往来的国家的双边协定中。这些国家知识产权国际合作的渠道有限，国外相关技术难以在当地获得知识产权的授权和保护。

其二，对于一部分发展中的大国而言，国家比较重视知识产权在国家创新发展中的作用，提出知识产权强国战略，并且根据本国自身的资源特点制定相关知识产权法律，比如遗传资源的保护等。同时，这些国家开始在高校和科研机构中培养知识产权相关人才，注重知识产权的国际合作与交流，希望通过对外的学习和借鉴提高自身的知识产权能力。国家努力开拓各种适当的知识产权国际合作方式，以促进本国的技术走向世界。

其三，对于一部分主要依靠对外贸易发展的国家而言，国家大力支持知识产权国际合作，鼓励技术资源的输入和输出，不仅培养知识产权专业人才，还非常注重人才的质量和知识产权素养，知识产权国际合作的渠道广泛并且较为通畅。

对于不同的知识产权发展境况，需要因地制宜制定相关的知识产权保护策略，以促进和鼓励"一带一路"沿线国家的技术投资和贸易。

(五) 国际区域性知识产权保护的风险

就其中的核心和重要的区域而言，"一带一路"沿线国家知识产权保护存在以下风险：

首先，"一带一路"沿线国家知识产权制度欠缺。"一带一路"连接东亚和欧洲，中间的广阔腹地主要是中亚、西亚、中南半岛等地区。这些地区的科技发展相对缓慢，部分地区的知识产权制度处于萌芽阶段，有的甚至没有专利法律制度。近年来，美日等国积极推动以自身发展为核心的区域合作计划，支持东南亚国家等的知识产权建设，使这些国家的知识产权法律制度从无到有地建立起来，而建立的知识产权制度则更多符合美日的价值取向和利益需求。从当前的"一带一路"沿线国家知识产权制度现状来看，绝大多数国家都设立了著作权和商标权的法律制度，专利制度还有待完善。

其次，"一带一路"沿线国家的知识产权国际合作方式不完善。基于本国的知识产权状况，"一带一路"沿线国家参与的知识产权国际协作较少，因此，外国人在这些国家进行专利申请和审查缺少便捷的途径，不利于在"一带一路"合作中海外的技术研发和转移，进一步影响到国与国之间的技术投资和利用。"一带一路"沿线部分国家虽然不是《专利合作条约》或专利审查高速路的成员国，却是美日在亚洲展开区域经济合作的成员，可以享有在美日之间专利申请的便利。"一带一路"沿线国家的知识产权国际合作方式欠缺，现存的对外合作更多集中在美日等发达国家所搭建的渠道之中，从而对于产品和服务贸易的利益更容易流向参与这些国家知识产权制度建设的发达国家。

最后,"一带一路"沿线国家的知识产权保护意识和法律制度有待加强。由于知识产权制度的欠缺,知识产权文化尚未建立,在已经设有知识产权制度的国家中,仍有国家的知识产权保护处于初级阶段。多数国家的知识产权保护主要为商标权,对于专利权保护的意识欠缺,有的国家的发明和实用新型授权量在21世纪之初为零,且多数国家公众的专利意识淡薄,本国公民的专利授权量为个位数,仅有的专利授权多数被外国申请人获得。而对于商标制度,"一带一路"沿线国家的本国公民都有一定的认识,多数国家中本国公民的商标申请量和授权量都达到两位数以上。由于自身知识产权制度的欠缺,关于知识产权的法律制度尚不完善甚至存在缺位的现象,"一带一路"沿线国家容易滋生知识产权的侵权现象,且知识产权纠纷解决将面临困难。

因此,我国在"一带一路"的发展中不可以忽视知识产权保护所带来的影响。"一带一路"沿线国家知识产权保护虽然有待加强,但也并非完全没有保护,因此,我国在知识产权保护方面可能出现的问题可以从以下两个方面来考虑:

其一,自身的知识产权被侵犯。如果我国企业对于投资所在国的知识产权保护制度了解不足,再加上该国的知识产权制度不完善,就可能会发生知识产权无法得到保障的情况,或是已有的权利也不得不放弃,任由他人侵权而无从救济。以巴西的情况为例,由于我国在很长一段时间未与巴西签订专利审查高速路协议,专利申请得不到加速审查,国内的通信公司为寻求专利授权需要耗费大量的等待时间。在此过程中,申请专利的技术无法投入使用,且面临侵权得不到救济的风险。同理,由于"一带一路"沿线的部分国家知识产权制度的不完善以及国际协作途径的缺乏,寻求知识产权保护面临许多困难。

其二,自身侵犯了他人的知识产权而后知后觉。"一带一路"既通过中亚、中东、高加索等的发展中国家,也连接欧盟等发达经济体,还可能有其他发达或发展中国家和地区的参与[1]。如果我国企业的投资和开发缺乏长远规划,待到自身的出口业务和合作业绩达到一定程度时再进行知识产权维权,则可能会为时已晚,或是遭遇对手的知识产权侵权诉讼,或是面临高额的经济补偿。美国、日本等与"丝绸之路"没有历史渊源的国家都提出了以"丝绸之路"命名的中亚、欧亚的区域政策[2],例如,美国于2011年启动了命名为"新丝绸之路"的中亚和南亚政策[3]。该政策同样重视基础设施建设和能源合作,其知识产权战略也已经着手在这些国家和地区布局。国际司法实践表明:国际司法领域的诉讼从来不是仅以追求公平正义为唯一价值目标,国与国之间在商务矛盾上的政治色彩远远大于法律色彩[4]。若不在"一带一路"的建设中先行考虑到知识产权保

---

[1] 李兴:"丝绸之路经济带:支撑'中国梦'的战略,还是策略?"载《东北亚论坛》2015年第2期。

[2] 日本的"丝绸之路外交"。关健斌:"里海石油战越战越酣日本谋划'中亚攻略'",载 http://www.qingdaonews.com/content/2004-8/31/content_3588156.htm,最后访问日期:2015年6月25日。

[3] 新丝绸之路倡议于2011年首次被设想为阿富汗通过恢复传统贸易路线和重建因数十年冲突而中断的重要基础设施连接,进一步融入该地区的一种手段。如今,阿富汗及其邻国在关键领域处于领先地位,创建了新的南北过境和贸易路线,与欧亚大陆充满活力的东西方联系相辅相成。See "U. S. Support for the New Silk Road", available at https://2009 - 2017.state.gov/p/sca/ci/af/newsilkroad/index.htm, last visited on 2015-07-01.

[4] 喻志强、王庆:"'一带一路'亟须知识产权保障先行",载《人民法院报》2015年4月29日,第8版。

护的重要性，我国在这些地区面临知识产权保护的压力将越来越大。

(六) 国际区域性知识产权保护的思考

从"一带一路"沿线国家的经济以及知识产权现状的视角，知识产权保护可以从以下几个方面考虑：

其一，推动"一带一路"沿线国家知识产权的双边合作，形成良好的沟通机制。政府应加强与"一带一路"沿线国家建立知识产权的合作方案，双边合作能使签约国家更为集中地处理知识产权问题。国家各部委之间可以研究"一带一路"中的知识产权合作和保护的议题，制定相关的合作备忘录。知识产权的合作备忘录能使双方国家的知识产权制度得到协调和统一化，在未来的全球专利一体化建设中减少彼此合作的摩擦，尤其是在知识产权保护、技术投资监管和知识产权执法等行政法律方面。在技术贸易的纠纷中，通过双边协议规定争端解决机制，允许协议双方就违反合作模式的行政作为或不作为，例如知识产权保护不力、技术投资监管不严或知识产权执法不到位等行政行为，以双方约定的方式得出具有法律约束力的裁决。

其二，推动"一带一路"沿线国家加入知识产权国际协作的相关公约，形成良好的知识产权输入和输出的协调途径。承认法律多元体系下的知识产权制度的协调和合作表现之一是构建并参与知识产权相关的国际公约。可以预见，如果仅依靠"一带一路"沿线国家本身的途径来进行专利的申请和审查，则容易发生因途径缺乏或不同国家法律制度的差异而使外国申请人望而却步的问题。因此在这种情况下，通过参与知识产权国际条约或协议，将国际法、国际惯例或国际公约的某些要求融入其本国的法律体系中，从而在程序或实体上减少本国法律与国际社会普遍接受的法律制度之间的差异,促进国家和地区间的知识产权法律合作。知识产权国际协作的相关公约为技术资源的配置提供了国际法的途径和保障,推动"一带一路"沿线国家实现知识产权政策协调,为开展重大科技合作、共同提升科技创新能力提供了保障。

其三,为"一带一路"沿线国家的知识产权制度建设提供帮助,提升沿线国家的知识产权保护能力。"一带一路"沿线国家的知识产权规则处于构建和完善之中,参与的专利领域国际协作制度有限,且自身对于专利申请和审查工作的处理能力有限。在知识产权领域,中国国家知识产权局作为世界五大知识产权局之一,具有良好的专利工作经验,可以帮助承担"一带一路"沿线国家的一部分专利工作,比如专利检索、专利审查等,而专利授权仍由"一带一路"沿线国家依据本国法律决定。我国对于专利工作的承担,将改善"一带一路"沿线国家在专利审查工作方面的困难处境,提高"一带一路"沿线国家的审查效率,缩短审查时间,节省审查费用,保障审查质量,在工作承担的过程中培养"一带一路"沿线国家的专利人才。因此,通过我国对他国知识产权工作的参与,能够有效改善部分国家知识产权工作的现状,并进一步培育这些国家自身的工作能力,提高知识产权保护。

二、国际知识产权保护中协同创新机理

通过《专利合作条约》途径提交的国际专利申请量,是衡量创新活动广泛使用的指标之一。当今世界正发生着日新月异的变化,各国都面临着贸易结构调整、产业格局升级换代的发展问题。2022 年《世界知识产权报告》(*World Intellectual Property Report 2022*)提出:数字技术改变了世界,并将使全球创新走上新的高度。自 20 世纪 50 年代以来,数字技术一直保持高速发展,尤其自 2015 年之后,几乎呈直线上升的态势,其增长速度远远高于全部技术领域的平均增速[1]。各国在应对新技术发展和竞争的过程中,努力探索实现新技术发展与知识产权保护共生演化的有效路径。中国作为世界知识产权大国之一,积极推动技术创新和知识产权制度构建的协同发展战略,这是我国创新驱动发展的内驱力,也与中国参与知识产权全球治理的外在需求保持一致。

(一)知识产权合作及协同创新的理论前提

授予知识产权是一种公共政策工具,无论是富裕国家还是

---

[1] 数字通用技术的增长速度快于所有技术的平均专利申请量。World Intellectual Property Report 2022(wipo. int),"The Direction of Innovation",available at https://www. wipo. int/edocs/pubdocs/en/wipo-pub-944-2022-en-world-intellectual-property-report-2022. pdf,last visited on 2022-11-19.

贫穷国家，都应当把知识产权看作发展工具。全球化的发展推动了政策与法律的变革[1]，在这个过程中知识产权保护的重要性日益凸显[2]。美、日、欧作为全球知识产权制度国际合作的发起者，在科技创新领域一直拥有优势地位。而不同的国家之间科技实力存在较大的差异，在国际专利申请全球排名前十的国家中，除了中国是发展中国家，其余全部是发达国家。在知识产权和技术创新的跨国界交互行为中，发达国家与发展中国家存在较大的差异，正是基于这种差异的影响，全球治理视阈中知识产权保护与科技创新协同机制所带来的效率和效用难以在各个合作方之间实现公平合理的配置，导致越来越多的发展中国家在知识产权国际协作中被边缘化，或主动或被动排除在知识产权国际合作的体系之外。中国需要统筹推进知识产权领域国际合作和竞争，坚持开放包容、平衡普惠的原则，深度参与世界知识产权组织框架下的全球知识产权治理，推动完善知识产权及相关国际贸易、国际投资等国际规则和标准，推动全球知识产权治理体制向着更加公正合理的方向发展。

中亚等地区一直是各国政策关注的焦点，资源环境、经济安全[3]研究相互关联。中亚地区知识产权保护的研究主要是伴随经济贸易领域的研究开展的[4]，基于这部分地区法律文化的多样性，也有研究从地域及文化的角度来阐述"大中亚"的知

---

[1] [英]威廉·退宁著，钱向阳译：《全球化与法律理论》，中国大百科全书出版社2009年版，第11—13页。

[2] Srividya Jandhyala, "International and Domestic Dynamics of Intellectual Property Protection", *Journal of World Business*, Vol. 50, 2 (2015), pp. 284-293.

[3] Central Asia Program 2012, The Central Asia Policy Forum, No. 2, June 2012.

[4] Asian Development Bank, *The New Silk Road: Ten Years of the Central Asia Regional Economic Cooperation Program*, 2011.

识产权战略思想[1],使中亚、南亚、东南亚地区成为共同的经济市场,形成区域性的经济良性循环,并将这一地区融入一体化的世界经济之中。知识产权保护更多体现了经济发展的要求[2]。同时,研究还针对中国在中亚地区进行的能源政策进行了评述[3],并从心理层面分析知识产权保护的必要性[4],探讨知识产权保护与国家利益维护的问题。

在国际合作的框架下研究知识产权问题具有明显的协同性。最初,协同是指基于资源共享的企业间共生互长的关系[5]。经过后续研究的演变,协同逐步成为一种学术概念,是指在复杂系统内部,各要素的协同行为产生超越单个要素的独立行为的效果,从而形成整个系统的联合作用[6]。知识产权协作是多主体间基于知识产权、契约、章程的以利益共赢为目标的知识转移和创新活动,并可以对此进行绩效评价以改进合作内容[7]。

---

[1] S. Frederick Starr, "The New Silk Roads: Transport and Trade in Greater Central Asia", available at https://www.silkroadstudies.org/publications/silkroad-papers-and-monographs/item/13125-the-new-silk-roads-transport-and-trade-in-greater-central-asia.html, last visited on 2020-09-04.

[2] Rubens P. Cysne, David Turchick, "Intellectual Property Rights Protection and Endogenous Economic Growth Revisited", *Journal of Economic Dynamics and Control*, Vol. 36, 6 (2012), pp. 851-861.

[3] Noriko Yodogawa, Alexander M. Peterson, "An Opportunity for Progress: China, Central Asia, and the Energy Charter Treaty", *Texas Journal of Oil, Gas, and Energy Law*, Vol. 8, 1 (2012-2013), pp. 112-142.

[4] Zhanna Mingaleva, Irina Mirskikh, "Psychological Aspects of Intellectual Property Protection", *Procedia-Social and Behavioral Sciences*, Vol. 190, 2015, pp. 220-226.

[5] H. Igor Ansoff, "Strategies for Diversification", *Harvard Business Review*, Vol. 35, 5 (1957), pp. 113-124.

[6] Hermann Haken, *Synergetics: An Introduction*, 3rd ed., Springer, 1983.

[7] 李朝明、罗群燕、曲燕:"基于协同创新的企业知识产权合作绩效评价",载《北京理工大学学报(社会科学版)》2016年第3期。

协同效应为其主要内容之一,是指复杂开放的系统中大量子系统相互作用而产生整体效应,且该效应在自然系统和社会系统中均存在普适性。国际知识产权保护在于世界各国的互联互通,合作国家的资本、技术、文化等各种要素在协同行为之下产生超越单个国家独立行为所达到的效果,从而形成全球化发展的联合作用,实现合作共赢。

创新的本质是执行新的生产要素,通过更新、改变和创造,推进经济发展[1],因此可以将创新看成是以新思维、新发明和新描述为特征的概念化过程[2]。协同创新是基于一系列更为复杂的协同行为而产生的,通过国家意志的引导和机制安排,促进各创新主体发挥各自的能力优势、整合互补性资源,实现各方的优势互补,协作开展产业技术创新和科技成果产业化活动,成为当今科技创新的新范式[3]。政府作为协同创新主体之一,与企业等其他创新主体一同参与到以知识增值为核心的价值创造过程之中[4]。还可以理解为,协同创新是一种动态的过程,是创新资源和要素的有效汇聚,通过突破创新主体间的壁垒,充分释放彼此间人才、资本、信息、技术等创新要素活力而实现深度合作[5]。

---

[1] [美]约瑟夫·熊彼特著,何畏等译:《经济发展理论——对于利润、资本、信贷、利息和经济周期的考察》,商务印书馆1990年版,第66—108页。

[2] 陈劲编著:《协同创新》,浙江大学出版社2012年版,第21—39页。

[3] 陈劲、阳银娟:"协同创新的理论基础与内涵",载《科学学研究》2012年第2期。

[4] Han Woo Park, Loet Leydesdorff, "Longitudinal Trends in Networks of University-Industry-Government Relations in South Korea: The Role of Programmatic Incentives", *Research Policy*, Vol. 39, 5 (2010), pp. 640-649.

[5] 戚湧、张明、丁刚:"基于博弈理论的协同创新主体资源共享策略研究",载《中国软科学》2013年第1期。

中国经济与世界经济高度关联，推进实施"一带一路"倡议既是中国扩大和深化对外开放的需要，也是加强亚欧非大陆国家合作的需要。目前，创新的研究已经从熊彼特时期的企业家创新演变成为特定社会、政治、经济环境中不同主体之间的交互创新行为[1]。通过政府之间达成的双边或多边合作协议，资本、人力和技术等资源在各个国家之间优势互补，协同开展设施建设和贸易行为，深化利益融合，促进政治互信，在设施联通、贸易往来、资金融通等方面展开全面合作，进而实现协同创新。

(二) 国际合作中知识产权协同创新模式：专利审查高速路

专利审查高速路是目前全球范围内参与成员最多、运行范围最广的专利审查国际协作模式。通过专利审查高速路可以加速专利的海外审查、缩短审查周期、降低审查成本、提高授权率，自2006年美日倡导构建至今已有55个成员[2]。各国在小范围内组建的专利审查合作形式，比如美日欧三边局合作模式、五国知识产权合作模式、基于检索与审查信息及时共享的新路线、专利申请快速审查渠道等，其中部分合作形式已经逐渐被专利审查高速路的模式覆盖。

发明专利需要经过实质审查才能获得授权，所经历的阶段多、周期长，在这个过程中权利要求书的撰写水平、审查员的

---

[1] Thorsten Böhn, Walter Thomi, "Knowledge Intensive Business Services in Regional Systems of Innovation-Initial Results from the Case of Southeast-Finland", available at http://www-sre.wu-wien.ac.at/ersa/ersaconfs/ersa03/cdrom/papers/161.pdf, last visited on 2020-09-15.

[2] PPH Network, available at https://www.jpo.go.jp/e/toppage/pph-portal/network.html, last visited on 2022-01-20.

专业能力、审查资源等都将对审查效率产生影响[1]。通过对美国的专利来源进行分析可以得出,一半以上的美国专利创始于美国,超过97%的专利申请集中来自世界上12个国家,绝大多数的美国专利都是来自发达国家的发明[2]。在专利制度的研究中,发展中国家的权益逐渐受到重视,但是从全球范围来看,不同发展层次的国家之间在专利申请和专利授权方面存在明显的差异[3]。专利申请的持续增长加大了专利审查工作的压力,导致多数国家都面临着严重的审查积压问题,专利审查的延后不仅损害申请人利益,而且阻碍创新的发展[4],这是因为专利的创新效应需要掌握时机[5]。新兴产业的发明创造亟需加速审查以求产生正面的创新激励效应[6],协同创新中知识产权成果分享需要有合理机制[7],发达国家也在考虑各种有效的优先审查渠道以保障公众利益[8],在专利审查工作中应用平衡计分卡

---

[1] 刘文婷、徐圆圆:"发明专利审查周期模型设计及应用",载《中国科技信息》2020年第18期。

[2] John R. Allison, Mark A. Lemley, "Who's Patenting What? An Empirical Exploration of Patent Prosecution", *Vanderbilt Law Review*, Vol. 53, 6 (2000), p. 2099.

[3] Luis Gil Abinader, "Pharmaceutical Patent Examination Outcomes in the Dominican Republic", *Journal of International Business Policy*, Vol. 3, 4 (2020), pp. 385-407.

[4] Eugenio Hoss, "Delays in Patent Examination and Their Implications Under the TRIPS Agreement", *MIPLC Master Thesis Series*, Vol. 11, 2010, pp. 21-35.

[5] Bongsun Kim et al., "The Impact of the Timing of Patents on Innovation Performance", *Research Policy*, Vol. 45, 4 (2016), pp. 914-928.

[6] Henrique M. Barros, "Exploring the Use of Patents in a Weak Institutional Environment: The Effects of Innovation Partnerships, Firm Ownership, and New Management Practices", *Technovation*, Vol. 45-46, 2015, pp. 63-77.

[7] 马秋芬:"协同创新中知识产权相关法律问题及利益分配研究",载《科学管理研究》2017年第3期。

[8] Isamu Yamauchi, Sadao Nagaoka, "Does The Outsourcing of Prior Art Search Increase the Efficiency of Patent Examination? Evidence from Japan", *Research Policy*, Vol. 44, 8 (2015), pp. 1601-1614.

和六西格玛等先进管理工具[1]。国际上对于发展中国家的专利审查也展开了研究,比如中国和印度[2]。在国内,为缓解专利审查积压,国家正在对当前专利审查国际协作制度及国外专利审查的特征进行分析,以探寻审查制度的改革之道。

学者通过分析不同的国际专利审查信息共享实施模式[3],探讨国际专利审查合作兴起的原因。研究认为专利审查对于技术判断有巨大作用,并在技术文本、专利审查和技术转移之间关系的基础上研究创新战略[4];研究强调了专利审查在技术创新中的重要地位[5],并针对中国的企业做了相应的实证分析[6]。在国际专利审查信息共享背景下,某合作国一旦降低可专利性标准,就会造成一种连锁反应,使所有合作国竞相降低可专利性标准,所有合作国的专利质量都会因较低的可专利性标准而受到损害,最终在整个国际大环境下创新强度将受到抑制[7]。此外,对一国之内加速审查的研究表明,加速审查对专利审查

---

[1] London Economics, "Economic Study on Patent Backlogs and a System of Mutual Recognition-Final Report to the Intellectual Property Office (2010)", available at http://www.ipo.gov.uk/p-backlog-report.pdf, last visited on 2022-01-10.

[2] Sneha Sharma, Manchikanti Padmavati, "Duty of Disclosure During Patent Prosecution in India", *World Patent Information*, Vol. 41, 2015, pp. 31-37.

[3] 武兰芬、余翔、周莹:"海峡两岸专利审查合作的影响及实施模式研究",载《科研管理》2010年第6期。

[4] Thomas G. Field Jr., "Controlling Patent Prosecution History", *The University of New Hampshire Law Review*, Vol. 8, 2 (2010), pp. 231-237.

[5] Charlsye Smith Diaz, "Strategies for Writing About Innovation: Navigating the Relationship Between Technical Documentation, Patent Prosecution, and Technology Transfer", *IEEE Transactions on Professional Communication*, Vol. 57, 2 (2014), pp. 113-122.

[6] Byeongwoo Kang, "The Innovation Process of Huawei and ZTE: Patent Data Analysis", *China Economic Review*, Vol. 36, 2015, pp. 378-393.

[7] Koki Arail, "Patent Quality and Pro-Patent Policy", *Journal of Technology Management & Innovation*, Vol. 5, 4 (2010), pp. 1-9.

质量产生消极影响,且研究以加速审查的数据关联证明对专利审查质量的下降导致了专利质量的下降[1]。专利审查国际协作制度通过审查信息共享的方式将世界上主要创新国家联系在一起,彼此分享制度创新的成果,推动专利制度层面创新设计[2]。专利审查高速路作为最具代表性的专利审查国际协作模式,其模式发展格局如何,具有哪些特征,在当前的发展模式下对创新有着怎样的影响,如何看待专利审查高速路发展方向及我国参与专利审查高速路的策略等问题都亟待进一步探讨。

1. 专利审查高速路模式的整体格局

在专利审查高速路的模式下,申请人提交首次申请的,专利局认为该申请的至少一项或多项权利要求可授权,只要相关后续申请满足一定条件,包括首次申请和后续申请的权利要求充分对应、提交首次申请的专利局的工作结果可被后续申请的专利局获得等,申请人即可以提交首次申请的专利局的工作结果为基础,请求后续申请的专利局加快审查后续申请[3]。自从日本专利局和美国专利商标局在2006年构建首个专利审查高速路项目,至今在全球范围已经形成了三种跨国专利申请的审查模式,分别为常规PPH模式、再利用型PPH模式和PCT-PPH模式。

(1)整体网络格局

在目前参与专利审查高速路项目的55个国家和地区知识产

---

[1] Junbyoung Oh, Yeekyung Kim, "Accelerated Examination and Patent Quality of Patent Office", available at https://www.merit.unu.edu/meide/papers/2016/oh-junbyoung_1457666961.pdf, last visited on 2021-12-09.

[2] Kristen Osenga, "Institutional Design for Innovation: A Radical Proposal for Addressing § 101 Patent Eligible Subject Matter", *American University Law Review*, Vol. 68, 4 (2019), pp. 1191-1262.

[3] 国家知识产权局专利局审查业务管理部组织编写:《专利审查高速路(PPH)用户手册》,知识产权出版社2012年版,第1—5页。

权局中,除北欧专利局(Nordic Patent Institute,NPI)、维谢格拉德专利局(Visegrad Patent Institute,VPI)和阿根廷国家工业产权局(The National Institute of Industrial Property of Argentina,INPI)之外,均为常规PPH模式的成员[1]。

常规PPH[2]是使用最为广泛的专利审查高速路模式,主要由两个国家或地区的专利局之间以双边协议的方式来达成,允许专利申请人提出跨国申请,以在先审查局(OEE)的可专利性审查结果为前提请求在后审查局(OLE)加速审查(如图1所示)。常规PPH构建了最基础的专利审查国际协作模式。此模式奠定了合作方专利审查结果的共享机制。在不同的双边协议中,专利审查高速路合作双方的共享的资源可以包括检索结果、可专利性判断、授权意见等,从而可以减少专利跨国审查中的重复审查,在一定程度上缓解国际专利申请快速增长带来的审查积压。

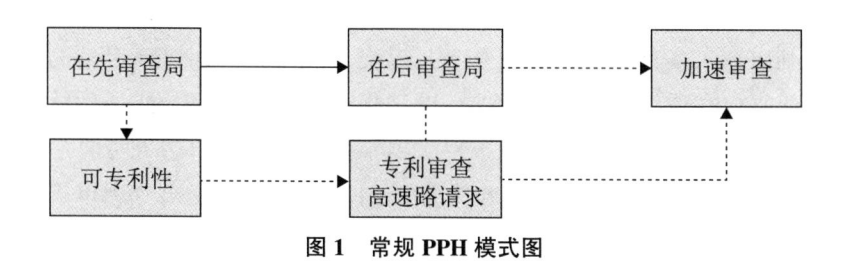

图1 常规PPH模式图

专利审查高速路的加速审查有两个方面的益处:前后专利审查机构的审查结果共享机制对于专利申请人而言,通过专利审

---

[1] "Patent Prosecution Highway (PPH)", available at https://www.jpo.go.jp/e/system/patent/shinsa/soki/pph/index.html, last visited on 2022-01-10.

[2] PPH Portal-PPH (jpo.go.jp), available at https://www.jpo.go.jp/e/toppage/pph-portal/pph.html, last visited on 2022-01-17.

查高速路可以加速获得专利授权（faster patent grant），相比于一般的国际申请而言，专利审查高速路途径拥有更高的授权率（higher grant rate）和更低的专利申请费用（lower filing costs）；对于专利审查机构而言，专利审查高速路可以削减审查积压（reduced workload）并改进审查质量（improved examination quality）。

再利用型PPH模式改变了首次申请的要求，加大了符合加速审查的专利跨国申请的范围。在再利用型PPH模式下，当专利与申请提交的顺序没有必然关系时[1]，可以基于有专利同族申请的合作审查专利局的在先可专利性审查结果，向其他专利审查机构提出加速审查。在后续的再利用型PPH模式发展过程中，美日之间将审查的适格性进一步扩大，基于美日认可的专利审查高速路成员的既有审查结果，在专利同族申请的基础上且权利要求对应时，均可以申请加速审查。

在再利用型PPH的第一种模式中（如图2所示），跨国专利申请人在首次申请局（OFF）提交专利申请后，以该申请为优先权在后续申请局（OSF）提交相应的专利申请，如果后续申请局的审查工作效率高于首次申请局，则专利申请人可将后续申请局的可专利性结果作为基础向首次申请局提出专利审查高速路请求，进而加速审查。

---

[1] 在该方案中，只要相应的申请被对方办公室认定为可申请专利，就可以向日本专利局或其再利用型合作伙伴办公室申请专利审查高速路下的审查，而不考虑首次申请局。见 https://www.jpo.go.jp/e/system/patent/shinsa/soki/pph/pph_mottainai.html，最后访问日期：2022年1月17日。

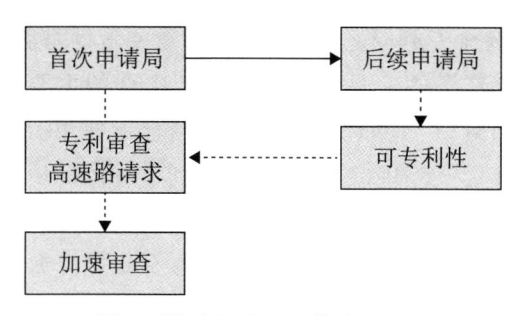

图 2　再利用型 PPH 模式图之一

在再利用型 PPH 的第二种模式中（如图 3 所示），跨国专利申请人在首次申请局提交申请后，以该申请为优先权先后在两个后续申请局提交相应的专利申请。如果某一后续申请局的专利审查工作效率高于其他的专利申请局，则专利申请人可将该后续申请局的可专利性结果作为基础向另一后续申请局提出专利审查高速路请求，进而加速审查。

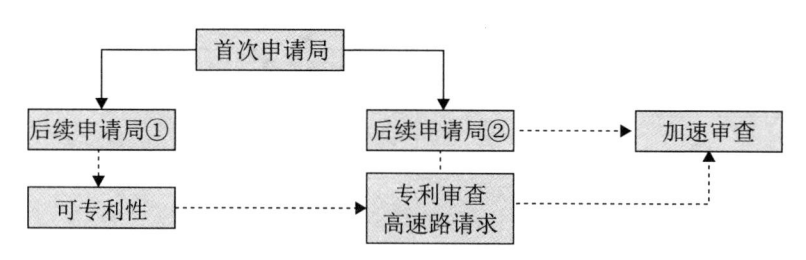

图 3　再利用型 PPH 模式图之二

由此可见，再利用型 PPH 模式是常规 PPH 模式的高级发展阶段，扩充了由于其他局或后续申请局效率高而早于首次申请局做出审查结果等情形。专利申请的先后对于专利审查结果的借鉴没有必然的影响，那么，专利审查效率高的专利局将有更多机会将自身的审查结果传递给其他合作国的专利局。专利审查效率成了各个专利局之间展开合作的重要考量因素。

《专利合作条约》是目前国际专利申请的主要渠道，而将《专利合作条约》与专利审查高速路结合形成 PCT-PPH 模式（如图 4 所示），使国际专利申请与专利审查国际协作衔接，利用《专利合作条约》国际阶段工作结果向后续专利申请局提出专利审查高速路加速审查的请求，能够有效提升海外获得专利授权的效率。在专利审查高速路的双边协议中，合作专利局之间可以共享审查结果，专利申请人可以根据在先审查结果在后续申请中请求加速审查。在 PCT-PPH 模式下，请求加速审查的在先审查结果的范围得到进一步扩大，包括国际检索单位的书面意见（WO/ISA）、国际初步审查单位的书面意见（WO/IPEA）或国际初步审查报告（IPER）。在满足其他条件的情况下，前述的结果中得出至少一项权利要求具有可专利性时，专利申请人即可以基于此提交 PCT-PPH 请求加速审查。

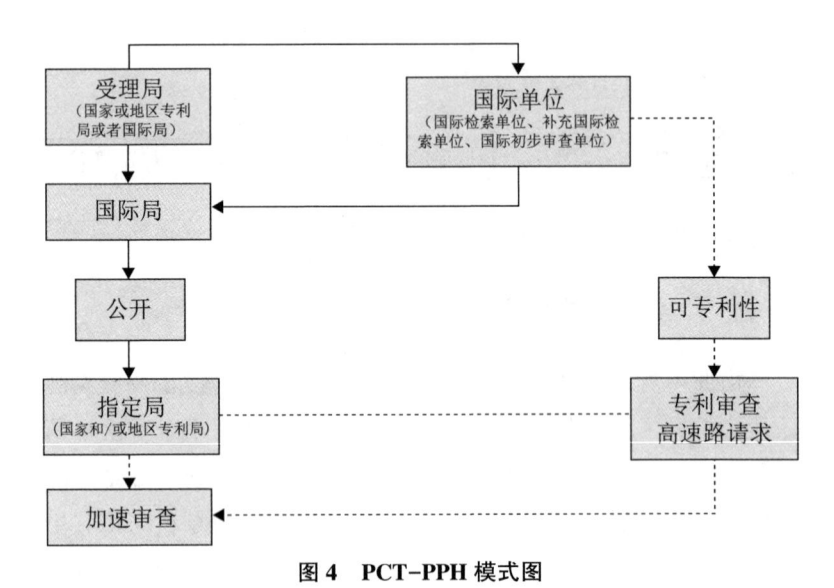

图 4　PCT-PPH 模式图

二、国际知识产权保护中协同创新机理

在常规 PPH、再利用型 PPH 和 PCT-PPH 三种模式的持续发展过程中，全球专利审查高速路（Global Patent Prosecution Highway，Global PPH or GPPH）应运而生[1]。自从 2014 年 1 月 6 日成立以来，全球专利审查高速路成员已经由当初的 17 个专利局发展到 27 个（截至 2020 年 7 月 6 日）[2]，秘书处设于日本专利局。全球专利审查高速路并非一种新的专利审查模式，而是一种多边协议下的专利审查高速路合作方式，在这种合作方式中包含了常规 PPH、再利用型 PPH 和 PCT-PPH 三种专利审查模式。

在全球专利审查高速路多边协议之中，任意两个成员方均可以采用以上三种模式进行国际专利申请的加速审查。采用基于多边协议的全球专利审查高速路模式能够以标准化的专利审查国际协作模式为各个成员方的专利审查提供更为便利的服务。同时，为了进一步提升专利审查质量和改进管理体系，世界上主要的五大知识产权局（日本专利局、美国专利商标局、欧洲专利局、韩国知识产权局和中国国家知识产权局）在专利审查高速路现有模式基础之上，达成了五局专利审查高速路（IP5 PPH）。该项目自 2014 年 1 月启动[3]，促进了五大局之间专利审查效率和专利审查质量的交流。

长期以来，在专利审查国际协作之中，发达国家通过当前

---

[1] Global-IP5（uspto.gov），available at https://www.uspto.gov/sites/default/files/documents/global-ip5.pdf，last visited on 2022-01-12.

[2] PPH Portal-Global PPH（jpo.go.jp），available at https://www.jpo.go.jp/e/toppage/pph-portal/globalpph.html#GPPHMatrix，last visited on 2022-01-12.

[3] "IP5 Offices Agree on Joint PPH Pilot Program"，available at https://www.jpo.go.jp/e/system/patent/shinsa/soki/pph/five_pph_torikumi.html，last visited on 2022-01-13.

的协作机制提交专利申请和获得的专利授权在总量上多于发展中国家，二者的审查标准和审查工作效率也不尽相同。在专利制度方面，发达国家与发展中国家有着较大的异构性。在专利政策的选择上，基于各国科技发展阶段不同，各国的诉求也是千差万别的。专利审查国际协作制度将各国归于一个审查体系之中，而能否考虑到不同层次的需求，也是值得深思的事情。美、日、欧、韩、中等参与了专利审查国际协作体系，而市场呼声很高的印度和巴西等国却持谨慎态度。对于发展中国家而言，究竟以何种方式参与专利审查国际协作是需要进一步探讨的问题。针对专利审查高速路项目存在的多边协议和双边协议的两种情况，对于不同发展阶段的国家而言，需要根据本国科技发展阶段选择合适的协议模式。目前的专利审查国际协作模式有全球性的，也有区域性的，究竟哪种协作机制更合适，则需要根据自身科技创新和管理效能进行考量。

（2）具有代表性的发展中国家专利局的专利审查高速路网络格局分析

长期以来，在专利审查国际协作之中，发展中国家对于审查协作制度的利用效率不同于发达国家，二者在审查标准和审查规范上也存在差异。专利审查高速路将各国归于一个审查协作的体系之中，审查结果共享机制能否真正保障每一个合作成员国最基本的创新发展需求是需要进一步探讨的话题。中国国家知识产权局作为世界五大知识产权局之一，在 1994 年 1 月 1 日正式成为《专利合作条约》的缔约国，一直以来积极参与专利制度的国际合作。此外，中国国家知识产权局为国际专利申请的受理局，同时被国际专利合作条约联盟大会指定为国际专利申请的国际检索单位和国际初步审查单位。中文和英文都是

二、国际知识产权保护中协同创新机理

中国国家知识产权局作为受理局的工作语言，也是国际专利申请和公布的语言。中国自2011年11月1日启动首个专利审查高速路试点项目以来，已与美国、日本、德国、韩国、新加坡、俄罗斯等27个国家开展专利审查高速路双边合作，同时开启了专利审查高速路试点项目下向欧亚专利组织之欧亚专利局提出专利申请加快审查请求的合作路径，并与欧洲专利局、日本专利局、韩国知识产权局和美国专利商标局达成五局专利审查高速路合作。截至2022年，我国已与其他国家和地区的专利审查机构启动了约30项各类型的专利审查高速路试点业务[1]。通过专利审查国际协作的途径，中国国家知识产权局已经收到专利审查高速路请求17 278件[2]。截至2020年6月底，我国申请人向外提出专利审查高速路请求累计9066件，年均增长率达22.6%[3]。在专利审查国际协作中，我国做出了积极的贡献，比如2018年7月上线五大局之间的协作式检索项目（CSE）、2018年9月1日起为柬埔寨提供检索服务等。中国国家知识产权局一直承担知识产权大国的责任，为其他国家和地区的专利机构提供检索服务，包括安哥拉、朝鲜、加纳、印度、伊朗、肯尼亚、利比里亚、泰国、津巴布韦、海湾阿拉伯国家合作委员会的专利机构和国际局等。

中国国家知识产权局在专利审查高速路合作项目中可以接

---

[1] 国家知识产权局专利审查高速路专栏（cnipa.gov.cn），载 https://www.cnipa.gov.cn/col/col46/index.html，最后访问日期：2022年11月29日。

[2] 国家知识产权局专利审查高速路合作进展，载 https://www.wipo.int/export/sites/www/scp/en/meetings/session_26/responses_circ_8653/china.pdf，最后访问日期：2022年1月22日。

[3] 张泉："国家知识产权局：已与30个专利审查机构签署PPH合作协议"，载 https://www.gov.cn/xinwen/2021-02/24/content_5588638.htm，最后访问日期：2022年11月19日。

受常规 PPH、再利用型 PPH 和 PCT-PPH 三种专利审查模式。但由于科技发展的现实需求和对于专利审查工作的管理现状，我国尚未加入全球专利审查高速路。在我国所达成的专利审查高速路合作中，有不少协议方同时也是全球专利审查高速路的成员，由此可以产生间接关联。中国国家知识产权局是世界五大知识产权局中唯一一个属于发展中国家的专利审查机构，且中国的《专利合作条约》国际申请在 2019 年和 2020 年连续两年位居世界第一，对于专利审查国际协作有切实的需求，同时也有自身科技发展和激励创新的现实考量。对此，选择适合本国创新发展的国际合作模式是必要的。进一步参与构建兼顾公平和效率的专利审查国际协作制度是提升我国科技影响力的合理途径。

对于发展中国家而言，参与专利审查高速路是基于本国科技发展长期需求的权衡。巴西作为南美洲主要的发展中国家，也是南美洲最大的经济体和人口最多的国家，每年接受了大量来自世界各地的专利申请。各国专利申请人对于巴西加入专利审查高速路的呼声很高，但巴西一直处于观望态度，直到近几年才逐步开始对外进行专利审查高速路项目合作。日本专利局与巴西国家工业产权局在 2017 年 4 月开始了专利审查高速路的试点合作，并于 2021 年 11 月 9 日将项目合作期限延长至 2026 年 11 月 30 日[1]。我国于 2020 年 1 月 1 日启动了与巴西的专利审查高速路新试点项目，该项目在 2021 年 1 月 1 日进入第二阶段[2]。从目前的运行来看，巴西国家工业产权局对于专利审查高速路

---

[1] "PPH Pilot Program Between the Japan Patent Office (JPO) and the National Institute of Industrial Property of Brazil (INPI)", available at https://www.jpo.go.jp/e/system/patent/shinsa/soki/pph/japan_brazil_highway.html, last visited on 2022-01-10.

[2] 国家知识产权局："中巴（西）新 PPH 指南"，载 https://www.cnipa.gov.cn/art/2020/12/31/art_341_155977.html，最后访问日期：2022 年 1 月 10 日。

运行仍然保持谨慎的态度,每年接受来自其所有合作国家/地区申请人提交的专利审查高速路请求上限为 600 件,每个申请人每周可提出 1 件专利审查高速路请求;国际专利分类(IPC)同一部下每年接受来自其所有合作国家/地区申请人提交的专利审查高速路请求也具有上限,为 150 件。巴西国家工业产权局通过对受理专利审查高速路请求的数量限制,将专利审查高速路共享机制所带来的审查工作效率竞争限制在一定的范围之内,但在某种程度上专利审查高速路的运行效果也受到限制。巴西国家工业产权局在与中国国家知识产权局的专利审查高速路合作中,同样在中巴专利审查高速路新试点项目中设置接受专利审查高速路请求的上限,五年共 500 件。

在专利审查国际协作中,参与国的技术创新环境和创新能力发展并不均衡,因此对于专利审查国际协作的需求和目标也不一致,一国选择的审查合作模式反映了该国技术创新实践的现实要求。

2. 专利审查高速路结构特征分析

(1) 非审查结果互认的审查结果共享机制

专利审查高速路是一项专利审查国际协作制度,用于启动国际专利申请在审查过程中加速审查的程序。在专利审查高速路项目合作中,基于审查结果共享的合作协议,参与方将充分考虑其他参与审查的专利局所产生的在先审查结果,包括检索结果和可专利性/可授权的结论。通过审查结果的参考,参与方在一定程度上可以避免一部分重复审查工作,提高专利审查的工作效率并提升专利授权的可预见性。但是专利审查高速路并不是专利授权的合作机制,各个专利审查高速路参与方并没有相互承认专利审查结果的义务。专利审查高速路成员方接受了专利申请人的专利审查高速路请求加速审查并不意味着在后专利审查局一定能做出与在先审查局一样的审查结果,即在专利审查高速路模式下,专利授权与否仍然是由各国或地区专利局根据本国或地区的专利法律制度做出决定的,专利权仍然具有地域性。

(2) 多元审查模式相结合的网络化协作

在当前专利审查高速路项目的 55 个成员中,除越南、泰国等少数国家[1],绝大多数的专利审查高速路成员都接受常规 PPH、再利用型 PPH 和 PCT-PPH 三种专利审查模式。在双边协议的发展过程中,专利审查高速路成员方为了在更大范围内寻求合作的便利性,逐步发展出多边协议下的专利审查高速路项目。全球专利审查高速路和五局专利审查高速路的产生,在更大程度上将专利审查高速路的成员方联系在一起。这种多元审查模式下的网络化合作一方面可以促进成员方之间的交流,另一方面也产生了专利审查工作效率上的竞争。

尽管参与专利审查高速路全球合作与各国专利审查工作的需求密切相关,但是,对于如何保障并实现自身的利益,不同国家并不具备相同的能力和手段。一个国家力量的大小、获取利益能力的高低并不取决于国家人数的多少,而是取决于它的组织能力和综合国力。这样一来,分散的各个小国家与综合实力较强的大国在专利审查国际协作体系中对审查资源的需求和实际占有方面将不对等。因此,在专利审查国际协作网络化发展的环境下,参与国的技术创新能力并不均衡。在国际专利申请全球排名前十的国家中,除了中国是发展中国家,其余全部

---

[1] "Patent Prosecution Highway (PPH)", available at https://www.jpo.go.jp/e/system/patent/shinsa/soki/pph/index.html, last visited on 2022-01-10.

是发达国家。在专利申请、专利审查和专利授权等方面,发达国家与发展中国家存在较大的差异性,加之国家和地区专利制度也存在一定差异,使得专利审查国际协作机制带来的效率和效用难以在各个合作方之间实现公平合理的配置,越来越多的发展中国家在审查协作中被边缘化,或主动或被动地排除在审查协作体系之外。因此,专利审查高速路网络化发展需要考虑兼顾效率和公平的利益分配机制,以保障每个成员方的基本科技发展权,从而推动专利审查高速路的良性发展。

(3) 制度创新与技术创新交互嵌合的创新效应

专利审查高速路在一定程度上缓解了一国专利审查资源的不足,通过分工合作,分享审查结果,促进了加速审查。通过专利审查高速路途径,参与方缩短了从申请到第一次审查意见通知书的平均时间(一通平均时间),同时由于对于审查结果的相互参考,提升了答复第一次审查意见通知书即可获得授权的通过率(一通通过率),这从某种程度上减少了答复审查意见的次数。在此基础上,专利审查高速路的制度创新可以从直观上带来缩短审查周期和提升专利授权率的创新效应。

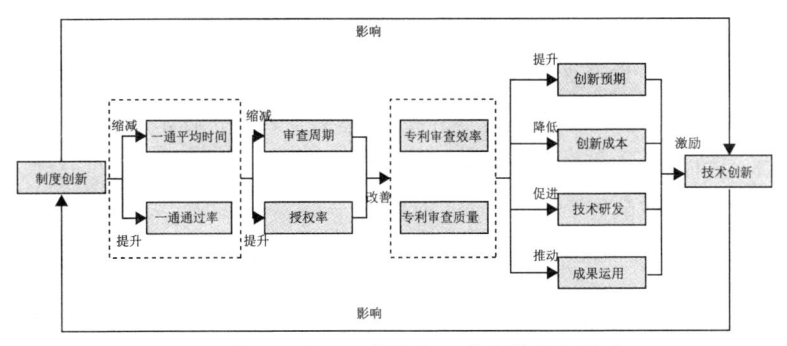

图 5 专利审查国际协作交互嵌合的创新轨迹

在对专利审查周期和授权率改进的基础上,专利审查高速路制度创新致力于改善专利审查效率和专利审查质量。专利审查效率的提升将缩短获得专利授权过程所消耗的时间并降低经费,从而减少创新成本。而专利审查质量涉及专利质量的判定,有助于在技术研发之初进行对技术成果的设定和预期利益的评估,并进一步影响技术创新的导向和技术创新成果的市场生命力。

制度创新与技术创新交互嵌合的连接点在于专利审查高速路对专利审查效率和专利审查质量的改善。专利审查效率和专利审查质量的同步提升有利于提升创新主体的创新预期,降低技术创新成本,促进创新主体的技术研发并推动技术创新成果的转化和运用。技术创新本身带来了国际专利申请量的持续上升,为全球的经济复苏带来希望。

3. 专利审查高速路全球合作网络的优化

专利审查高速路的创新效应给技术创新的海外发展提供了良好的契机。技术创新的持续开展给经济的回暖带来希望,专利审查国际协作的创新效应将为全球技术经济的预期发展提供支持。

(1) 注重专利审查效率和专利审查质量的改善

专利审查高速路是全球专利申请持续上升、各国寻求审查资源合理配置的产物。《专利合作条约》专利申请保持高位反映了创新的生生不息,同时也给专利审查工作带来了更大的挑战。在更为局促的条件下,为了维持技术创新的活力,制度创新的成效需要进一步提升。对此,各国需要注重专利审查效率的提高。审查效率的改进一方面可以避免专利审查的积压,另一方面可以提高技术创新的预期。当然,专利审查效率的提升只代表了专利审查国际协作创新效应的一个方面,此外还需要注重专利审查质量的提升。专利审查质量将直接影响所授权的专利质量，还影响着专利的维持时间和专利的市场竞争力。对此，五局专利审查高速路的成员国针对专利审查质量的改进开展了一系列的合作项目，在专利授权标准、可专利性方面进行多方协商，并有针对性地将中、日、韩三国的专利法进行比较研究，以期探寻改进专利审查质量的途径。专利审查效率和专利审查质量是技术创新和制度创新的重要连接点，同时也是激发和维持创新的重要因素，只有注重专利审查效率和专利审查质量的改善才能充分发挥专利审查国际协作的创新效应，为经济发展提供良好的创新支持。

（2）推动制度创新和技术创新的良性互动

专利审查高速路诞生之初是为了应对国际专利申请激增带来的审查积压问题，在制度创新之初集中于加速审查和改善各国审查机构的工作效率。对于工作效率的片面追逐一度让专利审查国际协作制度面临质疑。在众多参与专利审查国际协作的成员中，美国专利商标局在专利审查国际协作中的数据表现优异，审查周期和授权率都远高于其他国家和地区的专利合作局。但这并不意味着美国专利拥有较高的质量，片面追求工作效率也许是以牺牲专利质量为代价的。反观欧洲专利局在专利审查国际协作中的表现，虽然工作效率不如美国专利商标局出色，但从整体的专利质量来看，其稳定性较好，能持续推动技术创新。因此，从制度创新的初衷来看，专利审查高速路能通过各国之间的分工合作加速审查，但不应该以制度创新为专利审查国际协作体系构建的目标，而是应该将技术创新的目的融入制度创新，从而使制度创新服务于技术创新，技术创新的现实需求推动制度创新，实现制度创新和技术创新的良好互动。

4. 知识产权协同创新模式的适应性发展逻辑

在全球专利申请持续上升的情况下，一国的审查资源难以及时应对大量的专利审查工作。各国可以通过审查资源的合理配置构建专利审查高速路制度，从而以制度创新的方式提升专利审查效率，改进专利审查质量，使专利审查与专利申请在全球范围内实现良好的互动。但是，参与国的技术创新环境与创新能力发展并不均衡，对于审查协作的需求和目标也不一致，进而在利用专利审查高速路制度方面产生差异。对此，参与国需要根据本国发展的现实需求制定策略以合理应对专利审查国际协作的发展。

（1）充分运用国际合作途径提升创新型企业在海外市场的竞争力

中国企业走向海外市场不可或缺的是技术的市场竞争力和法律的良好保障。对此，获取海外的专利权是技术出国的重要环节。专利权具有严格的地域性，获得专利授权需要经外国的专利审查机构依照本国法律来确认。对此，加强专利审查国际协作有可能推动将来各国之间专利审查结果的互认，在一定程度上有助于本国的专利申请在海外合作国获得专利授权。我国申请人通过专利审查高速路途径提交的国际专利申请均获得了不同程度的加速审查，从而缩短了审查周期，并有大部分的申请及时获得了授权，为技术创新成果开拓海外市场提供了支持。其中，澳大利亚、日本、韩国和加拿大等与我国开展专利审查高速路合作的国家具有较为明显的优势，其中通过澳大利亚的专利审查高速路途径提交的专利审查授权率为100%[1]。对此，

---

[1] PPH Statistics, available at https://www.jpo.go.jp/e/toppage/pph-portal/statistics.html, last visited on 2022-01-21.

使用专利审查高速路途径提交专利审查的请求将有助于技术创新企业尽快获得专利权，尽早开展专利的海外布局，充分利用专利审查国际协作来提升技术创新型企业在海外市场的竞争能力。

（2）通过参与国际合作提升我国在专利审查国际协作制度构建中的影响力

专利审查国际协作的创新效应为各个成员国的专利审查工作和技术创新带来了积极影响，并进一步推动了专利审查高速路合作范围的拓展。尤其是 PCT-PPH 制度将国际专利申请和国际专利审查联系起来，从而极大便利了专利申请人和专利审查机构的业务对接以及在海外获得专利权的流程。但常规 PPH、再利用型 PPH 和 PCT-PPH 等模式需要合作方逐一签署双边协议，加速审查工作根据协议在合作双方开展。相比之下，全球专利审查高速路的合作成员国在审查结果上的关联关系更为紧密。全球专利审查高速路是一个更为广泛的多边协议，能在更高合作效率的基础上提供制度创新和技术创新的机会，但中国国家知识产权局暂不是其成员。随着我国科技实力的全面提升，在创新驱动发展战略的支持下，我国将有越来越多的企业走出国门参与国际市场的竞争，同时也将有一批注重知识产权占据市场的企业进入中国，加大我国专利审查国际协作的参与度，推动我国积极主动参与构建专利审查的国际制度，为技术创新发展谋取制度创新的先机。

（3）通过构建国际合作制度建立兼顾效率和公平的利益分配机制

在全球范围内运行的专利审查国际协作机制中，协作主体都在寻找利益最大化和创新机遇之间的连接点，以及效用最大化与制度公正的平衡点，并努力缩小自身资源和能力与现实需求之间的差距。专利审查高速路的协作机制发展需要考虑利益相关者的差异性，构建兼顾效率和公平的利益分配机制。可以通过构建国家与国家之间区域化审查协作机制来解决这个问题，尤其是通过相似创新能力和环境下的平台共享机制来弥补单个创新主体在审查资源和审查能力上的不足，因地制宜配置专利审查资源。在发展中国家和发达国家所构建的专利审查高速路合作中，部分技术能力有待提升的国家只接受来自特定技术领域的专利加速审查申请，而技术创新能力较强的合作方会接受所有技术领域的加速审查申请，这种合作弥补了不同创新能力和环境下形成的差异，从而推动专利审查高速路合作的全球持续发展。

（三）国际合作中知识产权协同创新：专利审查国际协作的创新效应

为了进一步阐述专利审查国际协作带来的创新效应，笔者将以专利审查高速路为例分别从短期创新效应和长期创新效应来进行分析。

1. 短期创新效应模型

（1）短期创新效应模型参数

技术创新国际化导致全球专利申请量激增，各国专利审查机构的工作量加重，形成审查积压。审查积压将导致待审专利申请等候时间增加，其直接影响表现在经济成本和时间成本的消耗，由此产生专利审查的不确定性，将抑制技术创新的持续发展。对此，一国加入专利审查高速路中以寻求加速专利审查，缓解专利审查积压。假设 A 为一国专利审查机构，B 为一国专利申请人，该申请人可以为单位或个人。在未加入专利审查高速路之前的初始专利审查时间为 T，T_A 为一国专利审查机构审查一件申请所耗费的时间，T_B 为一国专利申请人等待一件专利申请完成审查所耗费的时间。系数 k 为一国专利审查机构和专利申请人在专利审查高速路中加速审查的幅度，$0<k<1$。C 为单位最小时间所消耗的审查资源，时间越长，审查工作所消耗的成本越大；时间越短，审查工作所消耗的成本越小。C_A 为单位最小时间所消耗的审查资源，C_B 为单位最小时间内申请人为专利申请等待审查而支付的成本。

表1

主体	初始审查时间	专利审查高速路审查时间	成本
一国专利审查机构 A	T_A	$(1-k)T_A$	C_A
一国专利申请人 B	T_B	$(1-k)T_B$	C_B

（2）专利审查机构和专利申请人的短期创新效应模型

在短期内，一国专利审查机构的审查质量变动缓慢且不易被察觉，对此，假设在短期内一国专利审查机构的审查质量为固定值。在参与专利审查高速路后，一国专利审查机构的成本消耗为 P_A，一国专利申请人提交国际专利申请的成本消耗为 P_B：

$$P_A = (1-k)T_A C_A, \quad 0 < k < 1$$
$$P_B = (1-k)T_B C_B + (1-k)T_A C_A, \quad 0 < k < 1$$

单就专利申请人所支付的成本 P_B 而言，除了自身因提交专利申请而进入审查的支出，还需要通过相关行政费用的缴纳覆盖专利审查机构的资源消耗部分。与未加入专利审查高速路时所消耗的审查成本相比，ΔP_A 和 ΔP_B 分别为：

$$\Delta P_A = T_A C_A - (1-k) T_A C_A$$
$$= k T_A C_A, \ 0 < k < 1$$
$$\Delta P_B = T_B C_B - (1-k) T_B C_B - (1-k) T_A C_A$$
$$= k(T_B C_B + T_A C_A) - T_A C_A, \ 0 < k < 1$$

对于一国专利审查机构而言，k 值越大，则节省的成本越大，效应收益越大。

同样，对于一国的专利申请人而言，k 值越大，则节省的成本越大，效应收益越大。

（3）制度的短期创新效应模型

同样假设在短期内一国专利审查机构的审查质量为固定值。一国的专利审查机构和一国的专利申请人构成了一国参与专利审查高速路最主要的两方主体。对此，在参与专利审查高速路后，制度所消耗的总成本为 P_{A+B}：

$$P_{A+B} = P_A + P_B$$

在 P_B 的统计中，无需再重复计算 $(1-k) T_A C_A$。对此，P_{A+B} 为：

$$P_{A+B} = (1-k) T_A C_A + (1-k) T_B C_B, \ 0 < k < 1$$

与未加入专利审查高速路时所消耗的审查成本相比，ΔP_{A+B} 为：

$$\Delta P_{A+B} = T_A C_A + T_B C_B - (1-k) T_A C_A - (1-k) T_B C_B$$
$$= k(T_A C_A + T_B C_B), \ 0 < k < 1$$

对于制度的总效应而言，在短期内，k 值越大，效应收益越大。

2. 长期效应收益模型

从长期来看，专利审查质量将处于动态的变化之中，并牵连着审查效率的改进，仅由加速审查体现的效应收益将被审查质量的高低影响。

二、国际知识产权保护中协同创新机理

在一国之内审查资源限定的情况下，审查效率和审查质量的关系面临日益增长的国际专利申请导致资源供给不足的情况。审查效率为e，审查质量为q，审查资源定值为a，三者形成的关系为：

$$e = \frac{a}{q}$$

虽然全球日益上涨的国际专利申请导致专利审查积压和审查时滞问题迫切需要通过加速审查解决，但同时技术更新换代也对专利审查质量提出了符合创新持续发展的高要求。在审查积压的现状下，在审查质量方面加大审查资源投入将使专利审查效率降低。至此，专利审查效率和专利审查质量将出现此消彼长的状态，专利审查工作中对于审查质量和审查效率的双重需求将陷入一定的困境。

矛盾、演化、资源和理想度一直是萃智（TRIZ）理论（发明问题的解决理论）的基石。其中，一类工程矛盾的表现形式为在同一系统中两个因素之间的矛盾。假定两个因素为A和B，当A的情况好转时，B的情况将恶化，反之亦然。传统的解决方式无法消除A和B之间的矛盾，只能在A和B之间寻找折中点。萃智理论认为任何没有达到完美态势的系统都可以开发可用资源，从而创新解决问题的方式。可以通过系统演变模式来进行问题的剖析，认清楚矛盾所在，然后找到可用资源来消除矛盾并解决问题。

从专利审查高速路的实践可以看出，专利审查高速路可以对审查资源进行调整。当一国专利审查效率和专利审查质量处于一定状态时，专利审查资源的调整将影响到一国能承载的国际专利申请数量[1]。从专利审查高速路的运行实践来看，在加

---

[1] 佘力焓：《专利审查国际协作制度研究——基于PPH的视角》，知识产权出版社2016年版，第74—87页。

速审查之余，专利审查高速路还拥有更高的授权率和更低的申请费用。同时，后续申请局是在参考首次申请局的审查结果基础之上进行审查的，从而改进了专利审查的质量。在专利审查高速路中，审查资源配置的调整将给予审查效率和审查质量更大的调整空间。审查效率为 e，审查质量为 q，β_1 为审查资源调整对于审查效率的影响系数，β_2 为审查资源调整对于审查质量的影响系数，$a(u)$ 为年份 u 的审查资源。审查效率、审查质量、审查资源三者形成的关系为：

$$e^{\beta_1} = \frac{a(u)}{q^{\beta_2}}$$

相较于传统的审查效率和审查质量两者的反比关系，由于专利审查高速路带来专利审查资源的变动，审查效率和审查质量可以得到同步提升。

结合专利审查高速路加速审查运行的实际情况可以看出，专利审查高速路通过专利审查国际协作的方式调整了审查资源的配给，对于一国的专利审查工作而言，在某种程度上增加了审查资源的供给。在专利审查高速路中的审查可以基于在先申请局的检索结果和可专利性判断，减少后续申请局的工作负荷，在工作程序并未减少的情况下，依据可以提升的专利审查质量来加速审查。

对于专利审查高速路中加速审查带来的效应收益，从短期来看，一国专利审查机构和专利申请人在专利审查高速路中加速审查的幅度系数 k（$0<k<1$）值越大，则专利审查机构和专利申请人消耗的资源越少，节省的成本越大，对于短期内审查质量变动缓慢、审查资源限定的情况，其效应收益越大；从长期来看，虽然专利审查质量将处于动态的变化之中，关联着审查效率的改进，但是专利审查高速路的国际协作模式将带来审查

资源的调整，对于一国的专利审查而言，审查资源得到改进，审查效率和审查质量可以同步得到提升。

(四) 知识产权协同创新的影响因素

在国际化的创新环境下，知识产权协同创新不再是一个简单可线性化的过程，而是一个复杂的、多因素交织的创新网络。该网络在科学、技术、政策、法律、市场等诸多要素之间形成了复杂的相互作用，并不断演进。在此环境下，一国独立的创新所取得的成果将小于国际合作所带来的收益，而跨国的合作和支持会使创新更快得到实现。

知识产权制度的类型可以从法律体系或法律渊源的角度来区分。在参与知识产权国际合作过程中，不同国家的知识产权政策、知识产权法律体系、知识产权国际协作条约、知识产权制度的社会公众理念、知识产权制度的政府管理机制、知识产权法律文化和传统等各个要素存在差异，从而导致知识产权创新能力具有差异性。"一带一路"沿线国家的国情说明了这个情况。在"一带一路"沿线国家中，多数国家属于发展中国家，对于创新发展有着内在的需求和动力，同时也在寻求外在创新要素的加入。"一带一路"沿线国家的国内生产总值，即GDP总量约占世界的1/3，而人均GDP只有世界平均水平的一半。尽管如此，这些国家在近年来一直保持较快的发展势头，GDP的年增长率约为世界平均增长水平的两倍，是世界经济较为活跃的几个国家。造成这种情况的原因之一是"一带一路"沿线国家的发展模式的更替，即从传统型经济向创新型经济转变。

1. 知识产权协同创新关注政策与法律的协调

目前，越来越多的国家在经济发展层面重视知识产权的政策设计与法律规制。"一带一路"连接东亚经济圈和欧洲经济圈,中间广阔腹地的知识产权创新能力有待提升。"一带一路"的合作重点涉及基础设施建设、配套完善道路安全防护设施和交通管理设施设备、加强能源基础设施互联互通合作、推进跨境光缆等通信干线网络建设等,合作开展重大科技攻关。如果知识产权制度欠缺或知识产权法律体系不完善,创新将面临巨大的风险。

多数"一带一路"沿线国家都对知识产权法律进行了大幅度的修改,"一带一路"沿线国家对于政策的调整表明国家越来越重视知识产权保护,各国虽然发展阶段不同、政策举措不同,但都朝着政策管理更为集中高效、法律体系更为完备的方向发展。其实,知识产权协同创新的开展必须基于良好的知识产权管理体制和法律法规。

(1) 知识产权政策与管理体制

国家在政策层面可以对知识产权协同创新起到引导作用。对于多数农业国家而言,知识产权在其发展中并未受到足够的重视。而对于一部分发展中的大国而言,国家比较重视知识产权在国家创新发展中的作用,提出了知识产权强国战略。政府对研究与发展的支持政策是技术创新制度结构中一个重要的组成部分[1]。对此,知识产权的政府管理机制建立成功与否对知识产权协同创新产生或促进或抑制的作用。政府可以制定政策法规,为协同创新提供更为全面和细致的知识产权适用规则,形成良好的创新环境。法律具有稳定性和滞后性,因此政府应制定具有前瞻性的政策,重点扶持创新产业,引领协同创新的方向。政府还可以组织创新科技的交流平台,促进信

---

[1] Richard R. Nelson, *National Innovation Systems: A Comparative Analysis*, Oxford University Press, 1993, pp. 12-18.

息之间的流转和创新主体之间的交流,为协同创新创造良好的环境。

(2) 知识产权法律体系和法律文化

知识产权法律可以为知识产权协同创新提供良好的保护。而多数农业国的知识产权法律缺失或没有实效,尤其是在专利法领域。知识产权相关法律是根据经济贸易的需要而附带的相关的规定,国内的法律制度主要集中在商标领域,而对外的知识产权规定则集中在与之有贸易往来的国家的双边协定中。知识产权国际合作的渠道有限,国外相关技术难以在当地获得知识产权的授权和保护。

(3) 知识产权国际协作

以"一带一路"区域为例,除沙特阿拉伯等个别国家外,大多数国家都不是《专利合作条约》或《国际商标注册马德里协定》的成员国,有的国家甚至还不是世界贸易组织的成员,专利申请、商标注册等知识产权取得的国际渠道有限,海外智力成果在当地申请获得保护的难度较大。同时,"一带一路"沿线国家的科技创新能力不强,相关知识产权拥有量偏低。这些国家的民众缺乏知识产权保护意识,对于与科技紧密相连的专利保护制度缺乏利用的主动性,多数"一带一路"沿线国家本国公民的专利授权量为个位数。"一带一路"倡议的推进势必导致"一带一路"区域知识产权竞争的加剧。当前,美国、俄罗斯、欧盟等国家和地区的企业都加强了对沿线国家,尤其是中亚国家的知识产权布局,通过知识产权保护机制确保本国在中亚国家中的利益。

2. 知识产权协同创新着眼于技术与市场的融合

创新完成的标志之一是发明创造的首次商业化,这也就意味着创新必须满足社会和市场的需求。知识产权协同创新更着力于技术知识的产生和运用，强调技术的合作性。从发明创造到创新有很长的路，不论对于企业还是对于国家而言，真正需要的不是发明而是创新。

（1）创新型企业与跨国公司

创新型企业与跨国公司是知识产权协同创新的主体。在这些主体中，人才、技术和资本相对集中，因此科技创新活动或科技成果转化相对频繁。对于创新主体而言，掌握科技成果的质量可以有效实现创新。创新效益对科技创新中心建设发挥着重要的支撑作用。同时，通过创新主体的带动，协同创新将对周边城市产生辐射效应，发挥科技创新中心的作用。

（2）知识产权人才及社会公众理念

长期以来，我国对外贸易知识产权人才问题的关注集中在美、日、欧等发达国家和地区，与"一带一路"沿线国家，尤其是中亚地区的国家进行经贸往来时，较少考虑到知识产权人才及社会公众知识产权理念的问题。主要是因为在此之前，我国与这些国家的经贸往来的数量少，产业层次不高，企业没有过多考虑到知识产权的布局。由于部分"一带一路"沿线国家知识产权制度的欠缺，知识产权文化尚未建立，而在已经设有知识产权制度的国家，其知识产权的发展也仍处于初级阶段。部分"一带一路"沿线国家民众对知识产权知之甚少，知识产权专业人才缺乏，对于专利这类与科技紧密相连的知识产权保护制度缺乏利用的主动性。当"一带一路"倡议启动后，我国与"一带一路"沿线国家进行基础设施、能源、跨境光缆、新兴产业等合作，投资量加大，技术层次提高。在这个投资贸易的过程中，亟需大批知识产权优秀人才。知识产权人才水平与社会公众知识产权理念的高低将直接影响到科技创新的积极性，影响我国在"一带一路"沿线国家投资和发展的信心，进而影响"一带一路"建设的可持续性。

面对知识产权协同创新的发展趋势，需要建立一个维系中国和"一带一路"沿线国家的知识产权人才培养保护的机制，用以有效匹配知识产权协同创新的需求。作为一项"共商、共建、共享推进沿线国家发展战略的相互对接"的系统工程，"一带一路"倡议有可能是建立"一带一路"范围内知识产权人才联合机制的第一步，并且将受到"一带一路"沿线国家的重视。这是因为，知识产权人才培养是"一带一路"倡议实施的应有之义。其一，"一带一路"倡议的时代背景蕴含知识产权人才的需求。共建"一带一路"是顺应世界多极化、经济全球化、文化多样化、社会信息化的潮流，秉持开放的区域合作精神的结果，与此对应的是，知识产权人才是维护全球自由贸易体系和开放型世界经济的主要推动者。其二，"一带一路"倡议的合作重点需要知识产权人才。"一带一路"倡议合作重点涉及国际技术转移、共建联合科技研究中心、科技人员交流等，知识产权人才是科技成果的运用和技术投资必不可少的参与者。其三，"一带一路"倡议的合作机制需要知识产权人才。在双边合作和多边合作机制中，知识产权人才交流与互信是上海合作组织（SCO）、中国-东盟"10+1"、亚太经合组织（APEC）、亚欧会议（ASEM）、亚洲合作对话（ACD）、亚洲相互协作与信任措施会议（CICA）中涉及的议题[1]。其四，"一带一路"倡议的美好未来涵盖知识产权人才的发展。"一带一路"倡议的愿景是中

---

[1] 王海燕："亚信会议创新'一带一路'安全体系"，载《上海文汇报》2016年5月2日，第4版。

国与沿线国家一道，稳步推进技术项目建设。知识产权人才将同"一带一路"倡议共同发展，为"一带一路"的建设保驾护航。

（3）知识产权创新资本的可获得性

只有好的技术和创意最终进入市场，具备商业化的可能性，才能开始创新的评价。顺利完成技术创新还需要资本的支持，获取资本的难易程度对创新产生至关重要的影响。在"一带一路"倡议的推动下，沿线国家之间加快资金融通的速度[1]，有力支持协同创新。以北京为例，北京完善创业投资引导机制，通过政府股权投资、引导基金、政府购买服务、政府和社会资本合作等市场化投入方式，引导社会资金投入科技创新领域；开展债券品种创新，支持围绕战略性新兴产业和"双创"孵化产业通过发行债券进行低成本融资；推动互联网金融创新中心建设；选择符合条件的银行业金融机构在中关村国家自主创新示范区探索为科技创新创业企业提供股权债权相结合的融资服务方式；鼓励符合条件的银行业金融机构在依法合规、风险可控前提下，与创业投资、股权投资机构实现投贷联动，支持科技创新创业[2]。

3. 知识产权协同创新重视内部知识产权环境与外部知识产权保护的结合

知识产权风险对吸收能力（四个维度：获取能力、消化能

---

[1] "国家发展改革委、外交部、商务部联合发布《推动共建丝绸之路经济带和21世纪海上丝绸之路的愿景与行动》"，载 http://www.mofcom.gov.cn/article/ae/ai/201503/20150300928878.shtml，最后访问日期：2020年3月30日。

[2]《国务院关于印发北京加强全国科技创新中心建设总体方案的通知》，载 http://www.gov.cn/zhengce/content/2016-09/18/content_5109049.htm，最后访问日期：2022年1月21日。

力、开发能力与转化能力)和产品创新绩效之间的关系具有负向调节作用[1]。目前,一部分"一带一路"沿线国家内部知识产权环境状况堪忧,除中东欧国家外,中亚、西亚、中南半岛等的国家科技发展相对缓慢,甚至有国家的知识产权制度尚处于萌芽阶段。"一带一路"倡议希望推动上下游产业链和关联产业的协同发展,鼓励建立研发、生产和营销体系,按照优势互补、互利共赢的原则,推动建立科技合作发展的机制。在这个过程中,知识产权保护是一个亟待解决的问题。曾经,小米手机进入印度市场仅四个月时间就销售 50 万部,然而,印度德里高等法院却通过爱立信申请禁止小米手机对印度出口并销售,理由是小米侵犯爱立信的标准基础专利(SEC)[2]。华为公司则表示,公司每年要在知识产权方面支付约 3 亿美元的许可费[3]。另外,海信的商标被西门子公司在德国注册,同样也是知识产权保护战略疏漏的教训。因此,"一带一路"沿线国家知识产权协同创新需要考虑到国内的知识产权现状以及外部对于知识产权的保护,积极采取措施,加大知识产权的保护力度,不断扩大知识产权收益。

(五)知识产权协同创新的运行机制

基于美国麻省理工学院斯隆中心研究员彼得·葛洛(Peter Gloor)的研究,协同创新是"由自我激励的人员或组织组成的

---

[1] 换言之,当知识产权风险较高时,产品创新绩效随着吸收能力的四个维度的提升反而下降;当知识产权风险较低时,产品创新绩效随着吸收能力四个维度的提升而增加。参见周文光、李尧远:"吸收能力、知识产权风险与产品创新绩效",载《科研管理》2016 年第 6 期。

[2] 屈运栩、覃敏:"小米在印度遭爱立信专利阻击被禁售",载 http://companies.caixin.com/2014-12-11/100761762.html,最后访问日期:2015 年 6 月 24 日。

[3] 吴澍:"华为:公司每年支付专利许可费达 3 亿美元",载 http://tech.163.com/12/0416/17/7V7QSAD9000915BE.html,最后访问日期:2015 年 5 月 30 日。

网络形成共同愿景，借助网络交流思想、信息及工作状况，合作实现共同的目标。"[1]从国家创新体系的层面来理解，协同创新就是要构建充满活力的国家创新生态系统，依靠"官产学研中金"等创新主体的通力协作，构建国际创新体系知识生产、知识转移和知识利用的畅通网络，实现自主创新的战略目标。[2]从国际协作的层面来理解，协同创新则是一个涉及多个国家、多种阶段、多种创新要素连接的动态的、复杂的创新网络，网络能否有效运行，取决于创新主体的力量和各合作主体的协同能力。

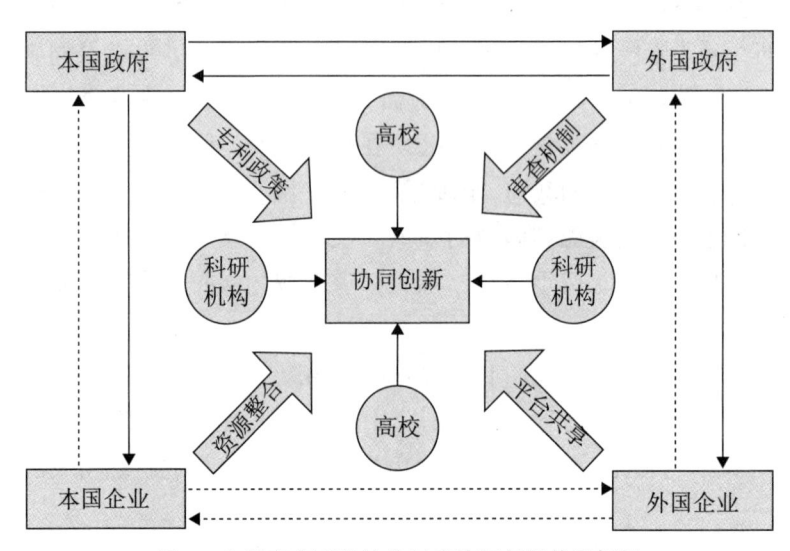

图6 专利审查国际协作制度协同创新体系框架

[1] Peter A. Gloor, *Swarm Creativity: Competitive Advantage Through Collaborative Innovation Networks*, Oxford University Press, 2006, p. 4.

[2] 叶伟巍等："协同创新的动态机制与激励政策——基于复杂系统理论视角"，载《管理世界》2014年第6期。

政府、高等院校、科研院所、企业是协同创新中起到重要作用的创新主体。其中，企业是创新中的核心主体，其优势在于技术的市场化；政府是创新环境和政策的主导者，是协同创新机制的顶层设计者和协调者。为此，在国际协作制度的协同创新体系的框架中，应主要考虑政府与政府、企业与政府、企业与企业之间的相互连接和导向。

在目前全球范围内运行的专利审查国际协作模式中，协同创新主体都在寻找利益最大化和创新机遇之间的连接点以及效用最大化与制度公正的平衡点，并努力缩小自身资源和能力与现实需求之间的差距。而国家与国家之间所构建的协作网络可以有效地解决这个问题，尤其可以通过资源和平台的共享来弥补单个创新主体在资源和能力上遇到的瓶颈。

专利审查国际协作的协同创新体系是通过政府在专利审查国际协作领域的积极参与，充分发挥自身的国际话语权，结合国际趋势集中于本国范围内的专利审查和保护，考虑国际合作环境下的专利制度的制定和执行，为本国的技术创新提供更高、更大的平台，为本国的科技全球战略布局提供先机。通过政府搭建的专利审查国际协作平台，企业能更快、更有效地与企业、高校、科研机构等各类创新主体深度合作，更快将技术进行产业化和市场化，实现创新资源的开放共享和有机整合。在全球市场经济的环境下，企业是最贴近市场的创新主体。在专利审查国际协作的平台上，通过审查信息和审查资源的共享和利用，企业可以降低专利的审查成本、缩短审查时间，获得更高的专利授权率，从而降低企业的创新成本和风险，激励企业将自身或高校、科研机构的科技成果更好地转化。

专利审查国际协作中重要的一点是审查资源的共享，因此，在协同创新的过程中还需要考虑以下几个因素：

其一，专利审查国际协作对工作效率的关注。在专利审查国际协作的体系中，协同专利审查行为的运行需要考虑到工作效率问题。显性的工作效率情况比较好掌握，而隐性的工作效率问题则难以直观感受，需要通过理解和观察才能把握。专利审查人员的工作能力和工作态度是隐性工作效率的关键。一国的专利审查周期较其他成员国更长，也许专利审查工作更为严谨，专利审查质量更高；而审查速度快的国家也许是以牺牲专利审查质量为代价。这些隐性的专利审查工作效率问题需要专利审查人员之间的互动和专利制度文化的交流来解决，比如，美国专利商标局可以将审查员送往欧洲专利局进行交流互访，欧洲专利局也可以通过美国专利商标局来培训审查员等。

其二，专利审查国际协作对专利质量的影响。专利审查的协同体系中存在着不断适应全球经济环境和专利文化的行为过程和功能机制。随着审查程序从一国专利审查机构转移到另一国专利审查机构，审查要素之间的关系都会发生适应性的改变。虽然这些复杂系统在细节上有所不同，但在复杂变化中也存在协调性，这样的系统被称为复杂适应系统[1]。"蝴蝶效应"即表现为系统初始条件的细微差异可能被迅速放大为系统的巨大输出。因此，专利审查国际协作体系中任何一个环节或因素处置不当，都可能会引发"蝴蝶效应"。专利质量是技术创新的关键，容易在此效应下受到影响。在当前的专利审查资源共享体系中，某合作国的可专利性标准低，则会造成一种负面效应，使得后续审查国也降低可专利性标准，从而导致所有合作国的

---

[1] [美]约翰·H. 霍兰著，周晓牧、韩晖译：《隐秩序：适应性造就复杂性》，上海科技教育出版社 2019 年版，第 5 页。

专利质量都因可专利性标准降低而受到损害,[1]最终使专利审查国际协作制度环境下的协同创新受到抑制。

其三,专利审查国际协作对自管理文化的建立。协同不只是强调合作,也强调竞争,它追求在竞争基础上进行系统的合作行为。[2]如果只有竞争,审查协作体系会走向解体;如果只有协同,审查协作体系会因稳定而陷入固化的状态。专利审查国际协作制度围绕加速审查、改善工作效率等多个目标共同合作,维持专利制度的良好秩序,实现专利审查功能的优化,具有明显的自组织特征。国际社会是平权社会,各国都有权在平等的合作之中表达自身的价值意愿。以管制和命令为基础的管理是在外力压迫下产生的行为,短期内对于专利审查国际合作的发展可能有一定的效果,但是无法稳定地长久持续下去。只有专利审查国际协作形成各国平衡的自组织管理文化,协同专利审查行为才能形成根本的创新动力。

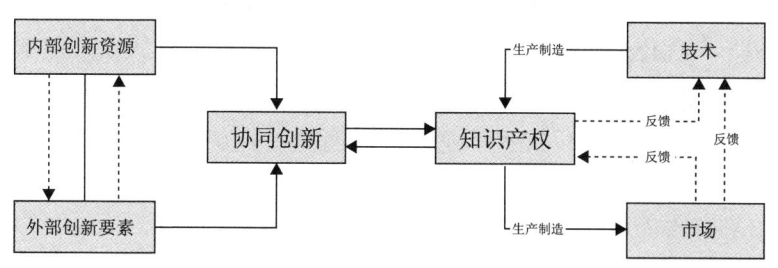

图7 知识产权协同创新的运行机制

协同创新需要内部的创新资源和外部的创新要素有效融合,

---

[1] Koki Arai, "Patent Quality and Pro-Patent Policy", *Journal of Technology Management & Innovation*, Vol. 5, 4 (2010), pp. 1-9.

[2] 范如国:"复杂网络结构范型下的社会治理协同创新",载《中国社会科学》2014年第4期。

在创新文化的环境中,依托地域优势,面向世界各国,汇聚外部创新产业、创新投入、创新资本和技术,产生创新成果。其中需要关注的一点是,各个国家在知识产权能力上存在异质性,而这种异质性对地区创新的空间分布存在影响。此外,知识产权的保护存在"两面性"。有研究表明,自主创新模式在一定条件下存在知识产权保护动态门槛效应,当保护力度较小时,自主创新模式正向驱动专利产出;反之,自主创新模式则一定程度上负面影响专利产出[1]。对此,知识产权制度的设定须因地制宜,针对不同区域和不同产业的发展现状进行调整。

从创新的过程来看,技术通过生产制造进入市场,其中知识产权是权利确认、转让、侵权救济的保证。知识产权与协同创新之间是相互依赖、相互促进的关系。协同创新的流转能够汇聚创新资源、产生技术创新成果、促进技术市场化、提供创新维权救济、推动创新主体互通。

知识产权协作的创新是创新主体在创新资源互惠共享的前提下,优化资源配置。而协同创新的有效运行可以从以下两个方面进行考虑:

其一,面向科技和产业的协同创新。一方面,要面向科技开展协同创新。针对"一带一路"倡议提出的"加强科技合作,共建联合实验室(研究中心)、国际技术转移中心"[2]等,创新主体与"一带一路"沿线国家"合作开展重大科技攻关,共同提升科技创新能力"[3],坚持产学研结合,加强各类创新主体的联合,充分调动"一带一路"沿线国家内部的创新资源,

---

[1] 侯建、陈恒:"高技术产业自主创新模式驱动专利产出机理研究——知识产权保护视角",载《科学学与科学技术管理》2016年第10期。
[2] 参见附录。
[3] 参见附录。

利用外来的创新资源和优势，促进科技人员的交流。另一方面，要面向产业开展协同创新。"推动新兴产业合作，按照优势互补、互利共赢的原则，促进沿线国家加强在新一代信息技术、生物、新能源、新材料等新兴产业领域的深入合作，推动建立创业投资合作机制。"[1]以技术创新带动产业创新，统筹加强资本投入，形成具有国际影响力的代表性产业，促进产业结构调整。

其二，在技术与产业协同创新的同时，需要有促进创新的平台，因为资金融通是其中重要的一环。《推动共建丝绸之路经济带和21世纪海上丝绸之路的愿景与行动》中提出："深化中国-东盟银行联合体、上合组织银行联合体务实合作，以银团贷款、银行授信等方式开展多边金融合作。支持沿线国家政府和信用等级较高的企业以及金融机构在中国境内发行人民币债券。符合条件的中国境内金融机构和企业可以在境外发行人民币债券和外币债券，鼓励在沿线国家使用所筹资金。"[2]要发挥多方积极性，吸引外来资源参与到协同创新的平台建设上来。同时还需要加大知识产权人才的培养，通过打造知识产权人才培养机制，实现国际合作共赢的发展之路。在知识产权人才培养机制所形成的良性互动之下，可以拓宽与世界各国相互的知识产权投资领域，进一步深入开展技术合作，加大知识产权的实施和利用，共同提升科技创新能力。

---

[1] 参见附录。
[2] 参见附录。

三、国际知识产权保护水平的评价体系及创新影响

中国提出的"一带一路"倡议规划适应国际多极化、经济全球化、文化多样化和社会信息化的时代要求,秉承和平、发展、合作、共赢的时代精神,将亚欧非大陆的发展联系起来,并赋予其时代发展的新含义。在国际知识产权保护制度与协同创新文化建设研究中,"一带一路"沿线国家的知识产权保护水平是重要的研究内容之一。为促进"一带一路"知识产权合作中的技术创新,在城市的国际化发展中制定合理的知识产权政策,提升科技创新能力,实现合作共赢,亟须对"一带一路"沿线国家知识产权保护水平进行测度,探讨知识产权协作共赢的策略。

在新技术时代发展过程中,知识产权保护持续受到重点关注[1]。2019年全球创新指数(GII)对世界各地近130个经济体的创新表现进行了排名[2]。创新能力不仅考虑投入与产出的

---

[1] Sunil Kanwar, Robert Evenson, "Does Intellectual Property Protection Spur Technological Change?" *Oxford Economic Papers*, Vol. 55, 2 (2003), pp. 235-264.

[2] Global Innovation Index (GII), available at https://www.wipo.int/global_innovation_index/en/, last visited on 2020-04-05.

数量，同时考虑创新质量，主要有三个指标[1]：①当地高校的质量（QS高校排名）；②专利发明的国际化（多局同族专利）；③科学出版物的质量。对此，世界知识产权组织的全球创新指数将知识产权保护纳入其评价指标体系。高校作为创新主体，其智力劳动成果是衡量高校创新能力的关键，权利主体地位需要知识产权保护；专利发明的国际化突出专利在知识产权保护中的重要地位；科学出版物的质量需要著作权的维护。知识产权保护与创新绩效之间存在关联关系[2]。

Rapp-Rozek指标体系是较早受到学者关注的测量知识产权保护水平的方法，该方法以美国商会知识产权委员会的标准为衡量基准，考核特定国家的知识产权保护水平，共分为0—5档进行评分[3]。在使用过程中，该方法在一定程度上受到质疑，后续的研究对其进行了改进，在考核基准方面同时考虑国际条约与国内立法[4]。而Ginarte-Park指标体系是测量知识产权保护水平应用最广的方法[5]，主要针对专利保护强度。为了维持

---

[1] 在出版物质量方面，全球创新指数排名相当稳定，美国、英国和德国在全球创新指数榜上稳稳领先。在中等收入经济体中，中国居首，其次是印度。在国际专利方面，欧洲国家占据了前十名中的七席，其余三个分别是以色列、日本和韩国。在中等收入经济体中，中国和南非占据前两名，印度和土耳其在这项指标上均有改善。

[2] 胡海青、王钰、魏薇："网络联结、知识产权保护与创新绩效"，载《科技进步与对策》2018年第23期。

[3] Richard T. Rapp, Richard P. Rozek, "Benefits and Costs of Intellectual Property Protection in Developing Countries", *Journal of World Trade*, Vol. 24, 5 (1990), pp. 75-102.

[4] E. K. Kondo, "The Effect of Patent Protection on Foreign Direct Investment", *Journal of World Trade*, Vol. 29, 6 (1995), pp. 97-122.

[5] Juan C. Ginarte, Walter G. Park, "Determinants of Patent Rights: A Cross-National Study", *Research Policy*, Vol. 26, 3 (1997), pp. 283-301.

其评价的客观性，该体系的指标选择较为客观，主要为专利保护范围、国际条约参与情况、权利丧失、专利执法、保护期限五个大类。此方法被称为 G-P 指数，是测量知识产权保护水平的基础性方法。

在 G-P 指数的基础上，早期的国内学者开展了知识产权保护水平的定量分析，设立社会法制化程度、法律体系完备程度、经济发展水平和国际社会监督平衡机制四个指标对中国的知识产权保护水平进行考量[1]。在知识产权保护的测量中，对于专利保护的测度研究较为集中，涉及专利申请[2]、专利数量[3]、专利质量[4]、专利价值创新[5]方面；在专利国际化研究方面，则通过构建专利国际化质量指数进行衡量[6]。考虑到文化产业的发展，版权保护水平开始受到关注。其构建的指标分别为版权立法保护强度、版权司法保护强度、版权执法保护强度、特定年份的经济发展水平、特定年份的公众意识状况以及参与版权相关国际条约的情况[7]。随着国际贸易和合作的深入，越

---

[1] 韩玉雄、李怀祖："关于中国知识产权保护水平的定量分析"，载《科学学研究》2005 年第 3 期。

[2] 谷丽、阎慰椿、丁堃："专利申请质量及其测度指标研究综述"，载《情报杂志》2015 年第 5 期。

[3] 宋河发、穆荣平、陈芳："专利质量及其测度方法与测度指标体系研究"，载《科学学与科学技术管理》2010 年第 4 期。

[4] Matthis de Saint-Georges, Bruno van Pottelsberghe de la Potterie, "A Quality Index for Patent Systems", *Research Policy*, Vol. 42, 3 (2013), pp. 704−719.

[5] Daniela Baglieri, Fabrizio Cesaroni, "Capturing the Real Value of Patent Analysis for R&D Strategies", *Technology Analysis & Strategic Management*, Vol. 25, 8 (2013), pp. 971−986.

[6] 张米尔、李海鹏、国伟："专利国际化的质量指数构建及评价研究"，载《科研管理》2019 年第 8 期。

[7] 郭壬癸、乔永忠："版权保护强度影响文化产业发展绩效实证研究"，载《科学学研究》2019 年第 7 期。

来越多的学者考虑到知识产权保护水平的国际因素,比如国际环境[1]、国际制约[2]等。

目前,国际在知识产权保护水平评价指标体系方面还没有形成一套完备的制度,对于"一带一路"倡议下的国际合作暂时没有较为全面衡量成员国知识产权保护水平的机制。对于中国与"一带一路"沿线国家展开经贸往来和知识产权合作,当前仍缺乏相关研究,尤其缺乏以中国的知识产权保护水平作为参照,衡量与中国合作的其他国家的知识产权保护状况,缺乏对于"一带一路"倡议参与国的知识产权保护水平进行评价。

(一)基于"一带一路"沿线国家知识产权保护水平的指标设计

知识产权保护水平的指标设计旨在建立一组能够客观公正地评价"一带一路"沿线国家知识产权保护水平的评价指标体系。

共建"一带一路"旨在促进经济要素有序自由流动、资源高效配置和市场深度融合,推动沿线各国实现经济政策协调,开展区域合作。共建"一带一路"是国际合作以及全球治理新模式的积极探索[3]。对此,"一带一路"沿线国家知识产权保护水平的指标设计以知识产权国际条约的相关规定为参照,依据新技术时代社会发展的特点和需求,对指标进行修正和调整,构建"一带一路"沿线国家知识产权保护水平的评价指标体系,以期展示"一带一路"沿线国家的知识产权保护水平。

---

[1] 许春明、陈敏:"中国知识产权保护强度的测定及验证",载《知识产权》2008年第1期。

[2] 姚颉靖、彭辉:"版权保护与软件业盗版关系的实证研究——基于51个国家的数据分析",载《科学学研究》2011年第6期。

[3] 参见附录。

```
                    "一带一路"国家知识产权保护水平指标体系
        ┌──────────┬──────────────┬──────────────┬──────────────────┐
   专利保护强度      商标保护强度      著作权保护强度       相关知识产权保护强度
```

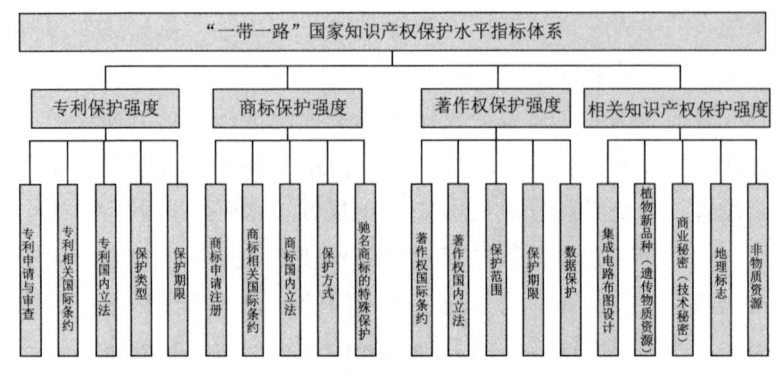

图8　"一带一路"沿线国家知识产权保护水平指标体系

构建的计量模型如下：

$Total(n) = Patent(n) + Trademark(n) + Copyright(n) + Related\ Intellectual\ Property(n)$

其中，$Total(n)$ 表示第 n 年"一带一路"某个国家总体的知识产权保护水平，是 $Patent(n)$、$Trademark(n)$、$Copyright(n)$、$Related\ Intellectual\ Property(n)$ 四个变量的总和。其中，$Patent(n)$ 为第 n 年专利保护强度，$Trademark(n)$ 为第 n 年商标保护强度，$Copyright(n)$ 为第 n 年著作权保护强度，$Related\ Intellectual\ Property(n)$ 为第 n 年相关知识产权保护水平。

计分方式：指标体系一共设置20个二级指标，一个二级指标满足记1分，不满足则为0分，根据体系设计综合计算得分。若不存在三级指标，则满足该二级指标就得满分；若存在三级指标，每个三级指标的分数为1除以该二级指标下三级指标的总数额，再归总计算得出二级指标的得分。最终核算得出每个一级指标的总分，以总分的高低来核算该国知识产权保护的强度。"一带一路"某个国家总体的知识产权保护水平的 $Total(n)$ 分值在0—20分之间。

计分权重：从法理上分析，专利权、商标权、著作权等均是知识产权中不可或缺的一项权利，彼此在法律上确认的权利并没有高低之分，各个一级指标均具有相同的权重；同理，各个二级指标均具有相同的权重，每个三级指标的权重为1除以该二级指标下三级指标的总数额。另外，根据胡安·C.吉纳特（Juan C. Ginarte）和沃尔特·G.帕克（Walter G. Park）所设计的指标体系来看，G-P指标核定对各类权重大小并不过多依赖。人为调整指标的权重可能会导致自由裁量权过大，影响评价结果的客观性和公正性。

（二）"一带一路"沿线国家知识产权保护水平的评价指标体系的构建

"一带一路"沿线国家知识产权保护水平的评价指标体系的构建以知识产权相关国际条约的规定为依据，同时以中国知识产权保护水平为参照。我国倡导"一带一路"建设可能需要面对的知识产权环境可依此进行考量。

1. 专利保护水平的评价指标

由于专利权具有地域性，在一国获得专利权需要经过申请和审查。申请和审查的情况可以反映出在一国获得专利权的难易程度。《专利合作条约》提供了在全球范围内的专利申请途径，其采用一种语言提交一次申请即可以在每一个指定的《专利合作条约》成员国都有效的方式，极大地便利了国际专利申请，免除了申请人以往为寻求专利国际保护而需办理的烦琐手续。世界知识产权组织通过国际专利申请来考察各个国家的技术发展情况，并将其作为创新能力判断的指标之一。由于全球专利申请量的激增，各国专利审查机构面临专利审查积压的困境，良好的专利审查国际协作渠道可以有效缓解此种压力。专利审查高速路的参与使国与国之间在审查资源上实现共享和互认，极大简化了审查的流程。

"一带一路"倡议本质上是一种国际合作，参与专利相关的国际条约能使"一带一路"沿线国家有较好的专利合作渠道。除了在前一指标中涉及的《专利合作条约》和专利审查高速路，《巴黎公约》和《Trips 协议》也为专利制度的国际协调提供了较多规则，比如优先权制度、国民待遇原则、最惠国待遇原则等。《专利法条约》和《实体专利法条约》推动了国与国之间专利制度从程序到实体内容的深度合作。《海牙协定》为外观设计专利的国际申请提供了良好的途径，其缔约方至少给予外观设计专利 15 年的保护期。

专利权的地域性决定了一国自身的专利立法是授予专利权和保护专利权的根本制度。专利权的保护究竟在何种程度上得到一国立法体系的确立是评价专利保护强度的基准。对此，按照立法层级的不同，专利保护强度指标体系设立了"法律""行政法规"和"单行条例"三个三级指标。不同国家专利权所涵盖的范围不同，针对技术方案的保护也不同，在保护类型二级指标下设立的"发明""实用新型"和"外观设计"是在权利的本质要求上进行考评的。发明和实用新型都是针对技术方案，而外观设计是针对设计方案，其并不包含技术性，是产品的形状、图案、色彩相结合的设计方案，因此，有的国家并没有将这种设计方案纳入专利权的确认之中，而是另行立法，确立对于工业品外观设计的保护。如果该国的立法中有对于外观设计的保护，即使不授予专利权，仍然可以按照该知识产权实质上得到保护的要求，获得该指标的评分。另外，各种类型的专利权保护期限展现了对于该项权利能维持效力的时间，对于开拓海外市场、进行专利布局、规划专利战略具有较大的意义。

表2 "一带一路"沿线国家专利保护强度指标评价体系

一级指标	二级指标	三级指标	权重	指标说明
专利保护强度	专利申请与审查	《专利合作条约》	0.33	《专利合作条约》成员
		《专利合作条约》年申请量	0.33	不低于4000件[1]
		专利审查高速路	0.33	
	参与专利相关国际条约	《巴黎公约》	0.2	
		《Trips协议》	0.2	
		《专利法条约》	0.2	
		《实体专利法条约》	0.2	
		《海牙协定》	0.2	
	专利国内立法	法律	0.33	
		行政法规	0.33	
		单行条例	0.33	
	保护类型	发明	0.33	
		实用新型	0.33	
		外观设计	0.33	
	保护期限	发明	0.33	不低于20年
		实用新型	0.33	不低于10年
		外观设计	0.33	不低于15年

2. 商标保护水平的评价指标

商标的国际申请和注册途径主要是依照《国际商标注册马

---

[1] WIPO, "China Becomes Top Filer of International Patents in 2019 Amid Robust Growth for WIPO's IP Services, Treaties and Finances", available at https://www.wipo.int/pressroom/en/articles/2020/article_ 0005.html, last visited on 2020-04-10.

德里协定》以及《马德里协定有关议定书》确立的。在 2019 年，经过马德里体系提交商标国际注册申请前十位的国家，其申请量均超过 2000 件[1]。

除《国际商标注册马德里协定》和《马德里协定有关议定书》外，《巴黎公约》也明确了各国商标权保护的独立性，并对驰名商标提供跨类保护；《Trips 协议》中明确列出对于商标权的保护，并为知识产权争端提供较为全面的解决机制。世界知识产权组织一直致力于商标国际注册的规范协调，《商标法新加坡条约》（STLT）在注册程序上先行达成了国际统一。《尼斯协定》建立了商品与服务国际分类体系，方便了商标的注册。在商标的审查过程中，文字商标的检索并不存在较大的问题，但是图形商标的检索则存在难度，为了在各国之间解决这个难题，《维也纳协定》建立了一个商标图形要素国际分类，促进了各国之间商标检索的合作。

作为一项基本的知识产权，商标权具有地域性，这意味着一国自身的立法情况是商标权究竟能获得何种保护的根本。对此，按照立法层级的不同，商标保护强度指标体系设立了"法律""行政法规"和"单行条例"三个三级指标。

商标权的保护期限是进行商标战略规划的前提。《Trips 协议》中规定：注册商标可以无限次续展。《商标法新加坡条约》也明确限制了对续展申请进行实质性审查。考虑到不同国家加入的国际条约的差异性，商标保护强度指标体系在此将保护期限作为一项三级指标。商标权保护的核心要义在于其识别性，为避免消费者产生混淆和误认，对于商标权的侵权行为需要严

---

[1] 数据来源：https://www.wipo.int/export/sites/www/ipstats/en/docs/infographic_madrid_2019.pdf，最后访问日期：2020 年 4 月 15 日。

厉打击。在相同或相似的商品上采用相同或相似的商标行为容易在现实中发生，而维权却存在举证难度。对此，商标侵权的惩罚性赔偿机制是遏制侵权行为发生和维护权利人正当权益的良好方式，商标保护强度指标评价体系为此设立了一个三级指标。

驰名商标是具有较大影响力的商标，为相关公众所知悉。由于其知名度较高，遍布一国甚至多个国家，即使没有注册也通常会受到保护。在国际合作中，走出国门的商品和服务往往在世界范围内具有较高知名度，从而也能更好地达成国际贸易并让消费者接受。由于驰名商标的广泛作用，对其的保护不仅仅局限于同类商品和服务，在非类似商品和服务上的使用也要防止驰名商标的淡化。对此，商标保护强度指标评价体系将驰名商标的特殊保护作为一项二级指标，用以衡量一国的商标保护强度，并着重考虑国际合作中驰名商标在各国之间的利用程度。

表3 "一带一路"沿线国家商标保护强度指标评价体系

一级指标	二级指标	三级指标	权重	指标说明
商标保护强度	商标申请注册	《国际商标注册马德里协定》及《马德里协定有关议定书》	0.33	
		年申请量	0.33	不低于2000件
		申请类型	0.33	适用注册一切类型的商标
	参与商标相关国际条约	《巴黎公约》	0.2	
		《Trips协议》	0.2	
		《商标法新加坡条约》	0.2	
		《尼斯协定》	0.2	
		《维也纳协定》	0.2	

续表

一级指标	二级指标	三级指标	权重	指标说明
	国内立法	法律	0.33	
		行政法规	0.33	
		单行条例	0.33	
	保护方式	保护期限	0.5	不低于10年，可以续展
		侵权赔偿	0.5	惩罚性赔偿
	驰名商标的特殊保护		1	

3. 著作权保护水平的评价指标

作品具有公共物品的属性，其传播和推广使得作品不仅仅出现在一国之内，因此作品的保护也不能局限于一国之内。《伯尔尼公约》建立了著作权国际保护的基本体系，提供了著作权最低限度保护标准。进入新技术时代后，《世界知识产权组织版权条约》和《世界知识产权组织表演和录音制品条约》应运而生，对互联网时代的著作权和邻接权的规定集中于数字技术，并与《伯尔尼公约》连接。除此之外，《罗马公约》也为邻接权提供了较为全面的保护。同时，《保护录音制品制作者防止未经许可复制其录音制品公约》（以下简称《录音制品公约》）对录制者权进行了更为完善的规定。在"一带一路"倡议的国际合作中，需要根据沿线国家所加入的著作权国际条约确定该国能提供的著作权保护的国际协调途径。与此同时，著作权的地域性决定了本国的著作权立法仍然是各种国际公约在一国之内实现的根本。

基于大陆法系和英美法系的差异性，对于著作权保护的权利范围会有不同。根据世界知识产权组织中各个成员国对于著作权保护的主张，选择"著作人身权""著作财产权"和"邻接权"作为保护范围二级指标下的三项三级指标，可以较为全面地反映著作权保护的范围。另外，根据狭义著作权和与著作权相关的权利，著作权保护强度指标评价体系将保护期限下的三级指标分别设定为版权、表演者权、录制者权和广播组织权。自由贸易协定（FTA）中普遍存在超出《伯尔尼公约》的保护力度，为版权提供作者终生及死亡后70年的保护。对此，版权、表演者权和录制者权的指标在著作权保护强度指标评价体系中被设置为以70年为保护期限的计算基准，广播组织权的保护期限不低于该广播、电视首次播放后50年。

在互联网时代，计算机技术加快了作品的传播，使作品由传统的文本形式转换为数字代码形式，数据保护逐步成为著作权保护的核心话题。在"一带一路"国际合作中，影视作品的交易是重要的一环，国外涌现出许多门户网站竞相购买中国作品的版权，但随之而来的是盗版的泛滥。明确著作权保护中的信息网络传播权是互联网环境下版权保护的重点，同时，明确技术措施与权利管理信息可以从权利人的角度实现对于著作权的掌控。此外，数据汇编为信息加工处理提供了知识产权存在的可能性，其将信息从传统的版权体系中分离出来从而实现法律层面上的认可。区分作品提供者和网络服务提供者可以将侵权主体明确划分。对此，在数据保护二级指标下，著作权保护强度指标评价体系设立了信息网络传播权、技术措施与权利管理信息、数据汇编、网络服务提供者保护四项三级指标。

表4 "一带一路"沿线国家著作权保护强度指标评价体系

一级指标	二级指标	三级指标	权重	指标说明
著作权保护强度	参与的国际合作条约	《伯尔尼公约》	0.2	
		《世界知识产权组织版权条约》	0.2	
		《世界知识产权组织表演和录音制品条约》	0.2	
		《罗马公约》	0.2	
		《录音制品公约》	0.2	
	国内立法	法律	0.33	
		行政法规	0.33	
		单行条例	0.33	
	保护范围	著作人身权	0.33	
		著作财产权	0.33	
		邻接权	0.33	
	保护期限	版权	0.25	以70年为保护期限的计算基准
		表演者权	0.25	同上
		录制者权	0.25	同上
		广播组织权	0.25	不低于50年
	数据保护	信息网络传播权	0.25	
		技术措施与权利管理信息	0.25	
		数据汇编	0.25	
		网络服务提供者保护	0.25	

三、国际知识产权保护水平的评价体系及创新影响

4. 相关知识产权保护水平的评价指标

《Trips 协议》为知识产权国际保护确立了最低保护标准，为国际贸易之中的知识产权往来提供了基本的要求。除专利权、商标权、著作权外，知识产权还涉及地理标志、集成电路布图设计（拓扑图）、对未披露信息的保护、对协议许可中反竞争行为的控制等。对此，相关知识产权保护强度指标评价体系分别设立了集成电路布图设计、植物新品种（遗传物质资源）、商业秘密（技术秘密）、地理标志、非物质资源五项二级指标。其中，植物新品种（遗传物质资源）下设四项三级指标；地理标志下设立《国际商标注册马德里协定》《里斯本协定》和国内保护规则三项三级指标。对于一些"一带一路"沿线国家，即使尚未加入《国际商标注册马德里协定》或《里斯本协定》，在本国的商标法或单行条例中，也可能存在涉及对于地理标志的保护的规定，这对于维护特定地理产区的商品具有重要意义。

非物质文化遗产涉及民间文学艺术表达，体现对不同文化的尊重。此外，在互联网时代，域名作为一项知识产权逐步受到重视，由于其尚未在国际条约中作为一项单独的知识产权类型加以规定，对其的保护更多基于对不正当竞争的制止。

表5 "一带一路"沿线国家相关知识产权保护强度指标评价体系

一级指标	二级指标	三级指标	权重	指标说明
相关知识产权保护强度	集成电路布图设计		1	
	植物新品种（遗传物质资源）	《国际植物保护公约》	0.25	
		《保护植物新品种国际公约》	0.25	

续表

一级指标	二级指标	三级指标	权重	指标说明
		《生物多样性公约》	0.25	
		国内保护规则	0.25	
	商业秘密（技术秘密）		1	
	地理标志	《国际商标注册马德里协定》	0.33	
		《里斯本协定》	0.33	
		国内保护规则	0.33	
	非物质资源	非物质文化遗产	0.5	《保护非物质文化遗产公约》
		域名权	0.5	

（三）知识产权保护水平的测试

根据世界知识产权组织发布的 2019 年全球创新指数[1]，唯一位列全球前十名的亚洲国家为新加坡。同时，中国作为中等收入经济体中唯一进入前二十名的国家，创新能力位列全球第十四。2017 年，中国与柬埔寨进行知识产权双边会谈，签署知识产权合作的谅解备忘录，确认中国有效发明专利可在柬埔寨登记生效[2]。中柬知识产权合作体现了柬埔寨对中国专利制度的高度认同，是推动中国知识产权制度"走出去"的里程碑。在达沃斯论坛上，中国国家信息中心发布了《"一带一路"大数

---

[1] Global Innovation Index (GII) 2019, "Creating Healthy Lives — The Future of Medical Innovation", available at https://www.wipo.int/global_ innovation_ index/en/2019, last visited on 2020-04-10.

[2] 柳鹏："中国有效发明专利可在柬埔寨登记生效"，载 https://www.gov.cn/xinwen/2018-03/05/content_ 5270871.htm，最后访问日期：2020 年 3 月 10 日。

据报告（2018）》，新加坡和柬埔寨"一带一路"国别合作度均排名前十[1]。对此，知识产权保护水平指标体系以中国的知识产权保护水平为参照，选取新加坡[2]和柬埔寨[3]两个国家为样本进行测算和验证，均选择各国2019年的知识产权保护情况和数据，统计结果如下：

表6 "一带一路"沿线国家相关专利保护强度统计表

指标			中国	新加坡	柬埔寨
专利保护强度	专利申请与审查	《专利合作条约》	0.33	0.33	0.33
		《专利合作条约》年申请量[4]	0.33	0	0
		专利审查高速路	0.33	0.33	0
	参与专利相关国际条约	《巴黎公约》	0.2	0.2	0.2
		《Trips协议》	0.2	0.2	0.2
		《专利法条约》	0	0	0
		《实体专利法条约》	0	0	0
		《海牙协定》	0	0.2	0.2
	专利国内立法	法律	0.33	0.33	0.33
		行政法规	0.33	0.33	0.33
		单行条例	0.33	0.33	0.33
	保护类型	发明	0.33	0.33	0.33
		实用新型	0.33	0.33	0.33
		外观设计	0.33	0.33	0.33
	保护期限	发明	0.33	0.33	0.33

---

[1] "'一带一路'大数据·国别合作度指数"，载《中国投资》2018年第19期。
[2] 信息来源：https://wipolex.wipo.int/zh/legislation/profile/SG，最后访问日期：2020年4月10日。
[3] 信息来源：https://wipolex.wipo.int/zh/legislation/profile/KH，最后访问日期：2020年4月11日。
[4] 数据来源：https://www.wipo.int/export/sites/www/pressroom/en/documents/pr_2020_848_annexes.pdf#annex1，最后访问日期：2020年4月3日。

续表

		指标	中国	新加坡	柬埔寨
		实用新型	0.33	0.33	0.33
		外观设计	0	0.33	0.33
总计			4.03	4.23	3.9

表7 "一带一路"沿线国家商标保护强度统计表

		指标	中国	新加坡	柬埔寨
商标保护强度	商标申请注册	《国际商标注册马德里协定》及《马德里协定有关议定书》	0.33	0.33	0.5
		年申请量[1]	0.33	0	0
		注册类型	0	0.33	0
	参与商标相关国际条约	《巴黎公约》	0.2	0.2	0.2
		《Trips协议》	0.2	0.2	0.2
		《商标法新加坡条约》	0	0.2	0
		《尼斯协定》	0.2	0.2	0
		《维也纳协定》	0	0	0
	国内立法	法律	0.33	0.33	0.33
		行政法规	0.33	0.33	0.33
		单行条例	0.33	0.33	0.33
	保护方式	保护期限	0.5	0.5	0.5
		侵权赔偿	0.5	0.5	0
	驰名商标的特殊保护		1	1	1
	总计		4.25	4.45	3.39

[1] 数据来源：https://www.wipo.int/export/sites/www/pressroom/en/documents/pr_2020_848_annexes.pdf#annex5，最后访问日期：2020年4月4日。

三、国际知识产权保护水平的评价体系及创新影响

表8 "一带一路"沿线国家著作权保护强度统计表

	指标		中国	新加坡	柬埔寨
著作权保护强度	参与的国际合约	《伯尔尼公约》	0.2	0.2	0
		《世界知识产权组织版权条约》	0.2	0.2	0
		《世界知识产权组织表演和录音制品条约》	0.2	0.2	0
		《罗马公约》	0	0	0
		《录音制品公约》	0.2	0	0
	国内立法	法律	0.33	0.33	0.33
		行政法规	0.33	0.33	0
		单行条例	0.33	0.33	0
	保护范围	著作人身权	0.33	0.33	0.33
		著作财产权	0.33	0.33	0.33
		邻接权	0.33	0.33	0.33
	保护期限	版权	0	0.25	0.25
		表演者权	0	0.25	0
		录制者权	0	0.25	0
		广播组织权	0.25	0.25	0.25
	数据保护	信息网络传播权	0.25	0.25	0.25
		技术措施与权利管理信息	0.25	0.25	0
		数据汇编	0.25	0.25	0.25
		网络服务提供者保护	0.25	0.25	0
	总计		4.03	4.58	2.32

表9 "一带一路"沿线国家相关知识产权保护强度统计表

指标			中国	新加坡	柬埔寨
相关知识产权保护强度	集成电路布图设计		1	1	0
	植物新品种（遗传物质资源）	《国际植物保护公约》	0.25	0.25	0.25
		《保护植物新品种国际公约》	0.25	0.25	0
		《生物多样性公约》	0.25	0.25	0.25
		国内保护规则	0.25	0.25	0
	商业秘密（技术秘密）		1	1	0
	地理标志	《国际商标注册马德里协定》	0	0	0
		《里斯本协定》	0	0	0
		国内保护规则	0.33	0.33	0.33
	非物质资源	非物质文化遗产	0.5	0.5	0.5
		域名权	0.5	0.5	0
总计			4.33	4.33	1.33

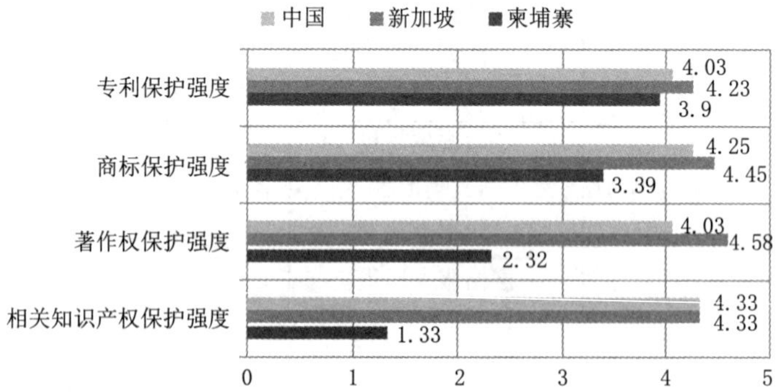

图例：中国、新加坡、柬埔寨

- 专利保护强度：中国 4.03，新加坡 4.23，柬埔寨 3.9
- 商标保护强度：中国 4.25，新加坡 4.45，柬埔寨 3.39
- 著作权保护强度：中国 4.03，新加坡 4.58，柬埔寨 2.32
- 相关知识产权保护强度：中国 4.33，新加坡 4.33，柬埔寨 1.33

图9 "一带一路"沿线国家知识产权保护水平分类分值

(四)"一带一路"沿线国家知识产权保护水平的测试评价

根据评价指标对中国、新加坡和柬埔寨专利权、商标权、著作权及相关知识产权保护水平进行的测试,可以得出以下结论:在专利权、商标权和著作权三项基本的知识产权保护方面,新加坡参与国际合作的程度较高,其国内的保护水平更接近知识产权国际条约的设定,与中国在基本的制度方面尚无较大的差异,但是在对权利的保护类型和保护期限上强度更大。在相关知识产权保护水平方面,中国和新加坡的分值相等,但在具体的保护强度上存在差异。比如,新加坡颁布了《集成电路布图设计法》,而在中国,对于集成电路布图设计主要通过保护条例进行保护,立法保护层级较低。同时,新加坡颁布实施了《植物控制法》和《药品法》,并且加入了《植物保护国际公约》《保护植物新品种国际公约》《生物多样性公约》。

中国地大物博,自然资源丰富,在加入《国际植物保护公约》《保护植物新品种国际公约》《生物多样性公约》之外,还加入了《生物多样性公约关于获取遗传资源和公正和公平分享其利用所产生惠益的名古屋议定书》,对于生物资源的知识产权保护更为关注。柬埔寨是世界知识产权组织和《巴黎公约》成员国,其在专利权、商标权和著作权三项知识产权方面提供了基本的保护,但具体针对每项知识产权的国际条约大多是在2000年以后才逐步加入的,其相应的国内立法还有待进一步完善,知识产权保护水平与中国相比差异较大。

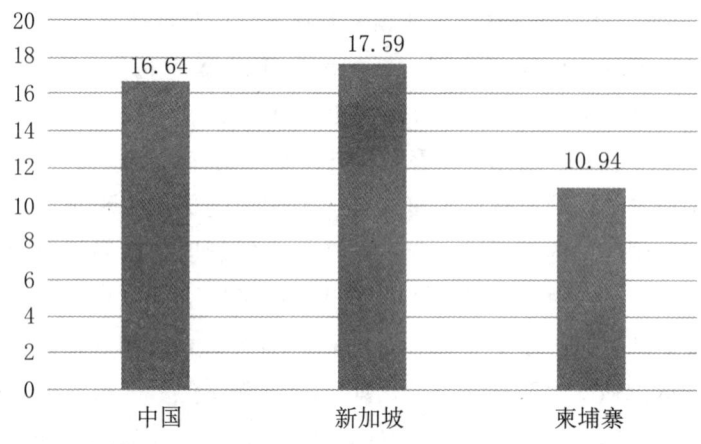

图10 "一带一路"沿线国家知识产权保护水平总分值

通过上述分析可以看出,"一带一路"沿线国家的知识产权保护水平不均衡。然而,无论是在中国还是在"一带一路"沿线国家,无论是在发达国家还是发展中国家,知识产权制度都正在成为一项重要的基本法律制度,一国的知识产权保护水平已经成为关系国家发展、国际贸易和国际合作的重要问题。由于经济和社会发展的不平衡,知识产权保护的尺度和标准在不同的国家之间协调具有一定的难度,有关知识产权的争议也时有发生。推动知识产权的国际协调保护既要履行相关国际条约义务也要符合本国国情。

(五)"一带一路"沿线国家知识产权保护水平与国际合作创新

2019年的新冠肺炎疫情使全球经济受到影响。2020年1月至7月,我国对外非金融类直接投资同比下降2.1%,完成营业额同比下降10.5%。[1]然而与此同时,"一带一路"沿线国家

---

〔1〕"商务部召开例行新闻发布会(2020年8月20日)",载http://www.mofcom.gov.cn/xwfbh/20200820.shtml,最后访问日期:2020年12月30日。

投资合作却稳步推进。2020年1月至7月,我国企业对"一带一路"沿线国家非金融类直接投资102.7亿美元,同比增长28.9%,占同期投资总额的17%,较上年提升4.5个百分点,主要投向新加坡、印尼、老挝、柬埔寨、越南、马来西亚、泰国、哈萨克斯坦和阿联酋等国家[1]。

1."一带一路"沿线国家知识产权保护水平研究的必要性

在"一带一路"倡议实施中,中国与"一带一路"沿线国家将进行基础设施、能源、跨境光缆、新兴产业等的合作,投资量大,技术层次高。例如,中国目前至少与20个国家进行了高铁合作或者洽谈,涉及土耳其、泰国等众多"一带一路"沿线国家,辐射非洲、亚洲、欧洲等区域,合计的高铁里程数有1万公里(投资额约3万亿元)。其中,罗马尼亚沿海铁路、印度"德里-金奈高铁走廊"、泰国的两条高速铁路及俄罗斯"莫斯科-喀山"高铁延伸至北京的高铁项目,均与中国达成了合作协议[2]。在"高铁出海"为代表的中国科技走出国门的过程中,知识产权起着不可替代的作用。为确定我国技术在海外依法所享有的权利,我国亟需了解并掌握"一带一路"沿线国家知识产权境况并探究中国与"一带一路"沿线国家开展知识产权国际合作的策略。

"一带一路"倡导推动上下游产业链和关联产业的协同发展,鼓励建立研发、生产和营销体系,按照优势互补、互利共赢的原

---

[1] "2020年1—6月我国对'一带一路'沿线国家投资合作情况",载http://fec.mofcom.gov.cn/article/fwydyl/tjsj/202007/20200702985731.shtml,最后访问日期:2020年7月23日。

[2] 欧阳春香:"海外订单接踵而至'一带一路'给高铁基建带来多重利好",载https://stock.jrj.com.cn/hotstock/2014/12/16025418540950.shtml,最后访问日期:2020年7月24日。

则,推动建立科技合作发展的机制。在这个过程中,知识产权保护是一个亟待解决的问题,需要实施创新驱动发展战略,积极采取措施,加大知识产权的保护,维护知识产权的合理回报。

第一,对知识产权保护水平的研究有助于合理安排海外知识产权布局。"一带一路"的合作重点涉及基础设施建设、配套完善道路安全防护设施和交通管理设施设备、加强能源基础设施互联互通合作、推进跨境光缆等通信干线网络建设等,能够促进沿线国家加强在新一代信息技术、生物、新能源、新材料等新兴产业领域的合作,推动沿线国家合作开展重大科技攻关项目。知识产权制度可以为这些重点的合作项目的顺利开展保驾护航。在合作项目中,各方的权利都可以在知识产权的法律制度或协议框架中得到明确和保护。我国可以依靠知识产权制度,同时结合"一带一路"的建设,根据市场需要积极取得高质量的专利权、商标权等知识产权,在有关国家推动保护我国出口的大型成套设备及技术、标准、服务等涉及的知识产权,推进我国知识产权海外布局。

第二,对知识产权保护水平的研究有助于我国企业有的放矢地实施"走出去"战略。将母公司在东道国取得的知识产权内部许可给予东道国的子公司以获取稳定的收益,不仅有利于扩大知识产权许可收益,而且可以通过知识产权许可转移利润,合理避税。如果知识产权制度欠缺或知识产权没有得到有力的保护,则将面临科技成果归属不清、智力劳动成果流失、科技创新的积极性降低等后果,并且容易导致在合作中产生纠纷且纠纷难以妥善解决,从而影响企业在海外投资和发展的信心,进而影响"一带一路"建设的可持续性。

第三,对知识产权保护水平的研究能有效避免投资损失。

长期以来，我国对外贸易知识产权研究关注点集中在美、日、欧等发达国家和地区，较少考虑到"一带一路"沿线国家专利或商标的申请或授权。这主要是因为在此之前，我国与这些国家的经济贸易往来次数少，产业层次不高，企业没有过多考虑到知识产权的布局。当"一带一路"倡议启动后，我国与"一带一路"沿线国家在基础设施、能源、跨境光缆、新兴产业等方面进行合作，亟需知识产权的保护。目前我国企业对于"一带一路"沿线国家知识产权布局不完善，导致一些企业因没有预先申请专利或注册商标而屡遭损失。[1]

第四，对知识产权保护水平的研究有助于维护国家安全。2015年7月1日，中国第十二届全国人大常委会第十五次会议表决通过了新的国家安全法。在维护国家安全的任务方面，新的《中华人民共和国国家安全法》明确表示："国家加强自主创新能力建设，加快发展自主可控的战略高新技术和重要领域核心关键技术，加强知识产权的运用、保护和科技保密能力建设，保障重大技术和工程的安全。"[2]

在"一带一路"倡议实施过程中，不断扩大的国际交往促使"一带一路"沿线国家加强自身对外的知识产权合作，以适应经济与文化的互通有无。"一带一路"沿线国家的知识产权发展不平衡，有的国家的知识产权制度体系尚未完全建立；有的国家虽然有相关的知识产权法律制度，但是并未产生实效；还有一部分国家意识到知识产权对于整个国家创新的重要作用，

---

[1] 鉴于知识产权在国际政治、经济和贸易发展中的重要地位和影响，在丝绸之路经济带建设中必须高度重视和强化知识产权工作，应当充分发挥知识产权保护与合作在丝绸之路经济带建设中的重要作用。参见顾书亮："发挥知识产权在丝绸之路经济带建设中的重要作用"，载《人民政协报》2015年5月9日，第3版。

[2] 《中华人民共和国国家安全法》第24条。

亟需通过对外合作来进一步拓展本国的技术市场。多数"一带一路"沿线国家都是世界知识产权组织的成员国，或多或少参与过国际知识产权项目的合作。国与国之间的知识产权交流能够提高知识产权保护水平，为"一带一路"沿线国家自身的发展带来契机。

2. 知识产权保护水平影响创新的理论模型

假定 X_1、X_2、X_3……X_n 为制约创新过程的影响因素，P 表示国际合作创新的产出，则"一带一路"倡议下国际协同创新的生产函数可以写成以下形式：

$$P = f(X_1、X_2、X_3……X_n) \tag{1}$$

该生产函数表示在既定的国际环境下影响因素组合（X_1、X_2、X_3……X_n）在每一时期所能完成创新的最大工作量 P。

以 2020 年 1 月至 7 月为例，我国对外非金融类直接投资 4236.5 亿元人民币（折合约 602.8 亿美元），对外承包工程新签合同额 8556.7 亿元人民币（折合约 1217.5 亿美元），完成营业额 4912.6 亿元人民币（折合约 699 亿美元）。对外劳务合作派出各类劳务人员 15.9 万人，7 月末在外各类劳务人员 64.4 万人。其中，对于"一带一路"沿线国家，在 2020 年 1 月至 7 月，我国企业的非金融类直接投资 102.7 亿美元，同比增长 28.9%，占同期投资总额的 17%，较上年提升 4.5 个百分点。对"一带一路"沿线国家新签承包工程合同额 671.8 亿美元，完成营业额 404.3 亿美元，分别占同期对外承包工程新签合同额和完成营业额的 55.2% 和 57.8%。[1]

对此，在"一带一路"国际协作中，该模型考虑创新劳动

---

[1] "商务部召开例行新闻发布会（2020 年 8 月 20 日）"，载 http://www.mofcom.gov.cn/xwfbh/20200820.shtml，最后访问日期：2021 年 1 月 20 日。

投入与创新资本投入这两个推动"一带一路"倡议开展合作的主要因素,根据 C-D 生产函数(柯布-道格拉斯生产函数),可以将"一带一路"倡议下国际协同创新的产出函数表示为:

$$P^* = \delta L^{\beta_1} K^{\beta_2} \tag{2}$$

P^* 表示"一带一路"倡议下知识产权合作创新的产出量,L 和 K 分别表示创新劳动投入和创新资本投入,δ 表示"一带一路"沿线国家知识产权保护水平。当国家不但对知识产权不予保护同时还反对给予知识产权保护时,δ 为负值,在这种情况下,越多的劳动和资本投入将带来越大的损失;当国家承认并认可知识产权保护时,δ 为正值。β_1 表示创新劳动投入对"一带一路"倡议下知识产权合作创新产出的影响系数,β_2 表示创新资本投入对"一带一路"倡议下知识产权合作创新产出的影响系数。

通过指标系统的测评可以得出,目前"一带一路"沿线国家中大部分国家都具有基本的知识产权法律保护规则,δ 所表示的"一带一路"沿线国家知识产权保护水平极少会出现负值的情况,但存在 δ 小于 1 的情况,因为不排除个别国家虽然在立法上对于知识产权保护有所体现,但在具体的实践中并不能很好地落实。比如仅在宏观上对知识产权保护进行了原则性的规定,但是并未有具体的部门法进行相应的规定;或者虽然对于知识产权保护有具体的部门法,却缺乏相应的操作规则。现实中的确有些"一带一路"沿线国家存在专利法,但是并无相关的专利审查、授权的具体规定,从而导致这些国家对于专利申请尚缺乏进行审查并给予授权的能力,影响对于专利权的切实保护。

对此,根据不同国家知识产权保护的情况,公式(2)中知识产权保护水平 δ 有三种情况,分述如下:

$$P^* = \delta L^{\beta_1} K^{\beta_2} \quad (1<\delta) \tag{3}$$

对于多数的"一带一路"沿线国家而言，他们均构建了知识产权法体系，在一国之内设立了宪法确认的权利保护和知识产权部门法，从知识产权政策、法律体系、国际协作条约等规则制度到知识产权制度的社会公众理念、知识产权制度的政府管理机制、知识产权法律文化和传统等各个要素都较为充分。新加坡、马来西亚、阿联酋等国家的知识产权保护水平均属于此类情况。在此种情况下，公式中的知识产权保护水平系数 δ 大于1，对于国际合作中劳动力投入和资本投入的产出将提供倍数级的正向激励。

$$P^* = \delta L^{\beta_1} K^{\beta_2} \quad (0<\delta<1) \tag{4}$$

有部分"一带一路"沿线国家虽然有基本的知识产权法的构建，但这些国家多数为农业国，工业发展主要为手工业等非高精尖技术的制造业。因此，在这些国家，知识产权的保护并非该国发展中的关注点，尤其是专利法等涉及技术方案的法律规范没有得到足够的重视，例如柬埔寨和孟加拉国等国。多数这类国家是因国际往来的需要而加入了知识产权国际合作的条约，因此才在本国的民事法律中加入了对知识产权保护的原则性条款。但仅有原则性的条款不足以支撑知识产权保护的实践，所以，这部分国家的知识产权保护水平系数 δ 介于 0 到 1 之间。这部分国家在进行国际合作时，如果涉及知识产权保护的技术项目，其创新产出为正值，增幅较为缓慢。

$$P^* = \delta L^{\beta_1} K^{\beta_2} \quad (\delta<0) \tag{5}$$

在政治和国际环境等因素的影响下，个别国家经历了战乱和政局的动荡，在全球193个国家均为世界知识产权组织的成员国时，仍有个别国家未参与其中。这些国家对于知识产权的保护尚无任何规定，有的国家甚至出现授予商标权后废除相关法律，导致商标权得不到任何保护的情况，并且一度出现商标不应当受到法律保护的政策规定。对此，这些国家的知识产权保护水平系数 δ 为负值，与此类国家进行涉及知识产权的投资将无法获得相应的回报。

知识产权政策体系、知识产权法律制度的结构、商标和专利的申请量和授权量、著作权和商业秘密诉讼案例、参与的知识产权国际协作制度的类型和数量、知识产权国际协作途径在本国知识产权保护中所发挥的具体作用等都将影响到 δ 的系数范围，进而区分不同的知识产权保护水平。

从函数（2）—（5）可以看出，知识产权保护水平影响"一带一路"倡议下国际合作的创新产出。虽然劳动力投入和资本投入两者相当重要，但是知识产权保护水平与创新产出具有较大关联关系。如果忽略一国知识产权保护水平，片面追求劳动力和资本的投入，虽然在短期内可以看到产出，但是对于长期而言，获取的创新收入具有极大的不稳定性，无助于创新的可持续发展。随着创新国际化的展开，参与"一带一路"合作的创新主体逐步意识到了这个问题。为回应创新主体对进一步明确"一带一路"沿线国家知识产权保护水平的需求，我国对投资协作机制进行了相应的调整，力图实现进一步提高创新产出，支撑创新驱动发展的目标。

（六）"一带一路"沿线国家知识产权保护水平与国际合作创新的影响

新冠肺炎疫情虽然对全球经济产生了影响，但知识产权相关的投资和贸易仍然在持续进行，我国与其他"一带一路"沿线国家的投资和贸易往来仍保持上升趋势。通过对"一带一路"

沿线国家知识产权保护水平指标体系进行研究，以中国的知识产权保护强度作为参照，并引入具有代表性的知识产权保护特有指标，可以设计出一款针对"一带一路"沿线国家知识产权保护水平进行量化测评的指标体系。运用该指标体系进行测算，能够相对全面地把握某一具体"一带一路"沿线国家的知识产权保护水平，并进一步分析"一带一路"沿线国家知识产权保护水平对创新的影响。该研究成果可为中国的"一带一路"建设政策提供参考，也可供中国企业在"一带一路"沿线国家进行技术投资，专利战略、专利布局的方案设计的实施者参考，还可供致力于完善专利国际合作机制的政府管理人员、民间自治组织和研究学者参考。

研究选择中国、新加坡和柬埔寨为样本对评价指标体系进行测试，定量分析的结果与相关定性结论相印证，从而证明了此评价指标体系的客观性和合理性。通过分析"一带一路"沿线国家知识产权保护水平对创新的影响可以获知，"一带一路"沿线国家知识产权保护水平越高，国际合作中劳动力投入和资本投入的产出所得到的正向激励越大。而通过对于指标评价和创新影响的分析可知，在"一带一路"建设中，对于不同国家需要采取差异化的合作方式。对于知识产权保护水平较高的"一带一路"沿线国家，要加强政府间合作，积极构建多层次政府间宏观政策沟通交流机制，深化利益融合，达成知识产权协作的新共识。对于知识产权保护水平较低的"一带一路"沿线国家，可以引导这些国家的知识产权国际协作机制建设。知识产权国际协作条约使技术在全球能够更加快速地获得法律保护，从而进一步促进技术在世界范围内的转化、交易和投资。同时，中国应与"一带一路"沿线国家共同参与到知识产权国际协作之中，不断提升自身的知识产权保护水平，积极通过条约或协议达成知识产权保护的互信和理解，在程序或实体上减少"一带一路"沿线国家知识产权法律制度之间的差异，促进国家和地区间的知识产权保护合作。

四、国际知识产权协同创新的实施路径

（一）技术创新国际化与知识产权国际协作的理论逻辑和制度框架

技术创新的浪潮席卷全球，从全球的专利申请量来看，2019 年全球通过《专利合作条约》体系提交的专利申请数量同比上涨 5.2%，为 265 800 件，为近十年的新高。其中，中国的国际专利申请量为世界第一位，共计 58 990 件[1]。2020 年，中国通过《专利合作条约》途径提交的国际专利申请量仍居于全球首位，全年共申请 68 720 件，同比增长 16.1%。位居其后的是美国（59 230 件申请，增长 3%）、日本（50 520 件申请，减少 4.1%）、韩国（20 060 件申请，增长 5.2%）和德国（18 643 件申请，减少 3.7%）。2021 年中国通过《专利合作条约》途径提交的国际专利申请数量为 6.95 万件，同比增长 1.1%[2]，连续三年位居世界第一。2022 年全球创新指数排名

---

[1] WIPO, "China Becomes Top Filer of International Patents in 2019 Amid Robust Growth for WIPO's IP Services, Treaties and Finances", available at https://www.wipo.int/pressroom/en/articles/2020/article_0005.html, last visited on 2020-04-10.

[2] "WIPO's Global IP Filing Services Reach Record Levels Despite Pandemic", available at http://ocms.wipo.int/pressroom/en/articles/2022/article_0002.html, last visited on 2022-02-10.

中，中国名列全球第十一位[1]。

国际专利申请的技术领域主要集中在数字通信、计算机技术、电力设备与能源、交通、医疗科技、视听技术等科技创新前沿[2]。在科技领域，许多新兴经济体的跨国企业将研发国际化作为发展战略[3]，海外研发网络遍及全球，例如华为、中兴、小米等[4]。技术创新的全球化发展对专利权的获取有较强的需求，专利使创新主体与外部组织之间形成了一个互通有无的知识交易网络。技术发展日新月异，现如今，技术创新的迫切需求与庞大专利申请量导致的审查积压之间的矛盾日益突出[5]。如何适应技术创新国际化和技术竞争全球化的要求，调整并改进协作机制，以便能在更大范围参与全球科技发展，是当下面临的重要问题。

1. 技术创新国际化与专利审查国际协作

从创新主体的角度来理解，技术创新国际化是指企业通过跨国并购或直接建立国外的研发机构等形式进行技术创新活动，获取全球化的创新资源、国际化的创新人才和网络化的创新组

---

[1] "Global Innovation Index 2022: Switzerland, the U. S., and Sweden Lead the Global Innovation Ranking; China Approaches Top 10; India and Türkiye Ramping Up Fast; Impact-Driven Innovation Needed in Turbulent Times", available at https://www.wipo.int/pressroom/en/articles/2022/article_ 0011.html, last visited on 2022-10-30.

[2] IP Facts and Figures, available at https://www.wipo.int/edocs/infogdocs/en/ipfactsandfigures2019/, last visited on 2020-04-15.

[3] Yadong Luo, Rosalie L. Tung, "International Expansion of Emerging Market Enterprises: A Springboard Perspective", *Journal of International Business Studies*, Vol. 38, 4 (2007), pp. 481-489.

[4] 李梅、余天骄：" 研发国际化是否促进了企业创新——基于中国信息技术企业的经验研究"，载《管理世界》2016年第11期。

[5] 余力焓：《专利审查国际协作制度研究——基于PPH的视角》，知识产权出版社2016年版，第5页。

织而形成的技术创新范式[1]。技术创新成果的全球化交易和流转都需要借助国际专利申请和审查才能实现。现有的研究已经表明，一国的创新环境和企业的资源及能力都能影响到技术创新的国际化行为，前者包括技术水平、对外开放的程度、税收条件、政府管理水平等[2]，后者主要为研发能力、动态能力等[3]。创新主体意识到技术创新在全球开展的重要性，并在多数国家进行资源的布局和整合，以提升竞争实力。但现有的研究主要集中在技术创新全球开展的动机[4]、企业技术研发的类型[5]、绩效评定和分析[6]，尚未涉及专利获取过程。国际技术的贸易和利用在本质上是专利权的转让和行使，企业的创新成果需要在法律上得到权利的确认，才能更顺利地参与到国际技术转让和全球化的流通之中。在技术创新的推动下，新技术广泛应用于专利审查工作之中。

---

〔1〕 陈劲等：“我国企业技术创新国际化的模式及其动态演化”，载《科学学研究》2003年第3期。

〔2〕 王展硕、谢伟：“中国企业研发国际化研究的综述与展望”，载《研究与发展管理》2017年第6期。

〔3〕 陈岩等：“多维政府参与、企业动态能力与海外研发——基于中国创新型企业的实证研究”，载《科研管理》2015年第S1期。

〔4〕 Patricia Laurens et al. , "The Rate and Motives of the Internationalisation of Large Firm R&D (1994-2005): Towards a Turning Point?" *Research Policy*, Vol. 44, 3 (2015), pp. 765-776.

〔5〕 Jan Hendrik Fisch, "Optimal Dispersion of R&D Activities in Multinational Corporations with a Genetic Algorithm", *Research Policy*, Vol. 32, 8 (2003), pp. 1381-1396.

〔6〕 Chung-Jen Chen, Yi-Fen Huang, Bou-Wen Lin, "How Firms Innovate Through R&D Internationalization? An S-curve Hypothesis", *Research Policy*, Vol. 41, 9 (2012), pp. 1544-1554; Anupama Phene, Paul Almeida, "Innovation in Multinational Subsidiaries: The Role of Knowledge Assimilation and Subsidiary Capabilities", *Journal of International Business Studies*, Vol. 39, 5 (2008), pp. 901-919.

四、国际知识产权协同创新的实施路径

专利审查国际协作制度是各国专利行政机构就专利申请、专利检索、专利审查、专利授权及专利保护等各项专利事务达成合意后形成的一种协作制度。该制度的目标集中于保护权益、激励创新、促进科技与经济的全球化发展。目标的具体细分则体现在诸多方面[1]：共享审查信息，减少重复审查；缓解专利审查积压；为本国申请人在他国获得授权提供便利；削减复杂程序，降低专利申请费用；构建有效的专利体系以扶持中小企业发展；提高专利审查机构的工作效率；统一专利审查标准和授权标准；统一专利保护标准[2]；形成区域性的专利制度，消除专利地域性对自由贸易的阻碍等。现有的研究主要集中在专利制度的基本定位[3]：以有限垄断换取充分公开，促进技术创新投入和技术溢出[4]。研究表明，专利确权在专利制度中具有核心地位[5]，是发明创造得以保护和运用的法律基础，但是尚未表明在技术创新与专利审查之间存在何种关联关系。在技术创新国际化的现实基础之上，创新主体对于专利审查国际协作的需求与审查资源不平衡的矛盾日益突出，各国的专利审查机构都在寻求一种适当的方式参与国际合作和科技竞争。在技术创新的推动作用下，专利审查国际协作机制如何进行适应性调整

---

[1] 余力焓、朱雪忠："专利审查高速路制度的理性探讨"，载《中国科技论坛》2016 年第 2 期。

[2] Peter K. Yu, "Currents and Crosscurrents in the International Intellectual Property Regime", *Loyola of Los Angeles Law Review*, Vol. 38, 1 (2004), p. 323.

[3] Kenneth J. Arrow, "The Economic Implications of Learning by Doing", *The Review of Economic Studies*, Vol. 29, 3 (1962), pp. 155-173.

[4] William D. Nordhaus, "An Economic Theory of Technological Change", *The American Economic Review*, Vol. 59, 2 (1969), pp. 18-28.

[5] Edmund W. Kitch, "The Nature and Function of the Patent System", *The Journal of Law and Economics*, Vol. 20, 2 (1977), pp. 265-290.

亟待研究。

2. 技术创新国际化影响专利审查国际协作机理

从技术创新国际化的趋势来看，创新主体更倾向于在全球范围内寻求获得专利，专利申请量近十年来上升的态势证实了这一点，但这同时导致了专利局审查工作量大，出现审查积压的现象。欧洲专利局、美国专利商标局和日本专利局等专利审查机构面临审查积压的问题越来越明显[1]。专利审查积压将导致等待获取专利权的成本增加，对于申请人的创新积极性产生消极影响。同时，各国之间对于同一技术方案进行审查时，某些技术特征的文献检索和判定存在重复工作的内容，如果各国能在专利审查工作方面进行协作，减少重复工作，则在一定程度上可以缓解审查积压的现状。当一国审查机构无法独自解决在全球化发展下的问题时，多国协作、共同分担不失为一种解决途径。专利审查国际协作的调整将降低重复审查率，缩短审查周期并缓解审查积压，能有效提高专利申请的授权率，对技术创新产生正向的激励效应。

技术创新国际化与专利审查之间具有互动的耦合效应。一方面，技术创新国际化对专利审查提出了更高的需求，申请人希望能加速审查，并希望在国与国之间进行专利审查时获得更多支持，从而使技术获得专利授权，尽快将技术投入市场的运作之中。反之，如果专利审查无法克服技术创新带来的审查积压，则将增加专利审查系统的不确定性，对申请人可预期回报造成消极影响，削减创新主体的创新动力。至此，专利审查或

---

[1] Eugenio Archontopoulos et al., "When Small is Beautiful: Measuring the Evolution and Consequences of the Voluminosity of Patent Applications at the EPO", *Information Economics and Policy*, Vol. 19, 2 (2007), pp. 103-132.

激励或阻碍了技术创新的实现。另一方面，技术创新的成果可以推动专利审查国际协作的发展。技术能更快、更好地得到运用，将有助于减少专利审查工作时间和人力资源的消耗，消减不同国家之间在语言和程序差异上的阻碍，推动专利审查国际协作的开展。

专利审查国际协作的初衷是缓解审查积压，通过审查信息共享等机制，改进专利审查的速度。而不同于审查效率的数据化衡量，审查质量的考虑更具复杂性和全局性。审查效率和审查质量两者缺一不可。如果单一追求审查效率，虽然在短期内可以让专利申请得到更快的处理，但是从长期来看，获取的专利权具有更大的不稳定性，无助于创新的实现。随着创新国际化的展开，各国逐步意识到了这个问题。为了回应创新主体对进一步明确新业态、新领域技术创新的需要和专利申请审查规则的需求，各国对专利审查国际协作机制进行了相应的调整，由合作之初的加速审查向提升审查质量转变，力图实现进一步提高专利审查质量、支撑创新驱动发展的目标。

3. 专利审查国际协作的创新机制

在专利审查国际协作模式下，审查信息的共享机制是提升审查效率的关键，但是对审查质量的提升所起的作用有限。技术创新国际化意味着技术创新的地域范围超出一国之内，国与国之间创新的连接要求专利审查的国际协作。创新主体的创新成果能更为有效地在国与国之间流转的前提是在创新成果流转国获得专利权，才能够在法律确权的框架内进行国际技术转移和贸易。对此，创新主体在全球范围内寻求专利授权，由此带来对高质量专利审查的需求。在国际专利申请阶段，对于高质量专利审查的需求使得能否获取高质量《专利合作条约》国际阶段审查意见得到广泛关注。

（1）专利审查国际协作的创新模式

提升专利审查质量的方式之一是提升专利审查员的审查能力，除了对于审查员个人的能力进行培养，专利审查国际协作机制还可以收集多方审查员的审查意见，从而形成审查意见的集合，改进专利审查质量。

基于这个思路，在国际专利申请之中，可以由不同国家或地区采用不同语言的专利审查员通过协作方式完成国际专利申请部分的检索和初审工作。虽然涉及不同国家和地区的专利审查机构，但最终应由主审国的专利审查局给出一份检索报告和审查意见。该试点项目先在欧洲专利局、美国专利商标局和韩国知识产权局之间联合开展，并逐步推广。

对此，在专利审查国际协作中，专利审查协同改变了过去由单一检索和审查机构出具审查意见的局面，审查结果将有多国审查机构的参与。《专利合作条约》协作式检索和审查（PCT CS&E）有五个知识产权局参与，由主审局最终出具审查意见，该主审局为已被指定为该国际专利申请的国际检索单位的一局，主审局的审查员将作为主审员。围绕主审员出具的临时主审意见，其他四局的审查员可以作为参审员向主审员提交各自具有独创性的参审意见。对于申请人而言，一次申请可以获得由主审局和四个参审局分别做出的审查意见，并最终得到主审局综合各个参审局意见后的国际检索报告和书面意见。

（2）专利审查国际协作创新模式的特征

第一，促进国际专利战略的规划。在《专利合作条约》协作式检索和审查中，国际专利申请的审查在进入国家阶段之前就开始了多国审查员的联合初审。这些审查员来自不同国家和地区，使用不同语言进行检索，从不同的角度审视技术方案并给出初步审查意见。这个过程汇聚了多位审查员的知识和语言优势，为国际专利申请提供了较之前单一审查模式更为高质量的国际阶段的审查结果，为专利国际化的战略布局提供更为全面的参考。

第二，增加国内专利授权的预判。在专利审查国际协作过程中，国际阶段的判断基础是多个国家和地区的审查员得到的审查结果。对此，在这些国家，专利申请进入国家阶段后，申请人对该国内的审查结果可以有提前的判断。在国际初审阶段的结果出来后，申请人有机会进行针对性的修改和调整，从而使得进入国家阶段的审查具有可预判性。

第三，提升专利权的稳定性。在专利审查国际协作阶段，多国审查员的联合检索和审查共同形成了国际专利申请阶段的评价，能够在不提高申请费用的情况下，整合多方资源提升专利审查质量。高质量的专利审查工作也有助于提升专利质量、加强专利权的稳定性，申请人对于专利授权和专利技术的市场前景的可预见性也将有所提升。

4. 技术创新国际化环境中我国专利审查的责任与治理

中国《国家创新驱动发展战略纲要》指出：创新驱动就是创新成为引领发展的第一动力。在知识产权创新发展政策的支持下，中国产生了以知识产权来参与全球竞争的创新型企业，从而驱动了我国国际专利申请量的快速增长。国际专利申请量的激增导致对专利审查的国际渠道的需求也日益增加。中国一直致力于专利审查的国际合作。作为国际专利申请的国际检索和初审单位，中国与美、欧、日、韩共同达成五局专利审查高速路并与其他国家达成双边合作的审查协作，接受常规PPH、再利用型 PPH 和 PCT-PPH 三种专利审查国际协作模式,但目前尚未加入全球专利审查高速路项目。对于专利审查国际协作机制的研究,有助于探寻我国在技术创新国际化环境下专利审查的优化路径。

(1) 主动运用专利审查国际协作平台改进审查质量

中国自 2011 年 11 月 1 日启动首个专利审查高速路试点项目以来,已与美国、日本、德国、韩国、新加坡、俄罗斯等 27 个国家开展专利审查高速路双边合作,同时开启了专利审查高速路试点项目下向欧亚专利组织之欧亚专利局提出专利申请加快审查请求的合作路径,并与欧洲专利局、日本专利局、韩国知识产权局和美国专利商标局达成五局专利审查高速路合作。截至 2022 年,我国已与其他国家或地区的专利审查机构启动了约 30 项各类型的专利审查高速路试点业务[1]。中国国家知识产权局通过扩大审查队伍、设置专利审查国际协作中心等方式缩短审查周期,在保证审查质量的基础上提升审查效率。2019 年,我国累计消减发明专利审查积压案件 12.6 万件,高价值专利审查周期压缩至 17.3 个月[2],并开通了专利审查质量的投诉平台[3]。对此,我国应大力推进专利审查提质增效工作,在技术创新国际化的大环境下,主动运用专利审查国际协作平台加强审查服务。

我国应以积极主动的态度参与到专利审查国际协作的机制

---

[1] 国家知识产权局专利审查高速路专栏(cnipa.gov.cn),载 https://www.cnipa.gov.cn/col/col46/index.html,最后访问日期:2022 年 11 月 29 日。

[2] "2019 专利审查年度盘点",载 http://www.cneip.org.cn/html/11/36755.html,最后访问日期:2020 年 3 月 11 日。

[3] "专利审查投诉平台使用须知",载 http://www.sipo.gov.cn/xxl.html,最后访问日期:2020 年 6 月 19 日。

创新之中。2018年7月1日，中国国家知识产权局、美国专利商标局、欧洲专利局、日本专利局和韩国知识产权局合作开展《专利合作条约》协作式检索和审查（PCT CS&E）工作。这项工作的具体内容是由五局的专利审查员协作完成一件国际专利申请的国际检索和审查工作，通过征求多方的审查意见以提高专利审查质量。虽然中国基于现阶段发展的考虑，尚未参加全部的专利审查国际协作项目，但根据技术创新国际化的现实需求，我国将持续参与到专利审查的国际合作之中。

（2）采用新技术改进专利审查质量及效率

技术创新国际化给专利审查带来挑战。一方面，新技术在人工智能等新业态、新领域提出了更多有关专利申请审查规则的需求；另一方面，新技术给专利审查的改进提供了新的技术支持。我国在专利审查国际协作过程中采用新技术，不仅可以提高审查效率，同时还可以降低申请人和审查机构在国与国之间的沟通成本，提升审查质量。在程序部分，人工智能技术的辅助在一定程度上能减少文献漏检失误，同时语音处理技术的发展有助于实现人工智能对发明内容的辅助理解；在实体部分，人工智能技术可以帮助审查员进行现有技术的对比判断，利用人工智能了解发明的内容，认定专利权利要求所主张的权利范围，在审查员的审查意见中确认正式的缺陷等内容，实现对于专利审查质量的管控，从而改进审查质量。

（3）专利审查与科技成果转移、转化相结合以促进创新

专利审查是专利授权的必经程序，高效的专利审查能为创新主体节省创新的时间成本，高质量的专利审查有助于科技成果的运用和市场竞争力的提升。我国可在专利审查的基础上为创新主体专利质量和市场运用收益提升提供有针对性的服务，

围绕技术方案开展专利挖掘，提供专利布局和运营的辅助性支持，以高质量的专利审查推进创新主体的成果向社会应用转化。同时，专利审查部门应及时开展专利审查国际协作的相关讲座和宣传，促进专利审查国际协作平台更好地为创新主体提供服务。

（二）国际区域性知识产权协作的范式选择与要素分析

1. 改革开放对知识产权国际合作的市场要求

在"一带一路"倡议实施过程中，中国将与"一带一路"沿线国家开展基础设施、能源、跨境光缆、新兴产业的合作，进行大规模的投资和技术转移。目前，中国与多个国家进行了高铁合作或者洽谈，涉及土耳其、泰国等众多"一带一路"沿线国家，辐射非洲、亚洲、欧洲以及中东地区。以"高铁出海"为代表的中国科技走出国门，其本质是知识产权的输出，以知识产权推动国际贸易。对此，我国亟需了解"一带一路"沿线国家知识产权境况并探究中国与"一带一路"沿线国家开展知识产权国际合作的方式。

2. 海外国家发展需要加强知识产权国际合作

在"一带一路"倡议实施过程中，不断扩大的国际交往促使"一带一路"沿线国家不断加强自身对外的知识产权合作，以适应经济与文化的互通有无。"一带一路"沿线国家的知识产权发展不平衡，有的国家的知识产权制度体系尚未完全建立；有的国家虽然有相关的知识产权法律制度，但是并未产生实效；还有一部分国家意识到知识产权对于整个国家创新的重要作用，亟需通过对外合作来进一步拓展本国的技术市场。多数"一带一路"沿线国家都是世界知识产权组织的成员国，或多或少参与过国际知识产权项目的合作。国与国之间的知识产权交流为"一带一路"沿线国家自身的发展带来契机。

3. 国际区域性知识产权协作的发展

2020 年中国在"一带一路"沿线国家专利申请公开量 6198 件、专利授权量 4245 件,同比分别增长 17.1% 和 19.3%,实现了双增长。据国家知识产权局介绍,2020 年,中国专利申请共进入"一带一路"沿线 22 个国家,专利授权涉及"一带一路"沿线 26 个国家。中国在韩国专利申请公开量为 3395 件,居于首位,新加坡、越南、菲律宾、南非分别位列第二名至第五名。[1] "一带一路"倡议需要建立一个维系中国和"一带一路"沿线国家的知识产权国际合作的机制,以持续开展知识产权协同创新。作为一项"共商、共建、共享推进沿线国家发展战略的相互对接"的系统工程,"一带一路"倡议是迈向建立"一带一路"范围内知识产权合作机制的第一步,并且将受到"一带一路"沿线国家的重视。这是因为,知识产权国际合作是"一带一路"倡议实施的应有之义。

一方面,"一带一路"沿线国家需要融入知识产权国际合作。20 世纪 90 年代后,中亚国家主动提出复兴丝绸之路的计划,他们希望借助丝绸之路的策略重新融入国际社会之中。土耳其也是丝绸之路计划的支持者,该国处于欧亚交界处,丝绸之路计划的实施将提升该国的国际地位。土耳其签订了十余项知识产权国际协议,在 2015 年提出知识产权国家战略的制定计划。土耳其专利局还提供了有效而全面的知识产权保护以确保本国的科技在全球范围内具有竞争力,并致力于成为世界上领先的知识产权机构。

---

[1] 孙自法:"中国 2020 年在'一带一路'沿线国家专利申请授权实现双增长",载 https://www.yidaiyilu.gov.cn/xwzx/gnxw/173601.htm,最后访问日期:2021 年 6 月 14 日。

另一方面,发达国家也不断加强自身在"一带一路"倡议中的知识产权国际合作。美国自 2011 年就开始实施以阿富汗为中心、连接中亚和南亚的新丝绸之路计划。该计划的建设包括两个方面:硬件和软件。硬件主要是指道路、电网、油田等设施的投资和建设,软件主要是指推动贸易自由化、加快技术转移的速度、简化行政审批程序、改善合作投资环境等。知识产权国际合作的开展将简化技术进入的途径和方式,有效推进技术转移和利用,改善技术投资环境,促进贸易的畅通,因此在美国的新丝绸之路计划中得到重视和推广。

共建"一带一路"是顺应世界多极化、经济全球化、文化多样化、社会信息化的潮流,秉持开放的区域合作精神的结果,与此对应的是,知识产权国际合作是维护全球自由贸易体系和开放型世界经济的必然产物。在复杂的国际形势下实施"一带一路"倡议,应加强知识产权国际合作机制的建设,积极主动构建相关的知识产权规则,并前瞻性地进行知识产权战略布局。

(三) 知识产权协同创新的多元化

党的十九届五中全会审议通过的《中共中央关于制定国民经济和社会发展第十四个五年规划和二〇三五年远景目标的建议》提出"完善科技创新体制机制"和"加强知识产权保护",清晰描绘出我国技术创新发展的蓝图,并开启了新技术时代下知识产权协同创新的新征程。

1. 科技创新与知识产权的协同演进

(1) 数字技术与专利保护的协调发展

数字技术已成为全球创新的重要影响因素之一。通过《专利合作条约》提交的全部技术领域专利申请中,数字技术领域的申请量占比最大,其中计算机技术(Computer Technology)的

《专利合作条约》专利申请在35个技术分类中占比为9.9%，排名第一，其次为数字联通技术（Digital Communication），占比9%，居于第二位[1]。世界知识产权组织在《2022年世界知识产权报告》（*World Intellectual Property Report 2022*）中提出：数字技术改变了世界，并将带领全球创新走向新的高度。自20世纪50年代以来，数字技术一直持续迅速发展，尤其自2015年之后，几乎呈直线上升的态势，其增长速度远远高于全部技术领域的平均增速[2]。各国在应对数字技术发展和竞争的过程中，努力探索实现数字技术发展与专利保护共生演化的有效路径。中国作为世界知识产权大国之一，积极推动技术创新和知识产权制度构建的协同发展战略，这是我国创新驱动发展的内驱力，也与中国参与知识产权全球治理的外在需求保持一致。一方面，为了解决全球专利申请快速增长带来的专利审查积压问题，中国立足于自身发展阶段，统筹专利审查效率和专利审查质量，坚持保护创新和有效利用审查资源的发展主线，推动我国《专利法》和《专利审查指南》的修订；另一方面，创新是引领发展的第一动力，保护知识产权就是保护创新。

2014年五大局（美国专利商标局、日本专利局、欧洲专利局、韩国知识产权局和中国国家知识产权局）先后召开了三次专利协调专家组（Patent Harmonization Expert Panel，PHEP）会议，围绕单一性、现有技术引证和说明书/充分公开等问题展开

---

[1] PCT Yearly Review 2022 (wipo.int), available at https://www.wipo.int/edocs/pubdocs/en/wipo-pub-901-2022-en-patent-cooperation-treaty-yearly-review-2022.pdf, last visited on 2022-11-23.

[2] "World Intellectual Property Report 2022", available at https://www.wipo.int/edocs/pubdocs/en/wipo-pub-944-2022-en-world-intellectual-property-report-2022.pdf, last visited on 2022-11-23.

研究与沟通，并在2015年的五局局长会议上通过了单一性、现有技术引证研究报告以及各局进行说明书/充分公开审查时的术语清单。2017年和2018年，五大局对于单一性和说明书充分公开议题进行了案例论证，在现有技术引证议题上将五大局的专利法律规定厘清，并对IT系统传送专利文件的技术细节进行了统计分析，公布了预期成果和议题调研情况。2021年，欧洲专利局和韩国知识产权局开展了关于计算机技术领域专利审查规则的对比研究[1]，为信息通信领域的专利保护开拓了新思路和新方法。

由此可见，数字技术与专利审查制度的共生演化是实现创新的路径之一。"十四五"期间，"坚持创新驱动发展，全面塑造发展新优势"是我国开启数字技术时代的必然要求，但同时，数字技术的发展还需要相应的专利审查制度予以支持才能达到协同共赢的局面。如果一味追求数字技术的突飞猛进，忽视其专利权的保护，就会造成先进技术的流失并对创新积极性造成打击。解决数字技术发展的专利法律保护问题关键之一在于专利审查制度的创新和审查模式的选择。只有通过改变传统技术下的专利审查制度，在数字技术发展的框架下，提高专利审查的及时响应，优化审查结构，调整审查规则，搭建兼顾公平和效率的专利审查国际协作体系，才能不断提升其对数字技术创新的激励效用，实现数字技术保护与专利审查制度共生演化的创新发展。

---

[1] "Comparative Study on Computer-Implemented Inventions/Softwarerelated Inventions", available at https://documents.epo.org/projects/babylon/eponot.nsf/0/E1845285B1DD9C53C125879F00374910/$File/comparative_ study_ on_ computer_ implemented_ inventions_ software_ related_ inventions_ EPO_ KIPO_ en.pdf, last visited on 2022-01-10.

四、国际知识产权协同创新的实施路径

（2）新常态下"互联网+"创新：3D打印技术

2015年，第十二届全国人大第三次会议召开，政府工作报告中提出："制定'互联网+'行动计划，推动移动互联网、云计算、大数据、物联网等与现代制造业结合，促进电子商务、工业互联网和互联网金融健康发展，引导互联网企业拓展国际市场。"[1]"互联网+"的理念一经提出就为创新揭示了更多可能。人类文明的发展和社会的进步更多立足于切实的物质基础，这样，上层建筑才能有立足之地。互联网所搭建的人与人、人与信息、信息与信息之间的桥梁并没有直接创造财富，那么创新究竟是如何得以实现的呢？3D打印为"互联网+"的创新提供了一种解决方式。"一带一路"倡议跨越六十多个国家，"互联网+3D打印"为知识产权协作的创新发展提供了一种"线上到线下"的新可能。

3D（Three Dimensions）打印是一种通过材料逐层添加制造三维物体的变革性、数字化增材制造技术[2]。在传统的工业社会中，机械制造业采用的主要加工方法是减材制造法，即用刀具从较大的毛胚上逐步切除无用材料来制作工件。增材制造技术是20世纪80年代末期开始发展起来的一种新型制造方法，这种制造方法应用计算机软件设计出立体的加工样式，然后通过特定的成型设备，逐层"打印"出产品。因为该技术与传统的在二维平面上的打印相比，所打印的产品是处于三维空间的立体物，所以被人们广泛接受为一个更通俗的名称：3D打印技术。当今的3D打印是在设计文件指令的引导下，先喷出固态或

---

[1] 第十二届全国人大第三次会议政府工作报告，载 http://www.people.com.cn/n/2015/0305/c3474 07-26643598.html，最后访问日期：2015年11月1日。
[2] [美]胡迪·利普森、梅尔芭·库曼著，赛迪研究院专家组译：《3D打印：从想象到现实》，中信出版社2013年版，第15页。

液态的材料,使其固化为一个特殊的平面薄层,待第一层固化后,3D 打印机打印头返回,重复前一次的操作,如此往复,最终打印积累成为一个三维物体[1]。3D 打印不像传统制造业那样通过切割或模具来生产产品,而是通过层层堆积的方式形成实体物品,从物理的角度扩大了数字制造的概念。可以看出,3D 打印的核心在于设计指令及文件数据。当文件数据借助互联网移动和交换并由计算机发出信号时,3D 打印技术可以实现信息与实体物品的转换。

在新常态下,经济发展逐渐从结构不合理转向结构优化,互联网就成为生产结构优化的一种方式。当今,互联网设计、互联网金融、互联网制造等层出不穷,为创新思维提供了良好的承载方式。伴随着互联网行业的迅速发展和成功实践,人们亟需寻找互联网与现实世界制造的沟通桥梁,而 3D 打印为此提供了实现的可能性。在新常态下,3D 打印正是基于这样的市场需求,坚持开放式创新,将自身的产业发展与外部的信息网络和研发优势联系起来,努力跨越虚拟和现实的鸿沟,挖掘和满足消费市场的个性化需求,实现研发成果的商业化。从创新的视角来看,"互联网+3D 打印"可以被认为是新常态下的一种创新思维和一种可预期的开放式创新模式,是对以互联网为基础的设计、技术、服务、商业模式等方面进行的实体转载,进而产生在现实世界可具象的新产品的协同创新模式。在这个过程中,企业、政府、知识生产机构、中介机构和用户通过互联网相连,在用户的终端通过 3D 打印将互联网所承载的设计和研发转化为现实产品,从而实现科技的商业化。

---

[1] [美]胡迪·利普森、梅尔芭·库曼著,赛迪研究院专家组译:《3D 打印:从想象到现实》,中信出版社 2013 年版,第 15 页。

四、国际知识产权协同创新的实施路径

在新常态下,中国企业的创新活动需要进行产业结构优化,模仿、引进、消化、吸收等制造发展已经不能满足当今社会经济发展的需要。消费市场的个性化需求和创造者主体地位的变化改变着创新的固有特征。突破式创新难以在短期内迅速实现,比如新能源和新材料;破坏式创新能够提供不同于原有技术或产品的性能和价值,取代原有的产品及其市场[1];延续式创新可以通过对现有技术的改进来提升产品的市场性能,在原有性能的基础上为客户提供更好的体验[2]。在新常态下,协同创新发展之路需要继承和发扬以往的创新模式,同时呈现出自身的特点。"互联网+3D 打印"呼应了市场预期的需求,主要呈现出以下四大特点:

第一,改变成本和定价模式。在新常态下,"中高速、优结构、新动力、多挑战"成为当今经济发展的时代特征[3]。对于传统的制造业而言,结构越复杂的产品,成本越高;同时,如果将产品进行批量生产,则单个产品的价格越便宜。而对于 3D 打印而言,制造复杂结构的产品和制造简单结构的产品都是采用层层累积材料的打印方式,并没有制造工艺上的不同,因此,两者之间并不存在时间、技能和材料等成本上的明显差异。另外,3D 打印根据数据指令生产符合消费者要求的单个产品,生产多个产品的平均单价与生产单个产品的单价之间也没有太大差异。3D 打印打破了在传统生产模式下的成本概念,并改变了

---

[1] Clayton M. Christensen, *The Innovator's Dilemma: When New Technologies Cause Great Firms to Fail*, Harvard Business School Press, 1997, pp. 5-16.

[2] 张春辉、陈继祥:"渐进性创新或颠覆性创新:创新模式选择研究综述",载《研究与发展管理》2011 年第 3 期。

[3] 冯之浚、方新:"适应新常态 强化新动力",载《科学学研究》2015 年第 1 期。

对产品的传统定价方式。

第二，消除时间和空间的隔阂。3D 打印可以根据消费者的精确需要进行生产，真正做到按需生产。通过互联网的连接，消费者可以找寻世界各地的产品，并将它们及时收入囊中，空间和时间不再是产品和消费者之间的隔阂。消费者可以通过互联网获取到产品的数据，然后使用 3D 打印机进行即时生产。这种生产可以通过互联网进行远程操作，从而使实体物品的传真成为可能。产品既可以由 3D 打印的企业生产，也可以由拥有 3D 打印机的用户自行打印，还可以由用户租用 3D 打印机进行生产。不论是哪种方式，都可以减少甚至消除产品的库存问题，零库存的商业模式成为可能。

第三，注重用户体验。3D 打印可以将整个实体产品精确地用数据进行描述。通过数据的表达，产品可以被精确地制造或复制出来。针对个人所需的特定用品，3D 打印可以有效满足其需求，每位用户需要的 3D 打印产品都可以根据自身的特定需求量身定制，这一特征目前正被医学领域采用。互联网还为用户提供了浩瀚的数据信息，可以将用户所需信息及时分享、传递和完善，通过 3D 打印将信息转化为实物，以满足用户需求。

第四，组合生产者与消费者。在"互联网+3D 打印"的协同制造过程中，用户可以通过互联网搜寻或传输相关产品数据，然后购买打印产品所需的材料，使用 3D 打印机就可以完成产品的生产。在这个过程中，生产者和消费者是不区分的。使用 3D 打印机的生产者并不需要掌握生产某一种产品的特定技能，而需要获取产品的数据，通过计算机将这些数据指令发送出去，由 3D 打印机完成产品的打印制造。这种生产模式在某种程度上可以改变制造业劳动力的格局。由此可见，在整个 3D 打印过程中，处于核心位置的是产品的数据信息，而这些信息正是人的智慧劳动成果。可以预见，3D 打印产业将主要围绕数据信息展开，作为创造者本身的人将是 3D 打印产业中的决定性因素。

(3) 资本融合与技术交流：成本考量

金融驱动已经成为"一带一路"建设的重要合作方式[1]。随着"一带一路"倡议的推进，沿线国家逐渐在新一代信息技术、生物、新能源、新材料等新兴产业领域开展深入合作，合作开展重大科技攻关，提升知识产权协作和创新的能力。从这个角度来考虑国际专利申请中的成本问题，就是需要设立一种能够降低国际专利申请交易成本的制度，实现资源的优化配置。

交易成本思想的提出在一定程度上解释了在价格理论方法中不知不觉引入制度性判断的倾向[2]。交易是制度经济学中最基本的事实，人与人、人与社会之间的活动都需要通过交易来完成。想要获得多个国家的专利权，专利申请人就需要将发明创造分别提交到每个国家的专利审查机构，申请专利授权，这就是国际专利申请最简单的交易方式。由于各个国家的专利法律制度存在差异，分别提交专利申请意味着专利申请人需要了解每个国家的专利法和审查制度，这样的申请方式是非常不便利的，且消耗的人力、物力和财力较大。当专利申请人和专利

---

[1] "一带一路"建设金融创新应当树立国际法治意识。要加快促进形成可被广泛认可和接受的共同法律规则，加快建设具有国际公信力、公正高效的纠纷解决中心，加快培养涉外法律人才队伍。最小化"一带一路"市场主体的法律风险，最大化"一带一路"建设投融资的领域和深度。参见丁广宇："加强法治保障 助力'一带一路'金融创新"，载《人民法院报》2016 年 8 月 24 日，第 1 版。

[2] [美] 理查德·N. 兰格劳斯："交易成本、生产成本和岁月流逝"，载 [美] 斯蒂文·G. 米塞玛编，罗君丽、李井奎、茹玉骢译：《科斯经济学：法与经济学和新制度经济学》，格致出版社、上海三联书店、上海人民出版社 2010 年版，第 5 页。

授权国两个交易对象之间完成交易比较困难时,世界各国便开始考虑构建合适的渠道,促使交易双方完成交易。于是,《专利合作条约》应运而生。专利申请人一次申请可以指定多个国家,而不必耗费精力去掌握每个成员国的专利法和审查规则,这有利于促进和完善专利申请—授权的交易。在《专利合作条约》的框架下,专利审查工作仍然是各国独立进行的,其中有大量的重复审查工作,耗时又费力,而专利审查高速路途径的出现则进一步改善了交易过程,降低了交易成本。

专利申请人的国际专利申请费用中,一部分是价格成本,一部分是交易成本。通过专利审查高速路途径申请专利,各国专利审查服务的价格并没有发生改变,因为专利审查高速路途径节省的并不是价格成本,而是交易成本。专利申请的授权率提高、答复审查意见的次数降低、继续审查请求和申诉率减少,简化了专利申请—授权的交易过程,有效促进了交易的完成,从而降低了交易成本。在社会生活中,使用便利的渠道更快、更便捷地完成交易往往需要支付对价,比如,乘坐汽车从 A 地到达 B 地,人们一般都愿意支付票价,因为在此支出的交易成本是小于没有便利渠道时所付出的成本的。多数国家的专利审查高速路申请本身不需要费用,就如同罗纳德·H. 科斯(Ronald H. Coase)所构想的那样,期望使交易成本无限趋向于零,从而实现资源的最优配置,有效促进科技创新[1]。

2. 国际知识产权创新人才的培养

在复杂的国际环境下,我国应考虑:如何构建"一带一路"

---

[1] Ronald H. Coase, "The Nature of the Firm", *Economica*, Vol. 4, 16 (1937), pp. 386-405; Ronald H. Coase, "The Problem of Social Cost", *The Journal of Law and Economics*, Vol. 3, 1960, pp. 1-44.

知识产权人才培养政策体系和法律规则以确保知识产权人才工作的顺利进行，并展开前瞻性的知识产权战略布局；如何与"一带一路"沿线国家构建良性互动的知识产权协同创新机制，提高知识产权的实施和利用率，共同提升科技创新能力；如何打造有助于"一带一路"区域经济安全和发展的知识产权协作共同体，实现合作共赢的发展之路。

（1）"一带一路"知识产权人才培养的思路

第一，"一带一路"知识产权人才培养的领域和范围。"一带一路"知识产权人才培养的范围并不是越广泛越好，而是要有针对性，在具体实践中根据"一带一路"建设的现实需要，依孰轻孰重的原则安排先后次序。在目前的技术投资领域，可以优先考虑专利人才的培养。在人才培养的范围方面，可以根据培养内容的不同来进行区分：针对基本的知识产权法和规则的培训，可以邀请"一带一路"沿线国家的全部成员参加；针对专利审查或者具有双边合作性质的国际协作，则可以根据双方国家的现实需求来调整培训的方式和内容。

第二，"一带一路"知识产权人才培养的方式。可以通过推动"一带一路"沿线国家与中国签订双边协议或条约的方式来完善知识产权的人才培养方式。双边合作的方式能使签约国家的知识产权人才问题得到更为集中的处理，并能使双方国家的知识产权制度得到协调和统一化，在未来的全球专利一体化建设中减少彼此合作的摩擦。具体方式可以考虑邀请"一带一路"沿线国家的知识产权人才来我国参加集体学习和交换性质的工作，或者我国的知识产权专业人员到"一带一路"沿线国家参加相关的合作交流活动。

第三，"一带一路"知识产权人才合作。建立"一带一路"

沿线国家的知识产权人才交流互访机制不失为一种合理的方式。部分"一带一路"沿线国家也参与了世界知识产权组织等国际组织的培训,如何协调双边合作与国际合作之间的关系是值得考虑的问题。双边合作可以促进两国在知识产权领域深入交流、互惠互利,从知识产权外交方面考虑有其积极的作用。而国际合作的参与范围更大,合作者更多,虽然有时可能产生与双边合作重复的内容,但是从合作途径及合作效率来说,国际合作可以有更多的选择。尤其是在世界知识产权组织的平台之上,任何国家的知识产权局都处于平等地位,因此对国际知识产权事务具有平等的决定权,这对"一带一路"沿线国家促进自身的知识产权发展具有积极的作用。

第四,"一带一路"知识产权人才互访的外交合作平台。需要善用"一带一路"知识产权人才互访的平台来增信释疑,促进不同国家知识产权制度和文化的协调与融合,构建中国知识产权外交平台。知识产权外交拓宽了既有的外交空间,从国家的政治、经济等传统的外交领域拓展到知识产权合作领域,具有优势互补和兼顾一般的原则,其通过知识产权的国际合作实现"一带一路"人才交流和信息、技术及设备等资源的共享,促进重点领域的知识产权合作和发展,推动我国和"一带一路"沿线国家的共同进步。

第五,"一带一路"知识产权人才的智库机制。智库建设是当今国家推进知识产权建设的重要手段,我国可以以各高校和科研机构的知识产权研究基地为依托,建立并完善"一带一路"沿线国家知识产权人才智库。

(2)"一带一路"建设中知识产权人才培养的方式

我国可以通过知识产权人才培养的国际合作提高参与知识

产权国际事务的能力,发挥我国在"一带一路"建设中的作用,推动知识产权国际规则的变革沿着健康方向发展,维护我国与"一带一路"沿线国家的共同利益,提升我国在知识产权问题上的国际话语权。目前,发达国家纷纷加强对纳米技术、微电子技术、光电、生物技术以及先进材料、绿色智能技术等重点科技领域的前瞻部署,旨在抢占未来科技制高点,以期构筑新的知识产权国际秩序。随着我国知识产权事业能力的不断提升,积极开展知识产权对外的人才交流与合作可以增强我国在上述领域的主动性和创造性,最大限度地维护我国在新兴产业和重点技术领域的国家战略利益。

就当前的"一带一路"建设而言,知识产权人才的培养主要集中在以下三个方面:

第一,推动"一带一路"沿线国家的知识产权人才建设。目前"一带一路"沿线国家的知识产权制度尚未完善,正处于逐渐建设的阶段。我国可以推动以"一带一路"建设为核心的知识产权人才建设,支持沿线国家培养基于自身发展需要的知识产权人才。从某种意义上说,我国积极主动地帮助"一带一路"沿线国家建设知识产权人才,既满足了"一带一路"倡议的自身定位,对于我国在"一带一路"建设中的发展具有积极意义,也提升了沿线国家的知识产权制度建设,促进该国科技的进步与发展。

第二,推动"一带一路"沿线国家与我国的知识产权人才开展双边合作与交流。中国政府制定《推动共建丝绸之路经济带和21世纪海上丝绸之路的愿景与行动》,目的是让古丝绸之路焕发新活力,沿线各国互利合作迈向新的历史高度。人才的双边合作能使签约国家更为集中地处理知识产权人才问题,而知识产权人才的流动能使双方国家的知识产权制度构建得到协调和统一化，在未来的全球专利一体化建设中减少彼此合作的摩擦，尤其是在知识产权保护、技术投资监管和知识产权执法等行政法律方面。

第三，参与承担"一带一路"沿线国家的一部分知识产权培训工作。"一带一路"沿线国家的知识产权规则处于构建和完善之中，参与的专利领域国际协作制度有限，且自身对于专利申请和审查工作的处理能力有限。在知识产权领域，中国国家知识产权局作为世界五大知识产权局之一，具有良好的专利工作经验和优秀的知识产权人才，可以参与承担"一带一路"沿线国家的一部分知识产权培训工作。中国国家知识产权局的参与能够有效改善"一带一路"沿线部分国家知识产权工作的现状，并进一步提升这些国家自身的工作能力，改进知识产权保护的状况。

培养知识产权人才能够消除知识产权智力资源的匮乏对自由贸易构成的障碍，并减少国际贸易中知识产权带来的各种问题。同时，新技术的发展引发了不同国家对专利制度的利益诉求的分化，围绕新技术发展以及国际贸易问题而产生的国家利益冲突日趋激烈。由于不同国家所处的技术发展阶段不同，相关知识产权人才培养工作的重心也就不同。新兴经济体，如中东的沙特阿拉伯，通过积极参与国际合作不断提升知识产权国际影响力，密切结合本国的传统产业或优势竞争产业进行全球战略谋划。马来西亚和印度尼西亚采取的知识产权人才策略则密切结合同时期产业发展的国际竞争环境：在技术赶超期，其加强本国知识产权人才培养，注重为国内企业提供赶超和"二次创新"的制度环境；在技术成熟期，其提高知识产权保护标

四、国际知识产权协同创新的实施路径

准,扩大专利保护范围,加强知识产权人才的对外交流与合作。我国对于"一带一路"沿线国家知识产权人才的交流和培养,同样体现了国家知识产权发展规划与国家对外技术交往政策的相互融合,对于国际经济技术贸易交流起到了积极的推动作用。培养知识产权人才,有利于加强知识产权领域的国际合作和交流,充分学习借鉴知识产权国际经验,提高在国际贸易和技术活动中掌握和运用知识产权的整体能力和水平,为技术引进和创新创造良好的国际环境。

"一带一路"沿线国家知识产权人才培训模式,具体是指实施知识产权培训的标准形式,包括培训需求的评估、培训项目的内容考量、培训进度的设计、培训成果的转化和运用等。这一系列的工作都有其基本的程序和特定的做法。目前,我国已经开始尝试进行一系列关于"一带一路"沿线国家知识产权人才的培训工作[1],培训模式将为培训单位提供一个完整的思路,使"一带一路"知识产权人才培养更为规范化和体系化,有助于"一带一路"知识产权人才培养的长期性和可持续性。培训模式需要根据"一带一路"倡议的目标来确定。"一带一路"建设是一项系统工程,要坚持共商、共建、共享原则,积极推进沿线国家发展战略的相互对接。中国政府制定并发布《推动共建丝绸之路经济带和 21 世纪海上丝绸之路的愿景与行动》,目的就是推进实施"一带一路"倡议,让古丝绸之路焕发新的生机活力,以新的形式使亚欧非各国联系更加紧密,互利合作迈向新的历史高度。[2]然而,知识产权是一门实践性、法

---

[1] "'一带一路'国家知识产权负责人培训班举行",载 http://news.tongji.edu.cn/classid-15-newsid-46821-t-show.html,最后访问日期:2017 年 3 月 3 日。

[2] 参见附录。

律性和技术性很强的学科，培训效果难以用量化的指标来衡量，传统的培训模式难以直接适用。对此，针对"一带一路"沿线国家知识产权人才的培训工作需要选择有效的培训模式，制订一个切实有效且长期的培训计划，增强"一带一路"沿线国家保护知识产权的意识，提升知识产权从业人员的专业素养和能力，提高"一带一路"沿线国家对于知识产权的管理、保护和运用水平。

　　由于"一带一路"沿线国家知识产权呈现出不同的发展层次，对于"一带一路"沿线国家知识产权人才的培养也可以采用分层次的培训模式。对于基础的知识产权知识和信息交流，可以由"一带一路"沿线国家集中展开培训；而对于具体的知识产权培训课程，则可以根据不同国家的知识产权发展近况具体分析。

　　第一，对于"一带一路"沿线多数农业国家而言，由于这些国家的知识产权制度本身并不完善，知识产权意识淡薄，知识产权的培训需要从基本的工作开始。可以从最简单的知识产权规则开始推动知识产权文化的普及，规范在技术合作中的知识产权行为，逐步推动专利法的建设，同时完善商标法的建制和著作权法的运用，拓宽知识产权的国际合作渠道，进行国际法相关人才的培养。还可以援助或支持这些国家的学者、管理人员、技术人员及可能参与知识产权工作的人到北京进修，逐步建立起该国家的知识产权体系。

　　第二，对于"一带一路"沿线部分发展中的大国而言，知识产权的人才培训可以针对国家比较重视的领域展开。有部分国家提出了知识产权强国战略，并针对知识产权问题展开评估，对这些国家知识产权管理人员应该以能力培养为主，培养他们熟练掌握知识产权的法律法规以及专利申请、审查和授权等知识。同时，这些国家也要开始在高校和科研机构中培养相关知识产权人才，注重知识产权的国际合作与交流，促使知识产权人才良性互动，通过对外的学习和借鉴提高自身的知识产权能力。国家应努力开拓各种各样的知识产权国际合作方式，以促进本国的技术走向世界。

第三，对于一部分主要依靠对外贸易发展的国家而言，国家大力支持知识产权国际合作，鼓励技术资源的输入和输出，不仅培养知识产权专业人才，还非常注重人才的质量和知识产权素养。对此，知识产权人才的培养可以主要从知识产权国际合作的渠道来开展，促进我国与这些国家的合作与交流，从人才培养和交流方面着手，开展国际知识产权论坛，通过圆桌会议的形式交换观点，促进共同进步。

3. 国际区域性知识产权协作制度的运行逻辑

"一带一路"知识产权协作的创新机制要求"提升综合运用知识产权促进创新驱动发展的能力"[1]。对于"一带一路"创新的协作机制而言，其来源于跨国界交互行为的差异、物质资源、信息等的流动，将增大区域协作系统内部的势能差，将其推离利益平衡的状态。同时，从自然界到人类社会，所有表面上看似不变的量都存在随机变化的"涨落"，这是一种微小的扰动。基于熵增原理进行分析，对于"一带一路"知识产权协作机制来讲，涨落是来自内部或者外部的一种冲击或变化。"一带一路"知识产权协作系统不是一个与外界毫无联系的孤立系统，而是一个与外界存在物质和能量交换的开放系统。在此基础上，可以通过熵的理论来分析国家寻求知识产权协作的演化路径、

---

[1] 提升综合运用知识产权促进创新驱动发展的能力，有效发挥知识产权制度激励创新的基本保障作用，构建促进市场主体创新发展的知识产权服务体系，指导市场主体全方位、立体化地保护知识产权。参见蒋建科、王宾："激励创新，立起'顶梁柱'"，载《人民日报》2017年2月6日，第9版。

协作规模与保护性封闭、外部负熵的引入和内部熵值的控制三个阶段。对于"一带一路"知识产权协作系统而言，本区域内知识产权协作和技术创新相关的因素属于系统内部，区域外技术创新相关因素及知识产权协作属于系统外部。

(1) 内生动力：主动参与国际合作

"一带一路"沿线国家可以与我国开展知识产权的双边合作，完善知识产权的保护措施。双边合作的方式能使签约国家的知识产权问题得到更为集中的处理。知识产权的双边合作能使双方国家的知识产权制度得到协调和统一化，在未来的全球专利一体化建设中减少彼此合作的摩擦，尤其是在知识产权保护、技术投资监管和知识产权执法等行政法律方面。比如，在技术贸易纠纷中，可以通过双边协议规定争端解决机制，允许协议双方就违反合作模式的行政作为或不作为，例如知识产权保护不力、技术投资监管不严或知识产权执法不到位等，以双方约定的方式得出具有法律约束力的裁决。

承认法律多元体系下知识产权制度的协调和合作表现之一是构建并参与知识产权相关的国际公约。具备良好的法律体系和法律途径，外国申请人才可以便利地获得知识产权的授权和保护，进而促进其展开在一国的投资和贸易。共建"一带一路"旨在促进经济要素有序自由流动、资源高效配置和市场深度融合，推动沿线各国实现经济政策协调，开展更大范围、更高水平、更深层次的区域合作[1]。知识产权国际协作的相关公约为技术资源的配置提供了国际法的途径和保障，推动"一带一路"沿线国家实现知识产权政策协调，为开展重大科技合作、共同提升科技创新能力提供了保障。

---

[1] 参见附录。

(2) 外生推力：支持与协作

目前"一带一路"沿线国家的知识产权制度尚未完善，正处于逐步建设的阶段。可以推动以"一带一路"建设为核心的知识产权规划建设，支持沿线国家构建并完善基于自身发展需要的知识产权制度。从某种意义上说，其他国家积极主动地帮助沿线国家建设知识产权制度既满足了"一带一路"倡议合作共赢的定位，对"一带一路"倡议的发展具有积极意义，也提升了沿线国家的知识产权制度建设，促进了该国的科技进步与发展。

"一带一路"沿线国家的知识产权规则处于构建和完善之中，参与的专利领域国际协作制度有限，且自身对于专利申请和审查工作的处理能力有限。中国政府制定《推动共建丝绸之路经济带和21世纪海上丝绸之路的愿景与行动》，目的是让古丝绸之路焕发新活力，沿线各国互利合作迈向新的历史高度。对此，在知识产权领域，我国可以在知识产权制度构建和知识产权保护方面提供力所能及的帮助和支持，改善"一带一路"沿线国家在知识产权工作方面的困难处境，提高"一带一路"沿线国家的知识产权保护工作效率，提升司法保护强度。因此，我国积极提供有关知识产权工作的帮助，能够有效改善部分国家知识产权工作的现状，并进一步培育这些国家自身的工作能力，改善知识产权保护的状况。

(四) 基于效率和质量导向的专利审查国际协作优化路径

当前，中国、美国、日本、德国和韩国的国际专利申请量约占全球总申请量的七成，成为《专利合作条约》体系的主要用户。专利审查国际协作机制的出现源于各国专利局对于审查积压的担忧。在一国审查资源有限的情况下，结合并运用多国的审查资源进行专利审查国际协作，形成一种综合的力量来克服这种阻力是各国专利审查机构不断尝试的合作方式。近年来，世界各国专利局一直在探寻多种专利审查国际协作模式，主要有美日欧三边局合作模式、五国知识产权合作模式、基于检索与审查信息及时共享的新路线、专利申请快速审查渠道以及专利审查高速路等。在专利审查国际协作体系下，中国国家知识产权局已累计收到通过专利审查高速路提交的专利申请17 278件，中国申请人累计向外提出专利审查高速路请求3397件[1]。这些专利申请均获得了不同程度的加快审查，有些在短时间内就获得了授权。研究表明，专利审查过程的改进与专利质量的提升具有极大的相关性。[2]在国际专利申请日益增长的当下，市场对审查效率的需求愈发强烈，同时也引起了学者对于专利审查质量的担忧，并担心忽略审查质量将进一步影响到最终授权的专利质量。在专利审查国际协作的模式下，审查效率和审查质量究竟如何、两者之间存在怎样的关系、如何才能维持或提升专利审查国际协作模式下的审查效率和审查质量都是目前在专利国际合作体系中亟待解决的问题。

穆勒[3]、卡沃宁[4]等学者通过实证研究表明专利制度对各个产业有着广泛的影响。伴随经济全球化的高速发展，尤其

---

[1] 数据来源：https://www.wipo.int/export/sites/www/scp/en/meetings/session_26/responses_circ_8653/china.pdf，最后访问日期：2020年7月9日。

[2] Ronald J. Mann, Marian Underweiser, "A New Look at Patent Quality: Relating Patent Prosecution to Validity", *Journal of Empirical Legal Studies*, Vol.9, 1 (2012), pp.1-32.

[3] Michael J. Meurer, James Bessen, "Lessons for Patent Policy from Empirical Research on Patent Litigation", *Lewis and Clark Law Review*, Vol.9, 1 (2005), pp.1-27.

[4] Matti Karvonen et al., "Technology Competition in the Internal Combustion Engine Waste Heat Recovery: A Patent Landscape Analysis", *Journal of Cleaner Production*, Vol.112, 5 (2016), pp.3735-3743.

在研发领域,越来越多的发明创造需要在全球范围内寻求保护,专利申请量持续攀升[1]。穆尔[2]、米塔尔[3]及尤金尼奥[4]等学者通过实证研究得出了相似的结论,认为专利申请量的增长是造成审查积压的主要原因。专利审查的积压导致审查时滞,不仅损害了申请人利益,而且阻碍了创新的发展[5]。基姆[6]等人的研究表明专利的创新效应需要掌握时机。根里奇·阿奇舒勒通过对各国专利的分析研究,创立了萃智理论,即创新问题解决理论[7]。新兴产业的发明创造亟需加速审查以求产生正面的创新激励效应[8],而协同创新中知识产权成果分享也

---

[1] Bomi Song, Hyeonju Seol, Yongtae Park, "A Patent Portfolio-Based Approach for Accessing Potential R&D Partners: An Application of the Shapley Value", *Technological Forecasting and Social Change*, Vol. 103, 2016, pp. 156-165.

[2] Kimberly A. Moore, "Worthless Patents", *Berkeley Technology Law Journal*, Vol. 20, 4 (2005), pp. 1521-1552.

[3] Anu K. Mittal, Linda D. Koontz, *Intellectual Property: Improvements Needed to Better Manage Patent Office Automation and Address Workforce Challenges: Testimony Before the Subcommittee on Courts, the Internet, and Intellectual Property, Committee on the Judiciary, House of Representatives*, US Government Accountability Office, 2005.

[4] Eugenio Archontopoulos et al., "When Small is Beautiful: Measuring the Evolution and Consequences of the Voluminosity of Patent Applications at the EPO", *Information Economics and Policy*, Vol. 19, 2 (2007), pp. 103-132.

[5] Eugenio Hoss, "Delays in Patent Examination and Their Implications Under the TRIPS Agreement", *MIPLC Master Thesis Series*, Vol. 11, 2010, pp. 21-35.

[6] Bongsun Kim et al., "The Impact of the Timing of Patents on Innovation Performance", *Research Policy*, Vol. 45, 4 (2016), pp. 914-928.

[7] Gernot Mueller, "Accurately and Rapidly Predicting Next-Generation Product Breakthroughs in the Medical-Devices, Disposable Shaving Systems, and Cosmetic Industries", available at https://the-trizjournal.com/accurately-rapidly-predicting-next-generationproduct-breakthroughs-medical-devices-disposable-shaving-systems-cosmeticindustries, last visited on 2020-07-17.

[8] Henrique M. Barros, "Exploring the Use of Patents in a Weak Institutional Environment: The Effects of Innovation Partnerships, Firm Ownership, and New Management Practices", *Technovation*, Vol. 45-46, 2015, pp. 63-77.

需要有合理机制[1],山内[2]等人认为可以采取各种有效的优先审查渠道以激励创新,保障公众利益,还可以在专利审查工作中应用平衡计分卡和六西格玛等先进管理工具[3]。利格萨尔茨[4]和莎玛[5]则分别针对中国和印度等发展中国家的情况进行了研究。部分学者认为,对标世界一流专利审查体系,中国专利审查机构亟待梳理专利质量中心的价值理念,主动谋求由数量大国向质量强国的转变[6]。目前来看,中国专利审查并未显示出显著的"过度授权"现象,但有将近5%的专利,其外国同族专利获得了高频次后续专利引用,并被中国的专利审查"过度驳回"[7]。哈霍夫[8]通过加速失效时间模型,运用申请人特征、专利质量和价值指标以及专利审查复杂程度三个因素,证明有争议的权利要求将导致更慢的授权以及更快的撤回。研究还表明对于有价值的专利,申请者都要求加速审查过程。皮

---

[1] 马秋芬:"协同创新中知识产权相关法律问题及利益分配研究",载《科学管理研究》2017年第3期。

[2] Isamu Yamauchi, Sadao Nagaoka, "Does the Outsourcing of Prior Art Search Increase the Efficiency of Patent Examination? Evidence from Japan", *Research Policy*, Vol. 44, 8 (2015), pp. 1601-1614.

[3] London Economics, "Economic Study on Patent Backlogs and a System of Mutual Recognition-Final Report to the Intellectual Property Office (2010)", available at http://www.ipo.gov.uk/p-backlog-report.pdf, last visited on 2022-01-10.

[4] Johannes Liegsalz, Stefan Wagner, "Patent Examination at the State Intellectual Property Office in China", *Research Policy*, Vol. 42, 2 (2013), pp. 552-563.

[5] Sneha Sharma, Manchikanti Padmavati, "Duty of Disclosure during Patent Prosecution in India", *World Patent Information*, Vol. 41, 2015, pp. 31-37.

[6] 毛昊、刘夏、党建伟:"对标世界一流专利审查机构的制度经验与改革应对",载《中国软科学》2020年第2期。

[7] 刘夏、黄灿:"专利审查的误差检测及影响因素分析",载《科学学研究》2019年第7期。

[8] Dietmar Harhoff, Stefan Wagner, "The Duration of Patent Examination at the European Patent Office", *Management Science*, Vol. 55, 12 (2009), pp. 1969-1984.

卡德[1]通过专利局的行为和组织的视角来分析专利系统质量，通过模型测量专利审查流程质量，表明审查质量的提升有助于增进社会财富和专利局的收益。格雷厄姆[2]以美国专利商标局为例，指出现有的实证研究很少集中于专利审查的过程，主要原因是应用审查方面数据的缺乏。研究表明发布专利审查数据将有利于科研人员和其他相关利益者，符合开放政府的倡议，也可以从一定程度上解决专利申请的选择性问题。现行专利审查制度在审查宗旨、审查标准、审查程序等方面存在与生态优化不相适应的问题，我国须对实质审查程序、优先审查程序和无效宣告程序采取优化措施[3]；同时为缓解专利审查积压，我国须对当前专利审查国际协作制度及国外专利审查的特征进行分析[4]，以探寻审查制度的改革之道。

以上研究揭示了专利全球申请和专利审查积压两者之间的关系，申请人对于加速审查有迫切的现实需求，专利审查过程逐渐得到学界的关注。一方面，专利审查过程向前影响着专利申请的选择；另一方面，专利审查向后影响着创新成果的应用。现有研究表明，在全球范围内探寻合理的专利审查国际协作机制是目前各国专利审查机构为缓解审查积压积极探索的方式，但在协作模式构建之后，面对审查效率和审查质量的困境，各

---

[1] Pierre M. Picard, Bruno van Pottelsberghe de la Potterie, "Patent Office Governance and Patent Examination Quality", *Journal of Public Economics*, Vol. 104, 2013, pp. 14-25.

[2] Stuart Graham, Alan Marco, Richard Miller, "The USPTO Patent Examination Research Dataset: A Window on the Process of Patent Examination", available at http://www.uspto.gov/economics, last visited on 2020-07-29.

[3] 邓建志、罗志辉："生态文明视角下专利审查制度之优化"，载《科技与法律》2020年第2期。

[4] 余力焓、朱雪忠："专利审查高速路制度的理性探讨"，载《中国科技论坛》2016年第2期。

国究竟探索了哪些解决方式,还有待进一步的分析。笔者以此探索审查效率和审查质量的优化途径,以期为明确我国参与专利审查国际协作的政策方向提供参考。

1. 专利审查国际协作中的审查效率与审查质量

(1) 审查效率和审查质量的现实需求

技术创新国际化的客观现实导致了大量国际专利申请亟待审查,提高专利审查效率是迫在眉睫的需求。由于专利权具有地域性,专利审查由各国根据本国专利法律进行,而根据一国或地区的知识产权法律体系取得的相应权利,原则上只在一国的法域范围内生效,并不能延及其他国家和地区。专利权的地域性是由主权国家的性质决定的,一般情况下,一国不会承认根据他国法律所取得的专利权,也不承认在本国范围内外国专利法的适用。国际专利申请仅仅是在申请环节上提供了便捷途径,专利授权仍由各个国家依照本国法律来决定。大量的国际专利申请增加了各国专利审查的工作量。在审查积压的情况下,一项发明专利审查原本预计为36—48个月,而目前在一些国家则需要等上4—5年,有的国家甚至需要等上10年之久。当专利申请获得授权之时,该技术也许已被市场淘汰,专利权的获得也就失去了市场竞争的意义。审查的积压增加了专利系统的不确定性,阻碍了发明人参与市场竞争的机会,而解决专利审查积压的关键在于改进专利审查的效率,以便专利审查能符合技术发展的需要。

专利审查质量是指专利局依照专利授权的技术质量标准对专利做出的一致性的分类[1]。即经审查授权的专利符合法律要

---

[1] Paul F. Burke, Markus Reitzig, "Measuring Patent Assessment Quality—Analyzing the Degree and Kind of (in) Consistency in Patent Offices, Decision Making", *Research Policy*, Vol.36, 9 (2007), pp. 1404–1430.

求的程度。既往的研究指出，提升专利质量的两个途径分别是提高专利授权的标准和提高专利审查的质量[1]。专利制度的设计致力于在保障权利人私权和公共利益之间找寻一个平衡点。专利权是一种有限的垄断权，为促进社会进步和科技发展，只给具有新颖性、创造性和实用性的，能给人类科技进步发展带来真实效用的技术方案授予专利权。但在专利审查过程中，审查员难以穷尽世界范围内全部的现有技术，授予的专利权有存在瑕疵的可能性。社会发展需要高质量的专利，但审查体系难以实现尽善尽美，审查质量有待提升。基于专利制度的不足，专利法中设立了无效规则，虽然该规则在一定程度上弥补了专利审查中的合理失误，但产生了司法和行政程序上的成本消耗。如果能便利检索专利审查技术方案相应的对比文件，提高专利审查质量，不仅能激励技术创新，产生高质量的专利，还能有效减少成本消耗。

对此，专利审查在技术创新国际化的需求和推动下，审查效率和审查质量成为影响专利审查国际协作成效的关键因素，是专利审查国际协作制度构建和发展的基础。

（2）基于效率和质量因素的专利审查协作理论模型

萃智理论已从传统的技术领域向管理、政治、教育等非技术领域迅速扩张，该理论系统一直处于进化过程中，但仍遵循其固有的运行机制，矛盾、演化、资源和理想度一直是萃智理论的基石[2]。其中，一类工程矛盾的表现形式为在同一系统中两个影响因素之间的矛盾，假定两个影响因素为A和B，当A

---

[1] 周璐、朱雪忠："基于专利质量控制的审查与无效制度协同机制研究"，载《科学学与科学技术管理》2015年第4期。

[2] Semyon D. Savransky, *Engineering of Creativity: Introduction to TRIZ Methodology of Inventive Problem Solving*, CRC Press, 2000.

的情况变好时，则 B 的情况将变差，反之亦然。传统的解决方式是在 A 和 B 之间寻找折中点，但是并没有消除 A 和 B 之间的矛盾。萃智理论认为任何没有达到完美态势的系统都可以开发可用资源，因此解决创新问题的方式可以选择通过系统演变模式来进行问题剖析，认清楚矛盾所在，然后找到可用资源来消除矛盾并解决问题。

现有的研究表明，过于强调高质量的专利检索和审查将导致专利审查周期的延长，降低审查工作的效率，增加获得专利权的不稳定性[1]。由此可知，在专利审查资源一定的情况下，审查效率和审查质量成反比。根据国际专利申请量和专利审查工作量的作用原理，可以将专利审查资源与专利申请量的函数表示为：

$$T = \mu E^{\gamma_1} Q^{\gamma_2} \tag{1}$$

其中 T 表示一定的专利审查资源，μ 表示国际专利申请量，E 表示专利审查效率，Q 表示专利审查质量。γ_1 表示专利审查效率对专利审查资源消耗的影响系数，γ_2 表示专利审查质量对专利审查资源消耗的影响系数。对此，函数（1）可以调整为：

$$E^{\gamma_1} = \frac{T\mu^{-1}}{Q^{\gamma_2}} \tag{2}$$

其中，审查效率和审查质量的关系在审查资源限定下面临的国际专利申请的压力得到凸显。全球日益上涨的国际专利申请导致专利审查积压和审查时滞问题，对此迫切需要提高审查效率，同时，技术创新的发展也对专利审查质量提出了更高的要求。不可忽视的是，专利审查质量的提升要求提高专利审查

---

[1] Mark A. Lemley, Carl Shapiro, "Probabilistic Patents", *Journal of Economic Perspectives*, Vol. 19, 2（2005），pp. 75-98.

中专利检索和专利分析的要求，对此消耗的审查资源将进一步加大。在审查积压的现状下，在审查质量方面加大投入审查资源将使专利审查效率降低。至此，专利审查效率和专利审查质量将出现此消彼长的状态，专利审查工作中对于审查质量和审查效率的双重需求将出现一定的困境。当一国的审查资源难以应对专利审查积压的现状时，各国将通过协作审查的方式来调整资源的分配以应对困境。为了更好地分析专利审查国际协作模式下审查效率和审查质量可能得到的改善路径，需要构建专利审查资源的"优化模型"。专利审查的国际协作对于一国的审查工作而言，会使其审查资源得到优化，在此情况下，审查效率和审查质量将得到调整。

$$\mu = \frac{\alpha T^{\beta}}{E^{\gamma_1} Q^{\gamma_2}} \tag{3}$$

其中 β 表示专利审查资源在专利审查国际协作过程中的变动系数，α 为误差调整系数，函数（2）为函数（3）中 $\beta=1$ 时无误差的理想模式。从专利审查国际协作的实践中可以得出[1]，专利审查国际协作对审查资源有所调整。当一国专利审查效率和专利审查质量处于一定状态时，专利审查资源的调整将影响到一国能承载的国际专利申请数量。假定一国的专利审查效率和审查质量相对稳定，当 β 发生改变时，μ 将随着专利审查资源的调整而调整，从而缓解审查积压。为了精确系数，可以将函数（3）通过对数转换后得出新的模型：

$$\ln\mu = \beta\ln T - \gamma_1\ln E - \gamma_2\ln Q + \ln\alpha \tag{4}$$

函数（4）中反映了专利审查资源与审查效率、审查质量之

---

[1] 佘力焓：《专利审查国际协作制度研究——基于 PPH 的视角》，知识产权出版社 2016 年版，第 74—87 页。

间的动态平衡关系。在专利审查国际协作中,审查资源配置的调整将给予审查效率和审查质量更大的调整空间。相对于函数(2)中审查效率和审查质量两者的反比关系,在函数(3)和(4)中,由于专利审查国际协作带来专利审查资源的变动,审查效率和审查质量可以得到同步提升。对此,引入 δ 表示变动的幅度,可以得到专利审查国际协作带来专利审查资源改进的动态模型:

$$\frac{T_{i,p}}{T_{i,p-1}} = \left(\frac{T_{i,p-1}}{T_{i,p-2}}\right)^{\delta} \qquad (5)$$

$$\ln T_{i,p} - \ln T_{i,p-1} = \delta(\ln T_{i,p-1} - \ln T_{i,p-2}) \qquad (6)$$

$$\delta = \frac{\ln T_{i,p} - \ln T_{i,p-1}}{\ln T_{i,p-1} - \ln T_{i,p-2}} \qquad (7)$$

其中 $T_{i,p}$ 是指特定年份 p 时国家 i 的专利审查资源。专利审查国际协作模式的不断演进,给专利审查资源改变的频次带来更多的可能性。专利审查国际协作改变了一国仅凭一己之力面对审查积压的局面,通过多国合作来调整审查资源的配置,并通过降低重复审查、共同评审、审查结果互认等方式改进审查效率和审查质量。在专利审查国际协作的模式下,各国通过各种努力对审查资源进行调整,以期改进审查效率和审查质量。

2. 基于效率导向的专利审查国际协作机制优化路径

(1)加速审查以提升专利审查的效率

相比于常规的专利审查系统,加速审查(Accelerated Examination)系统能更快获得审查结果。在加速审查体系中,从提出新申请到申请人收到首次审查意见通知书的时间(Average First Action Pendency)大约为2—3个月[1],远低于在常规专利审

---

[1] Outline of Accelerated Examination and Accelerated Appeal Examination, available at https://www.jpo.go.jp/e/system/patent/shinsa/jp-soki/, last visited on 2020-07-26.

查系统中的等待时间。考虑到审查资源的配置和技术创新国际化的现实需求,加速审查将仅限于在某些情况下使用,例如已经商业化或近两年即将商业化的专利申请,国际专利申请,由中小企业、个人、大学、公共研究机构等提交的专利申请,绿色技术相关的发明申请等。从允许提交加速审查的几种情况可以看出,加速审查的目的在于推动社会进步、促进产业发展和完善专利制度构建等公共利益,客观上产生了提高专利审查效率的结果。

日本专利局的加速审查体系自1986年设立以来,一直在专利审查中占有一席之地。但是在韩国,学者通过数据研究表明一国之内的加速审查对审查质量产生了消极影响[1],这与上文中的理论模型函数(2)的结论一致。局限于一国之内单一的加速审查体系体现了资源限制之下,提升审查效率需以降低审查质量为代价。对此,应加强专利审查的国际协作,例如通过专利审查高速路增加一国专利审查资源的配给,在维持甚至改进专利审查质量的基础上提升审查效率。

近年来,通过该专利审查国际协作系统提交的专利申请始终保持上升态势,与这种上升趋势同步的是技术创新在全球的蓬勃发展。从加速审查申请量的逐年上升可以看出,在关系科技进步和社会发展领域,技术创新对提高专利审查效率的需求十分迫切,同时也印证了通过专利审查国际协作能够有效调整专利审查资源的配置,从而改进专利审查效率。工作效率的提升是对技术创新全球化的良好回应。

---

〔1〕 Junbyoung Oh, Yeekyung Kim, "Accelerated Examination and Patent Quality of Patent Office", available at https://www.merit.unu.edu/meide/papers/2016/oh-junbyoung_1457666961.pdf, last visited on 2021-12-09.

(2) 延迟审查以匹配创新主体的专利布局

不同类型的专利对于市场的把握存在不同的情形，对此，创新主体需要不同类型的专利审查模式，而并非只有单一的快速审查。发明专利在市场运作中更在乎专利权的稳定性，尤其是在市场进行大规模的投资和推广之后，专利权的稳定性和权利保护范围尤为重要。稳定性决定了市场的可持续性，权利保护范围可以预估侵权风险和预期利益。为了使审查周期更好地与专利的市场运行相一致，尤其在多个国家进行专利布局时，创新主体希望延迟审查以获得更多的时间进行专利申请权利要求的调整和规划可能获得的专利权保护范围。另外，在中国，外观设计也可以获得专利权的保护。由于外观设计专利并非技术方案，其仅通过初步审查即可获得审查结果，通常情况下审查周期较短。有的外观设计附着于产品之上，如果产品上市准备周期较长，而外观设计专利公告时间早于产品在市场上的推广时间，则容易导致该产品的外观设计在产品上市之前被抄袭。此外，由于外观设计的图形化特点，在产品未做好市场运作规划之前，外观设计的披露容易使创新主体的商业利益受到侵犯。对此，在专利审查的方案改进中应加入延迟审查制度，将专利审查周期与技术的市场转化时间相匹配，满足创新主体将技术创新成果市场化的多样性需求。

(3) 专利审查信息共享以减少重复审查

专利审查的积压增加了专利系统的不确定性，降低了专利审查的品质，阻碍发明人获得投资的机会并阻碍创新。如果能够加强各国专利局之间的合作，共享审查信息，则可以提高工作效率。研究表明，在全球十大国家和地区专利机构受理的专利审查工作中，34%的工作是重复性的，如果能将重复工作的比例降低25%，则可以有效缓解审查积压，提高技术方案的专利授权率[1]。

专利申请量激增的事实和实体专利法协调的长期性使一些国家开始小范围寻求协作，然后再进行积极推广。欧洲专利局、日本专利局和美国专利商标局成立了三边局合作模式，共享专利检索和专利审查信息，并在专利制度其他相关问题上达成了广泛的协作，发起并推动了在五大知识产权局框架下的全球档案系统，涵盖了三边专利局以及中国和韩国的知识产权局。专利审查高速路的合作项目允许成员国之间协商采信专利审查结果，为避免重复审查提供了可能性。同理，基于审查信息的共享，后续申请局有可能提高工作效率，加速审查[2]，节省专利申请的时间成本和经济成本。由于国与国之间在专利法律制度上存在差异，专利审查高速路虽然并不是各国互认审查结果的机制，但美日之间已经尝试在部分审查工作之间采取信息共享，减少重复工作以提升审查效率。国与国之间也可以单独签署协议来采信一国的专利审查结果。2017年，中国与柬埔寨进行知识产权双边会谈，签署知识产权合作的谅解备忘录，确认中国有效发明专利可在柬埔寨登记生效[3]。中柬知识产权合作不同于一般的专利审查信息共享模式，而是柬埔寨对中国专利审查结果的直接确认，对此，在中国获得专利权的申请人可以避免重复审查，快速、便捷地在柬埔寨获取专利保护。

---

[1] London Economics, "Economic Study on Patent Backlogs and a System of Mutual Recognition-Final Report to the Intellectual Property Office (2010)", available at http://www.ipo.gov.uk/p-backlog-report.pdf, last visited on 2020-01-10.

[2] 专利审查高速路允许获得第一局有利决定的专利申请人请求对在另一局提交的相应专利申请进行加速审查。参见 http://www.ipo.gov.uk/p-pph-pilot.htm，最后访问日期：2019年12月23日。

[3] 王小艳："中国有效发明专利可在柬埔寨登记生效"，载 http://ip.people.com.cn/n1/2018/0302/c179663-29844469.html，最后访问日期：2020年3月10日。

3. 基于质量导向的专利审查国际协作机制优化路径

仅用专利数量并不能表明技术创新的绩效[1]，专利的质量才是技术创新的关键。换言之，从数量上判断专利的多寡无从衡量技术的创新价值，一件专利也许仅有一个技术方案，另一件专利也许有成百上千个技术方案。不同技术方案的创新价值各异，权利要求所限定的保护范围不同，因权利的稳定性而导致的能实现的经济价值也是千差万别，通过专利质量来体现创新能力才能更好实现绩效目标。专利审查是核实专利质量的重要环节，也是从法律层面确定高质量专利的关键。技术创新对专利审查提出了更高的要求，其国际化的发展推动了专利审查成为参与国际协作和竞争的一种路径。简言之，技术创新国际化对高质量专利的需求将推动专利审查国际协作及专利审查质量的提升。

技术创新国际化对于专利审查国际协作的推动，可行方法之一是专利审查中检索信息共享。有学者建议只有可专利性规定以及程序性专利法的协调获得了实质的进展，才可全面开展国际专利审查信息共享[2]。在当前专利制度差异化的背景下，参与信息共享的后续申请局不能盲目采用首次申请递交局的审查成果，而应仅仅"利用"首次申请递交局的审查信息"加速"本局的审查。由于大量不同国家的专利审查员共存于一个专利审查高速路网络中，如果后续申请局利用首次申请局的审查结果，当首次申请局的审查质量低，同时后续申请局不再检

---

[1] Zvi Griliches, "Patent Statistics as Economic Indicators: A Survey", *Journal of Economic Literature*, Vol. 28, 4 (1990), pp. 1661-1707.

[2] Dongwook Chun, "Patent Law Harmonization in the Age of Globalization: The Necessity and Strategy for a Pragmatic Outcome", *Journal of Patent Trademark Office Society*, Vol. 93, 2 (2011), p. 127.

索现有技术进行审查时,将会使这些低质量的技术快速通过专利审查高速路系统获得授权[1]。对首次申请局审查结果的有效性假设须进一步考虑。专利审查高速路减轻了专利局的压力,为专利局和申请人都节省了费用,但需要进一步降低后续申请局在审查质量方面的风险。在专利审查国际协作制度下,专利审查的质量会受到影响。对此影响该如何控制,或者协作制度该如何建立才能更好避免消极影响、扩大积极影响,还需进一步研究。

(1) 专利审查国际协作以促进审查质量提升

在专利审查过程中,新颖性判断的尺度相对客观,以申请日为时间节点划定现有技术和抵触申请,然后进行单独对比。创造性的判断需要组合对比,是基于所属技术领域的技术人员的知识和能力进行评价的。所属技术领域的技术人员,也可称为本领域的技术人员,是指一种假设的"人",假定他知晓申请日或者优先权日之前发明所属技术领域所有的普通技术知识,能够获知该领域中所有的现有技术,并且具有应用该日期之前常规实验手段的能力,但他不具有创造能力[2]。现实中的单个审查员客观上难以穷尽世界范围内的全部文献,选取的最接近的现有技术不同,在组合对比中对于"非显而易见"的理解也会存在不同观点。技术创新国际化推动了专利审查国际协作的客观需求,在协作过程中加强各个协作国在审查工作上的合作将有效改进专利审查质量。

---

[1] Christopher A. Potts, "The Patent Prosecution Highway: A Global Superhighway to Changing Validity Standards (May 23, 2011)", available at https://ssrn.com/abstract=1959587, last visited on 2020-07-22.

[2] 国家知识产权局制定:《专利审查指南 2010》(2019 年修订),知识产权出版社 2020 年版,第 172—173 页。

在专利审查国际协作中,单一的专利审查机构对于文献检索和审查结果难免具有片面性。如果能得到外部组织关于专利审查的意见和建议,可以在此基础上改进专利审查质量。基于协作的专利审查模式给外部意见提供了来源渠道。为了促进专利审查信息共享、提升文献检索及审查质量,五局启动了《专利合作条约》协作式检索和审查试点[1],专利审查国际协作本身成为改进专利审查质量的方式。在该模式下,主审局出具的最终国际检索报告和书面意见是综合了参审局审查意见后的结果,对单一审查机构中审查工作的不足性进行了调整,在专利审查质量的改进方面走出了具有探索性的一步。在此专利审查国际协作中,审查费用仍保持国际检索单位的标准,即《专利合作条约》国际检索费用,且从2019年3月开始,申请人可以中文国际专利申请提出参与请求,对语言的限制进一步缩小。同时,人工智能技术的广泛应用也为专利审查工作的推进提供了便利,机器翻译已成为多国专利审查机构及世界知识产权组织可以接受的文本内容。

(2)专利审查国际协作以防止审查质量降低

在当前的专利审查资源共享体系中,某合作国的可专利性标准低会造成一种负面效应,使得后续审查国也降低可专利性标准,从而导致所有合作国的专利质量都因可专利性标准降低而受到损害,[2]最终使在专利审查国际协作制度环境下的创新受到抑制。由于各个国家和地区是不同的法域,其在专利法律

---

[1] 杨骁:"中美欧日韩五局PCT协作式检索和审查(CS&E)试点将于2018年7月1日启动",载http://bbs.mysipo.com/thread-604147-1-1.html,最后访问日期:2020年2月15日。

[2] Koki Arai, "Patent Quality and Pro-Patent Policy", *Journal of Technology Management & Innovation*, Vol. 5, 4 (2010), pp. 1-9.

制度和专利审查标准方面均存在差异，例如，美国承认商业方法的可专利性，而中国对此持谨慎态度。所以，同样的技术方案在世界范围内能获得专利权的可能性也存在差异，即使都存在获得专利权的可能性，在不同国家和地区所能获得专利权保护的范围也不尽相同。对此，专利审查高速路要求前后申请的权利要求必须对应，在后申请的权利要求范围只能从属于在先申请的权利要求范围，不得扩大，更不能引入新的权利要求。可以看出，虽然现有的专利审查高速路通过审查信息共享可以提高审查效率，但有可能是以丧失权利要求保护范围为代价的。如果在先申请所获得的权利要求保护范围被限定，则预期专利权的保护范围在接下来的专利审查高速路加速申请中将被进一步限制。

对于创新主体而言，部分企业在某种程度上受到授权率等考核因素的影响，为了行业排名及竞争的需要，往往会策略性地提出一些不符合专利高质量要求的申请，限缩权利要求的保护范围。放弃权利要求的保护范围、片面追求高授权率的专利申请将导致专利质量的下降，而这样的专利申请进入专利审查国际协作体系之中，也将导致所有合作国的专利审查质量都因权利要求的过于限缩而受到负面影响。

推进专利审查国际协作的可持续性发展需要对专利审查质量进行调控。在现有审查资源不变的情况下，可以对提供高质量专利审查的项目进行一定的额度限制。比如，中国国家知识产权局、美国专利商标局、欧洲专利局、日本专利局和韩国知识产权局合作开展的《专利合作条约》协作式检索和审查项目在两年（2018年7月至2020年6月）内可接受的请求总量上限均为100件，并且每一试点年度（2018年7月至2019年6月；

2019年7月至2020年6月)接收量应尽量控制在50件范围内。同时,五局还对申请文本的译文提出了质量要求。因为在五局进行协作的过程中,英文译文的质量会影响各个协作国的专利审查员对于技术方案的理解,并将直接影响到参审局的审查意见。在实体专利法存在差异的现实情况下,专利审查国际协作中专利审查质量降低的风险应更多从程序和文字方面进行调控。

在全球专利申请量激增,专利审查工作压力增加的现状下,各国专利审查机构一直在积极寻找解决途径。在一国专利审查资源限定的情况下,审查效率和审查质量将呈现此消彼长的态势,难以两全。通过对前述理论模型的分析能够看出,对于专利审查系统而言,通过专利审查国际协作的模式改变专利审查资源的配置,从而给审查效率和审查质量提供同时提升的空间,可以改变一国因专利审查资源限定而受到限制的困境。对此,各国通过多国之间的专利审查国际协作可以加大对于专利审查资源的调整,从而可以多方面、多角度地从专利审查效率和审查质量层面对专利审查国际协作进行优化。

第一,审查效率优化的多样性。通过加速审查的方式提升专利审查的效率,同时提供多样化的专利审查方案保障预期专利权的稳定性和权利要求的保护范围,可以将专利审查周期与技术的市场运营策略相匹配,满足创新主体将技术创新成果市场化的多样化需求。

在专利审查国际协作中,虽然缩短审查周期是各国开展审查协作、缓解审查积压的初衷,但其并非各国的唯一追求。在今后协作制度的评价中,快速审查并非审查效率优化评价的唯一途径,而是需要综合考虑审查周期对于实现创新的合理性。

第二,审查信息共享的选择性。通过专利审查信息共享以缓解审查积压，将专利审查资源集中于专利审查质量和专利审查效率的改进，可以满足对审查质量和审查效率的双重需求。同时，考虑到专利权的地域性，在专利审查国际协作中有针对性地选择采信适当的专利审查结果，能够减少重复工作，提升专利审查的效益。

审查信息共享对现有的专利制度的地域性形成了挑战，各国在一定程度上开始了在实体法领域的协调与合作。基于各国体制与法律文化的差异性，异构制度的融合将面临诸多困境，从实体专利法条约的缓慢进展可见一斑。将审查信息共享服务于审查效率和审查质量的改进是当下适当的选择，并可以此为基础逐步加强各国在专利实体法领域的沟通。

第三，审查质量控制的全局性。征求多国专利审查机构的审查意见，可以改进单一检索单位审查结果的片面性。对此，各国在专利审查国际协作过程中应充分发挥自身的审查资源优势，提升专利审查质量，同时考虑各国可专利性标准和专利立法的差异性，调控审查质量降低的风险。

专利审查国际协作改变了过去由单一检索和审查机构出具审查意见的局面，审查结果将有多国审查机构的参与，在改进审查质量的同时增加了国际协调的成本。对此，审查效率和审查质量的优化还需要进一步的国际合作，在协作共赢的局面下才能为专利审查的发展探索更多的发展路径。

五、数字时代的国际知识产权保护与协同创新制度

数字技术已成为全球创新重要的影响因素之一。通过《专利合作条约》提交的全部技术领域专利申请中，数字技术领域的申请量占比最大，其中计算机技术的《专利合作条约》专利申请在35种技术分类中占比为9.9%，排名第一，数字联通技术占比9%，居于第二位[1]。世界知识产权组织在《2022年世界知识产权报告》中提出：数字技术改变了世界，并将带领全球创新走向新的高度。自20世纪50年代以来，数字技术一直持续迅速发展，尤其自2015年之后，几乎呈直线上升的态势，其增长速度远远高于全部技术领域的平均增速[2]。各国在应对数字技术发展和竞争的过程中，努力探索实现数字技术发展与专利保护共生演化的有效路径。中国作为世界知识产权大国之一，积极推动技术创新和知识产权制度构建的协同发展战略，这是我国创新驱动发展的内驱力，也与中国参与知识产权全球治理

---

[1] "PCT Yearly Review 2022", available at https://www.wipo.int/edocs/pubdocs/en/wipo-pub-901-2022-en-patent-cooperation-treaty-yearly-review-2022.pdf, last visited on 2022-11-10.

[2] "World Intellectual Property Report 2022" available at https://www.wipo.int/edocs/pubdocs/en/wipo-pub-944-2022-en-world-intellectual-property-report-2022.pdf, last visited on 2022-11-23.

的外在需求相一致。一方面，为了解决全球专利申请快速增长带来的专利审查积压问题，中国立足于自身发展阶段，统筹专利审查效率和专利审查质量的协同治理，坚持保护创新和有效利用审查资源的发展主线，推动我国《专利法》和《专利审查指南》的修订；另一方面，创新是引领发展的第一动力，保护知识产权就是保护创新。党的十九届五中全会审议通过的《中共中央关于制定国民经济和社会发展第十四个五年规划和二〇三五年远景目标的建议》提出"完善科技创新体制机制"和"加强知识产权保护"，清晰描绘出我国技术创新发展的蓝图，并开启了新技术时代下专利制度演进的新征程。

由此可见，数字技术与专利制度的共生演化是实现创新的路径之一。"十四五"期间，"坚持创新驱动发展，全面塑造发展新优势"是我国开启数字技术时代的必然要求，但同时，数字技术的发展和路径探索还需要相应的专利制度予以支持才能达到协同共赢的局面。如果一味追求数字技术的突飞猛进，忽视其专利权的保护，则会造成先进技术的流失，并对创新积极性造成打击。解决数字技术发展的专利法律保护问题关键之一在于专利审查制度的创新和审查模式的选择。只有通过改变传统技术下的专利授权规则，在数字技术发展的框架下，提高专利授权的及时响应，优化审查结构，调整申请规则，搭建兼顾公平和效率的专利制度国际协作体系，才能不断提升对数字技术创新的激励效用，实现数字技术保护与专利制度共生演化的创新发展。

(一) 数字技术与专利制度的创新导向

1. 数字技术的内涵及创新特征

数字技术，即数字化技术（digitization technology），是运用"0"和"1"两个数字编码，通过计算机、光缆、通信卫星等设备来表达、传输和处理信息的技术,一般包括数字编码、数字压缩、数字传输、数字调制解调等技术[1]。数字技术可以克服空间限制、社会与技术限制来降低创新实施的资源门槛[2]。在理论界,数字技术通常被界定为信息、计算、沟通和连接技术的组合[3],常见的形式有虚拟现实技术、大数据、人工智能、云计算、区块链等。数字技术改变了原有产品的基本型态以及新产品生产过程的方式、商业模式和组织型态[4]。

数字技术对传统的创新理论进行了变革,数字创新的概念应运而生,其定义为企业或者组织以数字技术为组成部分或支撑部分,对原有产品、流程或商业模式进行改变的过程[5]。数字化支持的四种新兴创新网络为项目创新网络(project innovation network)、宗族创新网络(clan innovation network)、联合创新网络(federated innovation network)和无政府创新网络(anarchic innovation network),每个网络都涉及不同的认知、社会识别、共享和吸收知识的方式[6]。新颖而强大的数字技术伴随着数字

---

[1] 图书馆·情报与文献学名词审定委员会:《图书馆·情报与文献学名词2019》,科学出版社2019年版。

[2] 刘洋、董久钰、魏江:"数字创新管理:理论框架与未来研究",载《管理世界》2020年第7期。

[3] Andrea Urbinati et al., "The Role of Digital Technologies in Open Innovation Processes: An Exploratory Multiple Case Study Analysis", *R&D Management*, Vol. 50, 1 (2020), pp. 136-160.

[4] Markus C. Becker, Francesco Rullani, Francesco Zirpoli, "The Role of Digital Artefacts in Early Stages of Distributed Innovation Processes", *Research Policy*, Vol. 50, 10 (2021).

[5] Yang Liu et al., "Digital Innovation and Performance of Manufacturing Firms: An Affordance Perspective", *Technovation*, Vol. 119, 2023.

[6] Kalle Lyytinen, Youngjin Yoo, Richard J. Boland Jr., "Digital Product Innovation Within Four Classes of Innovation Networks", *Information Systems Journal*, Vol. 26, 1 (2016), pp. 47-75.

平台和数字基础设施的出现，极大地改变了创新和企业家精神，对新技术方案的产生起到了推动作用，尤其是在通过计算机实现的发明领域。除了为创新者和企业家提供新的机会，数字技术推动的创新管理模式对价值创造和价值获取具有更广泛的意义，在发达国家和发展中国家中均具有不可忽视的影响力[1]。

2. 专利制度与数字技术创新的联系

以互联网、大数据、电子商务、人工智能和区块链等为代表的数字技术拓展了传统意义上创新的范围。在产品创新和组织创新变化的维度中，创新过程从非数字化逐步转向数字化，并形成数字创新的新局面[2]。数字创新在学术界有着多样化的理解，这主要归结于数字技术与产品、生产过程等硬件和流程相结合从而导致了新产品、新技术和新制度模式的出现[3]。由于发明专利是对产品技术方案和方法技术方案的保护，对此，与专利制度产生内在联系的数字创新主要分为两类：数字产品创新和数字模式创新。

数字产品创新是信息、数据与技术以及信息、数据、技术与物理构件相结合的以数字技术为依托的一系列产品或服务的数字化创新。对此，在数字产品的发明专利申请中可以将数字产品分为两类，一类是信息、数据与技术相结合的产品技术方

---

[1] Chang Chieh Hang, Jin Chen, "Innovation Management Research in the Context of Developing Countries: Analyzing the Disruptive Innovation Framework", *International Journal of Innovation Studies*, Vol. 5, 4 (2021), pp. 145-147.

[2] Anmar Kamalaldin et al., "Configuring Ecosystem Strategies for Digitally Enabled Process Innovation: A Framework for Equipment Suppliers in the Process Industries", *Technovation*, Vol. 105, 2021.

[3] Naomi Haefner et al., "Artificial Intelligence and Innovation Management: A Review, Framework, and Research Agenda", *Technological Forecasting and Social Change*, Vol. 162, 2021.

案,例如一种关于共享单车的使用方法等网络平台产品;另一类是信息、数据、技术与物理构件相结合的产品技术方案,例如智能制造的产品。对于专利授权的要求集中在确认数字技术解决了确实的技术问题、产生了技术效果,即使发明专利申请包含算法特征或商业规则,仍可以根据其中的技术特征不排除其获得专利权的可能性。

数字模式创新是指数字技术对组织管理形式、生产流程及模式、服务方式等进行了改变,主要包括数字商业模式的创新、人工智能算法模式的创新、数字技术控制工艺流程的创新等。自动化及数字技术强化(automation and digital enhancement)、传统商业模式的数字化拓展(digital extension of traditional business models)和商业模式的数字化转型(digital transformation of business models)是数字技术对现代商业模式的改进之路[1]。在这类的发明专利申请中,权利要求最大的特点是算法特征、商业规则、方法特征以及技术特征并存,需要从整体上判断其技术方案的属性。

基于数字技术创新的发明专利申请给专利制度发展提出了新的要求。算法和商业规则在本质上是智力活动的规则与方法,不能授予专利权。而在数字技术的推动下,更多新领域、新业态的发明专利申请兼具算法特征和技术特征,对专利审查中对于技术方案的可专利性的判断提出了挑战。

(二)数字技术领域专利的发展态势:以 G 部为例

1. G 部发明专利的申请与授权

在国际专利分类表中,与数字技术相关的技术主要集中在

---

〔1〕 Feng Li, "The Digital Transformation of Business Models in the Creative Industries: A Holistic Framework and Emerging Trends", *Technovation*, Vol. 92-93, 2020, pp. 1-10.

国际专利分类的 G 部，比如计算机运算、计数和计算推演（computing, calculating, ccounting），对此，本研究主要以 G 部为例，分析数字技术专利的演进并根据其特点分析其发展趋势。考虑到数字技术并非以产品的形状、构造或者其结合所提出的技术方案，因此本研究排除实用新型的统计数据，采用发明专利的统计数据。

以 2021—2022 年为例，G 部发明专利申请量均居于各部发明专利申请量之首（见图 11）[1]。通过发明专利申请的分布可以看出，当前数字技术集中的 G 部技术活跃度居于所有技术领域的前列，远高于传统的工业技术领域。相比于 2021 年，A 部、B 部、C 部、D 部、E 部和 F 部等传统工业技术领域的发明专利申请量在 2022 年都有所减少；与此同时，G 部和 H 部[2]的发明专利申请量在 2022 年大幅提升，其中 H 部是仅次于 G 部的数字技术较为集中的类别。"加快发展数字经济，促进数字经济和实体经济深度融合，打造具有国际竞争力的数字产业集群。"[3] 在数字经济发展的浪潮中，数字技术为实体经济的数字化转型赋能，因此，在传统的产业领域发明专利的数量有所下降的同时，相应的数字创新核心产业领域的发明专利申请量在持续上升。

---

[1] 如无特别标注，该第（二）部分的数据均来自中国国家知识产权局。
[2] 在数字产品制造业中，数字媒体设备制造、半导体分立器件制造等发明创造均在 H 部，H 部是仅次于 G 部的数字技术较为集中的类别。
[3] 习近平："高举中国特色社会主义伟大旗帜 为全面建设社会主义现代化国家而团结奋斗——在中国共产党第二十次全国代表大会上的报告"，载 https://www.12371.cn/2022/10/25/ARTI1666705047474465.shtml，最后访问日期：2023 年 6 月 27 日。

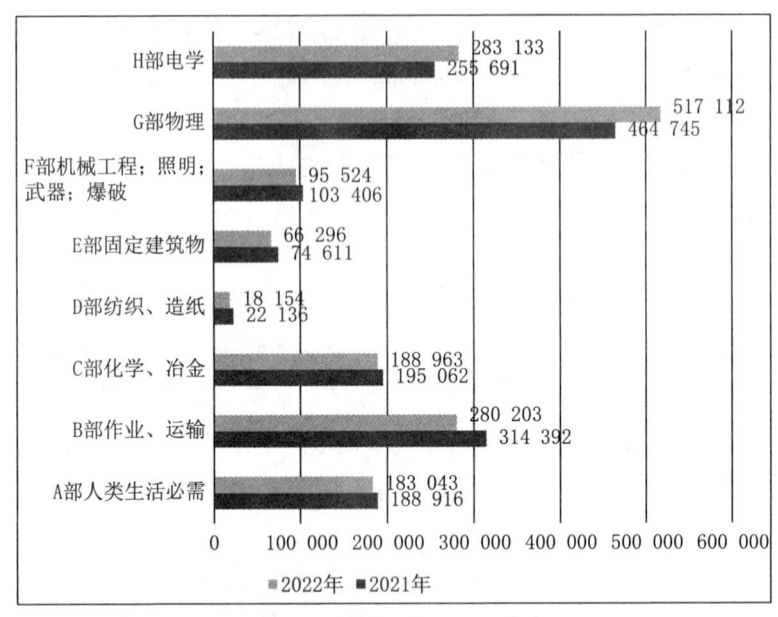

```
                                          283 133
       H部电学
                                    255 691
                                                       517 112
       G部物理
                                                 464 745
F部机械工程；照明；    95 524
   武器；爆破           103 406
                       66 296
    E部固定建筑物
                       74 611
                    18 154
    D部纺织、造纸
                    22 136
                              188 963
     C部化学、冶金
                              195 062
                                       280 203
    B部作业、运输
                                          314 392
                             183 043
   A部人类生活必需
                             188 916
       0      100 000  200 000  300 000  400 000  500 000  600 000
                   ■ 2022年  ■ 2021年
```

图 11　2021—2022 年发明专利申请量按国际专利分类部分类统计（单位：件）

G 部发明专利的授权量在 2021 年和 2022 年均居于各部发明专利授权量之首（见图 12）。与发明专利申请情况不同的是，与 2021 年相比，各部的发明专利授权量在 2022 年都有所增加，其中增长数量最多的为 G 部。由此可见，产业创新在各个技术领域均有良好的表现，而数字技术领域的发展更为突出。人工智能、大数据、区块链及云计算等数字技术受物理环境的影响较小，在利用数字化基础设施的条件下即可与外部环境和用户形成良好的创新生态系统，持续开展创新活动，进行发明创造。对此，发明专利授权情况与发明专利申请情况均反映了数字经济蓬勃发展的现状。

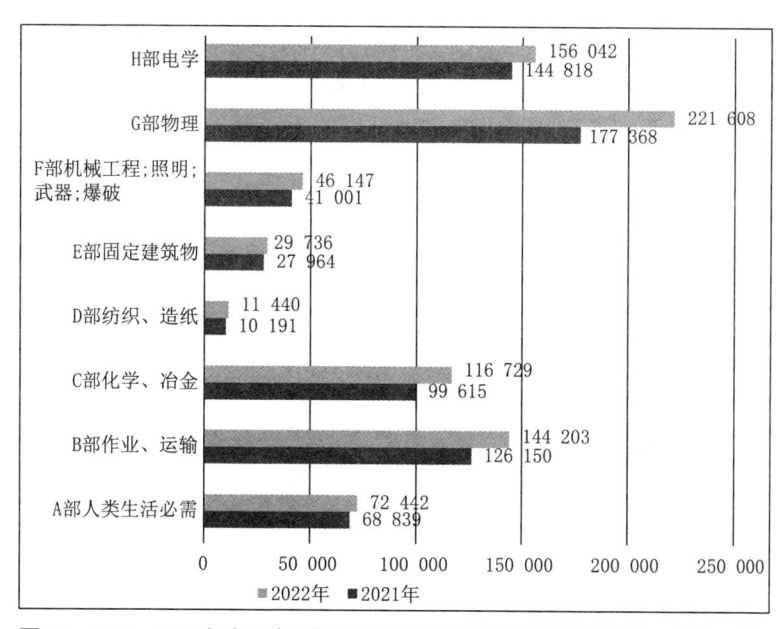

五、数字时代的国际知识产权保护与协同创新制度

```
H部电学                                    156 042
                                           144 818
G部物理                                              221 608
                                          177 368
F部机械工程;照明;        46 147
武器;爆破            41 001
E部固定建筑物     29 736
                27 964
D部纺织、造纸   11 440
              10 191
C部化学、冶金              116 729
                         99 615
B部作业、运输                       144 203
                                126 150
A部人类生活必需        72 442
                    68 839
         0    50 000  100 000  150 000  200 000  250 000
                    ■ 2022年  ■ 2021年
```

图 12 2021—2022 年发明专利授权量按国际专利分类部分类统计（单位：件）

虽然 G 部的发明专利申请量和发明专利授权量双双居于各部之首，但其发明专利的授权率低于所有技术领域的平均值。2021 年，中国在所有技术领域的发明专利申请总量为 1 618 959 件，授权总量为 695 946 件，占比 42.99%；G 部发明专利申请量为 464 745 件，授权量为 177 368 件，授权率为 38.16%。此外，G 部的发明专利授权率不仅低于所有技术领域的发明专利的授权率，还低于部分传统工业技术领域的授权率。C 部化学、冶金的发明专利授权率为 51.07%，D 部纺织、造纸的发明专利授权率为 46.04%，均高于 G 部。2022 年，G 部的发明专利授权率为 42.85%，低于所有技术领域的发明专利的授权率。由此可见，G 部拥有比传统的工业领域更高的发明专利申请量和发明专利授权量，但其授权率却保持在一个相对较低的水平，这也

意味着在 G 部提交的专利申请案中产生了更多否定性判断。在当前数字经济发展趋势下，数字技术市场鱼目混杂，其技术的有效性和稳定性有待专利审查的严格筛选。

2. G 部发明专利数量与整体发明专利数量的对比

从国际专利分类各部发明专利申请量和授权量的横向对比来看，数字技术发明专利集中的 G 部是当今技术发展最为活跃的领域，并在发明专利申请和授权上呈现出了自身的特点。对 2012—2022 年的发明专利申请量和授权量进行分析可以进一步观察数字技术专利的发展态势。

2012—2022 年，中国所有技术领域发明专利申请的数量一直在持续上升，而发明专利申请量一直是衡量创新活动的风向标。发明专利申请的持续上涨，表明专利技术作为一国科技能力的重要指标越来越受到重视，同时其也是世界各国重视的战略资源和竞争要素。此外，中国所有技术领域发明专利授权量也在不断上升，尤其在 2020—2022 年，其都保持了上升的态势（见图 13）。

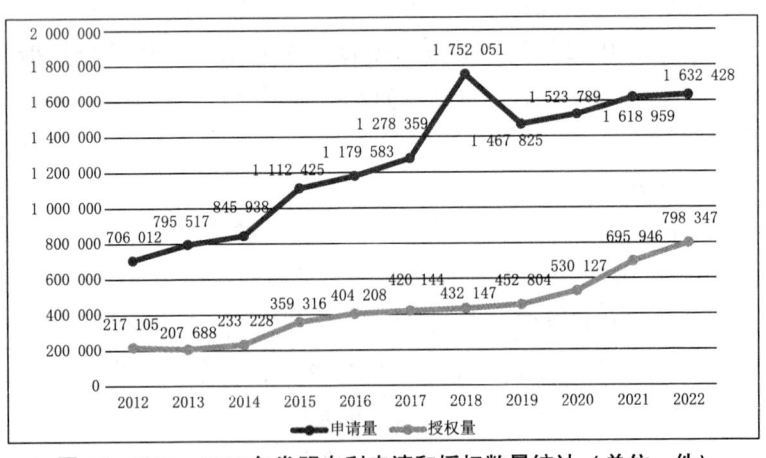

图 13　2012—2022 年发明专利申请和授权数量统计（单位：件）

与此同时，中国国家知识产权局在过去的十年中收到的 G 部发明专利申请量也在稳步增长，近五年都是呈现上升的态势。但是，由中国国家知识产权局授权的 G 部发明专利的数量相对较少。相比 G 部发明专利申请持续上升的趋势，G 部发明专利授权维持在一个较为平稳的状态，2021 年的授权量相比上一年甚至有所下降（见图 14）。

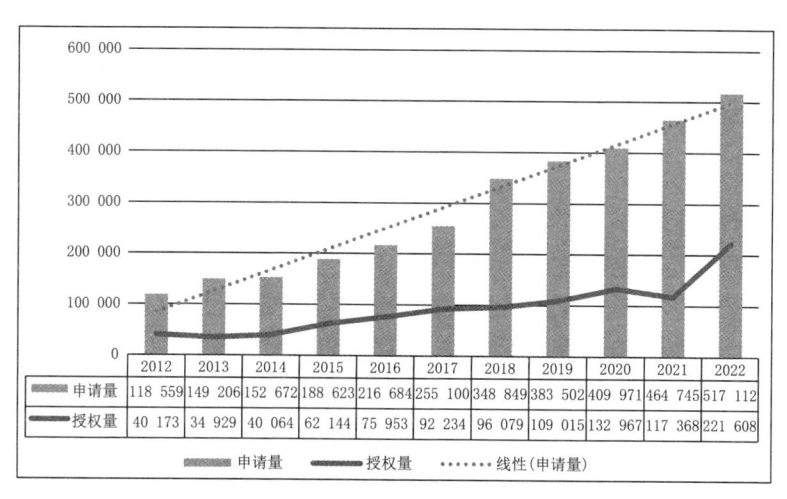

	2012	2013	2014	2015	2016	2017	2018	2019	2020	2021	2022
申请量	118 559	149 206	152 672	188 623	216 684	255 100	348 849	383 502	409 971	464 745	517 112
授权量	40 173	34 929	40 064	62 144	75 953	92 234	96 079	109 015	132 967	117 368	221 608

图 14　2012—2022 年 G 部发明专利申请和授权数量统计（单位：件）

3. G06 发明专利的申请和授权分析

在国际专利分类表中，与数字技术有关的专利主要集中在 G 部，其中最相关的大类是 G06 计算机运算、计数和计算推演[1]。G06 大类的发明专利申请量在十年间提升了六倍之多，尤其在近五年保持了上升的趋势；而 G06 大类的发明专利授权量却保

---

[1] International Patent Classification (IPC), available at https://www.wipo.int/classifications/ipc/en, last visited on 2022-09-21.

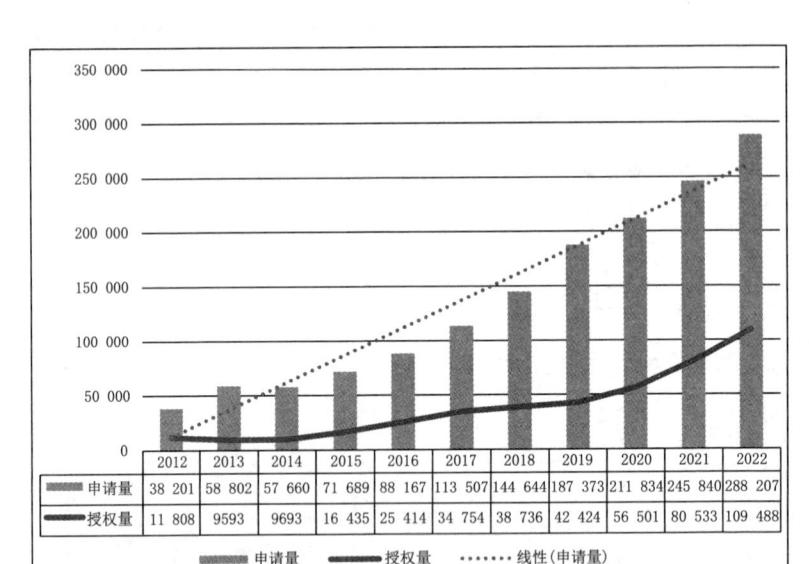

持在相对较低的位置,在近五年仅缓慢上升(见图15)。

	2012	2013	2014	2015	2016	2017	2018	2019	2020	2021	2022
申请量	38 201	58 802	57 660	71 689	88 167	113 507	144 644	187 373	211 834	245 840	288 207
授权量	11 808	9593	9693	16 435	25 414	34 754	38 736	42 424	56 501	80 533	109 488

图15　2012—2022年G06大类发明专利申请和授权数量统计(单位:件)

在图13至图15数据统计的基础之上可以计算出三组数据,分别为十年间所有技术领域发明专利(全部A—H)授权量在总发明专利申请量中的占比、十年间G部发明专利授权量在G部发明专利申请量中的占比和十年间G06大类发明专利授权量在G06大类发明专利申请量中的占比。由图16可知,在2020—2022年,所有技术领域发明专利授权比例高于G部发明专利授权比例,也高于G06大类发明专利授权比例;同时,2020—2022年的G部发明专利授权比例高于G06大类发明专利授权比例。

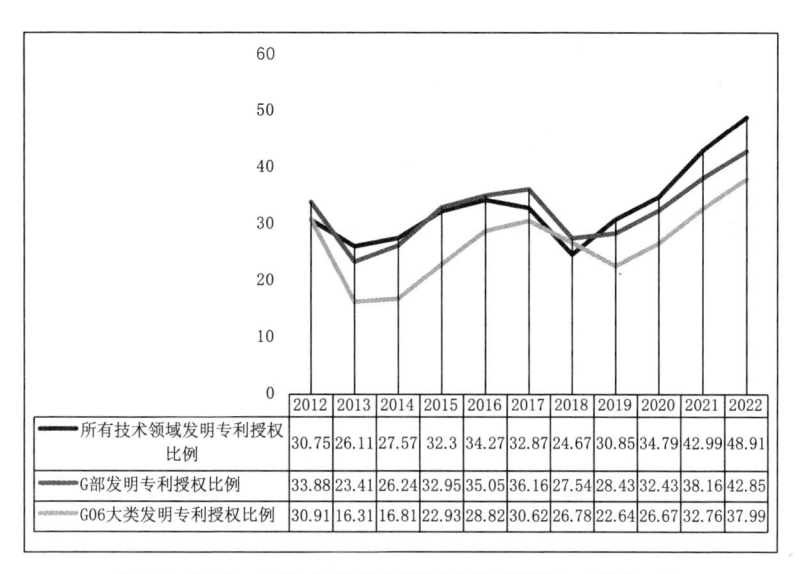

	2012	2013	2014	2015	2016	2017	2018	2019	2020	2021	2022
所有技术领域发明专利授权比例	30.75	26.11	27.57	32.3	34.27	32.87	24.67	30.85	34.79	42.99	48.91
G部发明专利授权比例	33.88	23.41	26.24	32.95	35.05	36.16	27.54	28.43	32.43	38.16	42.85
G06大类发明专利授权比例	30.91	16.31	16.81	22.93	28.82	30.62	26.78	22.64	26.67	32.76	37.99

图 16 2012—2022 年发明专利授权比例统计（单位:%）

数字技术与产业发展过程紧密联系是形成数字创新的基础，数字创新正是通过数据共享和数字技术的有效运用来提升资源的配置效率的。在数字经济的时代，以互联网、大数据、电子商务、人工智能和区块链等为代表的数字技术与市场高度融合，颠覆了传统经济的生产模式，为社会的创新发展带来了前所未有的机遇，同时也给技术保护提出了新的挑战。对国际专利分类发明专利申请量和授权量进行分析可知，数字技术发明专利申请量在十年间持续增长，但是数字技术发明专利授权量一直保持在相对低位的水平。与所有技术领域发明专利授权率相比，数字技术集中的 G 部发明专利授权率相对较低，其中与数字技术最相关的 G06 大类的发明专利授权率更低。由此可见，在数字经济发展的浪潮中，数字技术有了长足的进步，在发明专利方面呈现出申请量多、授权率低的特点。

(三) 数字技术与专利制度的互动效应

数字技术包括信息、计算机、通信及具有连接性的各类技术，具体包括大数据、人工智能、模拟仿真、网络技术及安全、区块链和存储技术等，目前被广泛应用于网络平台构建、远距离移动通信、数据分析等产品、方法和服务中，包括软件和硬件两大类。技术组织过程和产品的数字化程度的提升，对理解数字技术创新和专利制度更迭提出了新的挑战。

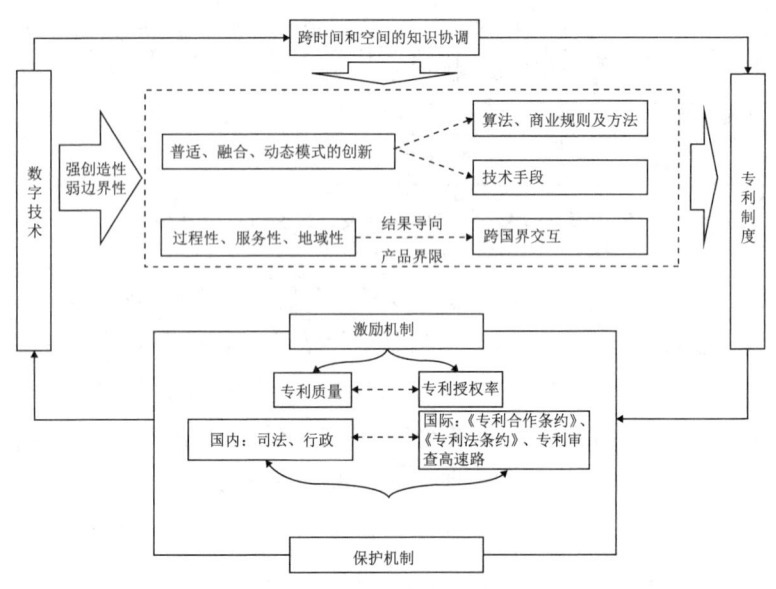

图17　数字技术与专利制度的互动效应

1. 强创造性和弱边界性的知识融合模式

数字技术的发展呈现了两个特点：一是通过降低通信成本并扩大其覆盖范围来提高创新网络的连通性；二是加快和加大数字融合的速度和范围，从而增加网络知识的异质性和集成需求[1]。这些发展通过重新分配控制权和扩大跨时间、空间的知识协调需求而扩展了现有的技术创新网络，这对知识的创造、运用、管理和保护也提出了新的挑战。

数字技术推动创新在普适性、综合性、异构性和动态化的模式下发展，具有强创造性。普适性体现在其可被广泛应用于社会生活和工作之中，综合性和异构性的特点意味着通过数字技术可以使创新活动在多领域、跨界限的分布式交叉体系下发生。大数据的收集和分析技术提高了信息的动态性反馈和动态性决策，其中最为明显的就是涉及人工智能、区块链、电子商务、互联网等领域的发明专利申请。这类申请一般包含算法或商业规则及方法等，具有一定的智力活动规则与方法的特征，在专利授权的环节需要对其特殊性判断做出新的调整。

数字技术的发展深刻改变了全球的技术创新模式，突破了传统创新的地域限制，具有弱边界性。数字技术将发明创造从结果导向转向过程导向、目标导向，将发明专利由产品转向服务，越来越多的基于算法的方法技术方案进入专利权的考量范围。目前社会生活和工作大多被计算机、手机等终端产品覆盖，人机交互越来越频繁。在算法的推动下，数字技术的创新成果将更多地通过替代思维来为用户提供良好的体验，以人的感官享受为目的。此类的技术创新是否仍然遵循了传统的技术变革思路，是否采用了"符合自然规律的技术手段"，是专利授权值得思考的问题。同时，数字技术构建了全新的交互网络，该网络突破了地域阻碍，网络的连通也不受国界的限制，因此需要

---

[1] Robert Wayne Gregory et al., "The Role of Artificial Intelligence and Data Network Effects for Creating User Value", *Academy of Management Review*, Vol. 46, 3 (2021), pp. 534-551.

重新审视数字技术对专利制度国际化的影响。在数字技术的推动下，专利授权的跨国界交互性将进一步增强，在知识产权全球治理体系中，专利审查制度的变革势在必行。

2. 激励与保护并存的知识协调模式

数字技术推动了创新模式的改变和算法推荐的网络形式的成熟，对于这些数字技术的保护应建立在更丰富的创新本体论和认识论的基础上，还需要重新审视专利审查制度变革和国际化对数字技术的激励和保护作用。

（1）专利审查效率与专利审查质量协同优化的激励机制

在数字技术快速发展之初，专利审查制度以加速审查的方式来提升审查效率。一方面，在审查资源有限的情况下，考虑到数字技术创新的日新月异，对于已经商业化或即将商业化的专利申请可以给予加速审查。对于数字产品而言，加速审查能降低产品更新迭代的风险，使之在数字技术的发展浪潮中处于前列。另一方面，数字技术领域专利申请的特点是大量的技术方案包含算法及相应的商业模式，商业模式的市场化将对传统的产业的创新边界形成突破。对于创新主体而言，审查周期与专利的市场运行保持一致是较为理想的状态，尤其是在专利国际发展战略被提出的背景下。在不同的国家进行专利布局，某些情况下创新主体会希望延迟审查以获得更多进行专利权权利范围调整的时间和市场运作的机会。因此，专利审查过程中也加入了延迟审查制度，注重专利审查周期与技术转化时间的匹配性，以满足数字产品创新与数字模式创新的促进与融合。

专利审查国际协作对于提高数字技术的创造性起到了制度上的推动作用。专利审查中的无效制度即是为应对审查对于现有技术难以穷尽而做出的补偿机制。专利审查国际协作可以避免单一专利审查结果的片面性,通过多国合作的方式促进数字技术专利审查信息共享,从而提升各国专利局的文献检索能力和审查质量,降低数字技术专利无效的可能性,并确保数字技术创新的可持续性。

(2) 国内与国际良性互动的保护机制

在国内层面,司法保护和行政保护围绕数字技术的发展不断完善自身的保护方式,提升保护力度。2021年,新的《中华人民共和国专利法》(以下简称《专利法》)和《中华人民共和国著作权法》(以下简称《著作权法》)实施。至此,中国知识产权领域三部主要的法律——《专利法》、《著作权法》和《中华人民共和国商标法》(以下简称《商标法》)在三年时间内完成了修订,均增加了惩罚性赔偿的法律规定,以更好地保护中国科学技术发展和激励创新。《专利审查指南》在近几年连续进行了调整,对包含算法特征或商业规则与方法特征的专利申请进行了审查方式的调整和改进。在司法领域,北京、上海、广州和海南自由贸易港分别设立了知识产权法院,可以针对专利、技术秘密等专业技术性较强的案件进行审理。同时,为了规范知识产权案件裁判标准、加强知识产权司法保护、优化科技创新法治环境、促进创新驱动发展战略的实施,发明专利、集成电路布图设计、技术秘密和计算机软件等专业技术性较强的知识产权民事和行政案件的二审直接由中华人民共和国最高人民法院审理。中华人民共和国最高人民法院为此专门还设立了知识产权法庭,集中审理专利等上诉案件。数字技术发展的突飞猛进是专利案件审级提升的重要原因之一,这也带来了行政保护的革新。国家在审查确权、侵权判定、证据规则等标准上协同行政和司法保护,在技术方案权利认定和数据资源共享等机制方面推动行政机关和司法机构协作共进。

在国际层面,《专利合作条约》《专利法条约》等国际化专利制度迅速发展。如果未来新的国际化制度方案实现,专利制度国际化程度将进一步提高,对各国数字技术的国际竞争力也将产生更深刻的影响。2022年5月,中国加入了《海牙协定》,为外观设计专利权保护提供了新的国际途径,这也是我国继在《专利法》中增加局部外观设计制度之后,又一次拓展数字技术产品和设备的知识产权保护范围。在专利审查的国际合作中,专利审查高速路自2006年美日倡导构建至2023年底已有55个成员[1]。专利审查高速路可以加速专利的海外审查、缩短审查周期、降低审查成本、提高授权率,美日欧三边局合作模式、五国知识产权合作模式、基于检索与审查信息及时共享的新路线、专利申请快速审查渠道等中的部分合作形式已经逐渐被专利审查高速路模式覆盖。此外,国际专利申请和审查还尝试衔接合作,在之前的PCT-PPH之外,中、美、欧、日、韩五局启动了《专利合作条约》协作式检索和审查试点[2]。专利制度的国际合作可以促进专利审查效率和专利审查质量的提升,为数字技术持续创新提供良好的保护机制。

(四)全球化视野下版权制度转型:《马拉喀什条约》及其产业影响

2022年2月5日,世界知识产权组织接受了中国提交关于《关于为盲人、视力障碍者或其他印刷品阅读障碍者获得已出版

---

[1] PPH Network, available at https://www.jpo.go.jp/e/toppage/pph-portal/network.html, last visited on 2023-10-15.

[2] 国家知识产权局:"中美欧日韩五局PCT协作式检索和审查(CS&E)试点将于2018年7月1日启动",载http://www.sipo.gov.cn/zscqgz/1125674.htm,最后访问日期:2022年7月22日。

作品提供便利的马拉喀什条约》（以下简称《马拉喀什条约》）的批准书。《马拉喀什条约》的成员资格向世界知识产权组织成员国和欧洲共同体开放，按照条约第 18 条的规定："本条约应在二十个第十五条所指的有资格的有关方交存批准书或加入书三个月之后生效。"[1]因此，2022 年 5 月 5 日，《马拉喀什条约》对中国正式生效。该条约以《世界人权宣言》和《残疾人权利公约》的人权保障为基本理念，是目前以人权原则为构想的版权国际条约。

在全球范围内，每年数以百万计出版的图书中，仅有不超过 7% 的书籍能够为世界上 2.85 亿视力障碍者所接触，而其中 90% 的人群属于发展中国家的低收入群体[2]。《马拉喀什条约》自 2013 年 6 月 27 日通过以来，一直致力于改善视力障碍或其他印刷品阅读障碍者（persons with visual impairments or with other print disabilities）获得可供阅读的图书文本问题。对此，确定享有版权的例外和限制的主体（受益人）、作品及作品使用的限制与例外、作品的无障碍格式版、被授权实体等成为一国实施《马拉喀什条约》的关键问题。相应制度的完善为出版机构参与无障碍格式版作品的制作和发行提供了保障。

1. 视力障碍或其他印刷品阅读障碍者版权使用的特性

（1）受益人

《马拉喀什条约》对于受益人（beneficiary persons）进行了

---

[1]《关于为盲人、视力障碍者或其他印刷品阅读障碍者 获得已出版作品提供便利的马拉喀什条约》，载 https://www.cdpf.org.cn/ywpd/wq/flfg/gjgywj/afc69b66efc74b5893a42e52bd9bf2ad.htm，最后访问日期：2022 年 3 月 14 日。

[2] 世界知识产权组织："《马拉喀什条约》（2013 年）主要条款和益处"，载 https://www.wipo.int/publications/zh/details.jsp?id=4047，最后访问日期：2022 年 4 月 4 日。

界定,分别是"盲人、因视力或知觉问题导致阅读障碍的人、因其他残疾导致无法正常阅读的人"[1]。对于因视觉、知觉缺陷产生阅读障碍的受益人,条约还声明此类情况"无法改善"并不要求穷尽所有可能的医学诊断和治疗方法。由此可见,在《马拉喀什条约》中,受益人的范围不仅仅局限于"盲人",而是扩大到各种可能情况导致的视力障碍或其他印刷品阅读障碍者。对此,我国2021年实施的《著作权法》在合理使用的部分进行了修改,将之前对于"盲人"的词语表述修改为"阅读障碍者"[2],拓展了我国对于著作权合理使用的覆盖人群,并为我国加入《马拉喀什条约》提前进行了立法准备[3]。

在我国多次的著作权立法之中,加强对于著作权人权利的保护都是重要的议题。我国加入《马拉喀什条约》是在权利人权益和公共利益之间找寻一个新的平衡点。通过《马拉喀什条约》的确认,著作权人将自身拥有的著作财产权无偿提供给受益人,在作者权利和更大范围内的公共利益之间保持公众获得教育和信息的平等权利。

中国盲人协会2019年的数据显示,我国有视力残疾的人群为1731万[4],截至2019年,500多家政府单位完成了信息无

---

[1]《马拉喀什条约》第3条:"受益人为不论有无任何其他残疾的下列人:(一)盲人;(二)有视觉缺陷、知觉障碍或阅读障碍的人,无法改善到基本达到无此类缺陷或障碍者的视觉功能,因而无法以与无缺陷或无障碍者基本相同的程度阅读印刷作品;或者(三)在其他方面因身体残疾而不能持书或翻书,或者不能集中目光或移动目光进行正常阅读的人。"

[2]《著作权法》第24条第1款第12项:"以阅读障碍者能够感知的无障碍方式向其提供已经发表的作品"。

[3] 曹阳:"《马拉喀什条约》的缔结及其影响",载《知识产权》2013年第9期。

[4] 张小乙、老藤:"中国有8500万残疾人,但,他们去哪了?"载https://m.thepaper.cn/baijiahao_15674191,最后访问日期:2022年4月4日。

障碍公共服务平台建设,省、地(市)、县三级公共图书馆共设立盲文及盲文有声读物阅览室1174个[1]。保障视力障碍或其他印刷品阅读障碍者获取信息的权益,既需要法律和政策的支持,也需要加大非障碍格式版作品的制作和投入,关注视力障碍及其他印刷品阅读障碍者的全面发展。对此,受益人范围的确定为《马拉喀什条约》的签订奠定了基础。正是因为考虑到了视力障碍或其他印刷品阅读障碍者在获取作品时受到限制的问题,才引发了关于他们言论自由和传递信息、思想自由的问题。针对此类问题,作品使用的限制与例外及无障碍格式与受益人阅读目标的实现紧密相关。

(2)作品及其使用的限制与例外

根据我国法律规定,作品通常具有四个要素,分别为"文学、艺术和科学领域"、"具有独创性"、"能以一定形式表现"和"智力成果",并在《著作权法》中进行了列举式规定来确认作品的类型。《马拉喀什条约》关于作品(works)的规定与《伯尔尼公约》保持一致,均为文学和艺术作品(literary and artistic works)。《马拉喀什条约》第2条的定义中指出,本条约的作品是《伯尔尼公约》第2条第1款所界定的作品。《伯尔尼公约》的第2条第1款中提到,文学和艺术作品的范围包括文学、科学和艺术领域内的作品,不论这些作品的表达形式[2]。由此可见,《马拉喀什条约》《伯尔尼公约》和我国《著作权法》关于作品涉及的领域具有一致性。《马拉喀什条约》指出,"形式为文

---

[1] 朱永新:"进一步促进盲文书籍的出版和丰富",载《人民日报》2021年7月20日,第7版。

[2] 英文原文为:The expression "literary and artistic works" shall include every production in the literary, scientific and artistic domain, whatever may be the mode or form of its expression.

字、符号和（或）相关图示"的公开的作品[1]，也包括有声读物，通过任何媒介公开之后均可以属于《马拉喀什条约》中可以使用限制与例外的作品。作品所涉及的领域涵盖了教育、研究和文化生活的方方面面，从而为视力障碍或其他印刷品阅读障碍者寻求平等接受信息和思想的自由提供了更为丰富的机会。

《马拉喀什条约》与其他国际条约并没有必然的联系，不会影响成员国依照其他的国际协定承担相应的义务，但是《马拉喀什条约》要求成员国需要在其本国承担作品适用的限制和例外的条约义务。这一义务与《伯尔尼公约》中"三步检验法"所确定的作品合理使用具有相同之处，该内容也被纳入了我国2021年实施的《著作权法》中。具体而言，三步检验法要求："①某些特殊的情况；②不与作品的正常使用相冲突；③不会导致权利人的合法利益受到不合理的侵害。"[2]类似的规定同样可见于《世界知识产权组织版权条约》和《Trips协议》。

对作品使用的限制与例外的规定表明，作品除非以某种无障碍的格式呈现，否则受益人将无法阅读或取得该材料，从这点上可以看到，作品使用的限制与例外和无障碍格式版之间存在紧密的联系。

（3）作品的无障碍格式版

《马拉喀什条约》对于作品的无障碍格式版（accessible

---

〔1〕《马拉喀什条约》第2条第1款中规定："在本条约中：（一）'作品'是指《保护文学和艺术作品伯尔尼公约》第二条第一款所指的文学和艺术作品，形式为文字、符号和（或）相关图示，不论是已出版的作品，还是以其他方式通过任何媒介公开提供的作品"。

〔2〕《著作权法》第24条："在下列情况下使用作品，可以不经著作权人许可，不向其支付报酬，但应当指明作者姓名或者名称、作品名称，并且不得影响该作品的正常使用，也不得不合理地损害著作权人的合法权益……"

format copy)的界定比较宽泛,几乎涵盖了所有格式[1]。对于这些格式的要求是能够让受益人如同无视力障碍或其他印刷品阅读障碍者一样切实可行地使用作品。当然,作品所呈现的无障碍格式版只能为受益人所专享,同时需要尊重著作权中的人身权,保护作品的完整性,不可断章取义,但在尊重著作权中的人身权基础上可以适当包容在无障碍格式版本制作过程中对于作品的修改以满足受益人对于作品的需求。

《马拉喀什条约》各方成员达成协议,政府与非政府组织应在提供作品的无障碍格式方面发挥重要作用,并且应实施关于著作权限制的特定行为以便受益人能切实感受到作品。对此,为视力障碍或其他印刷品阅读障碍者提供教育和信息的来源,行使作品使用的限制和例外,需要由具体的实体来执行,此时被授权实体的确定就显得尤为重要。

(4)被授权实体

被授权实体(authorized entity)在《马拉喀什条约》中被明确规定为需要得到政府的授权或承认,以非营利的方式向受益人提供教育、指导培训、适应性阅读和信息渠道的实体,主要为政府机构或非营利组织[2]。被授权实体需要遵循使用作品的一些限制性条件,例如,需要确定其服务的对象限定为《马

---

[1]《马拉喀什条约》第2条第1款第2项:"'无障碍格式版'是指采用替代方式或形式,让受益人能够使用作品,包括让受益人能够与无视力障碍或其他印刷品阅读障碍者一样切实可行、舒适地使用作品的作品版本。无障碍格式版为受益人专用,必须尊重原作的完整性,但要适当考虑将作品制成替代性无障碍格式所需要的修改和受益人的无障碍需求"。

[2]《马拉喀什条约》第2条第1款第3项:"'被授权实体'是指得到政府授权或承认,以非营利方式向受益人提供教育、指导培训、适应性阅读或信息渠道的实体。被授权实体也包括其主要活动或机构义务之一是向受益人提供相同服务的政府机构或非营利组织。"

拉喀什条约》的受益人。条约中并未明确被授权实体的具体要求，也没有规定某一组织成为被授权实体需要履行的手续或特定程序，但这并不意味着任何组织都可以成为条约上的被授权实体，各个成员国可以在本国的立法层面来创设这种程序。

在我国，目前有网络广播电台[1]或读书 APP（手机应用软件）[2]将文字作品转换成有声读物，以及有相当多的人工智能软件可以自动识别文字从而可以将文字作品转换为有声读物。这些有声读物的提供方究竟能否成为《马拉喀什条约》中的被授权实体，暂时还没有明确规定，但是《马拉喀什条约》要求被授权实体在提供服务时要遵循限制性要求，比如"确定其服务的人为受益人""将无障碍格式版的发行和提供限于受益人和（或）被授权实体"等，这在一定程度上对于目前在商业市场上运行的听书和读书软件来说是一个难题。

2. 《马拉喀什条约》实施对无障碍格式出版的影响因素

《马拉喀什条约》的成员方所达成的共同目的是让全世界视力障碍或其他印刷品阅读障碍者能便捷地获得图书等印刷品，保障每个人参加社会文化生活、分享艺术和科技进步的成果。2021年10月十三届全国人大常委会第三十一次会议决定批准2013年6月28日由中华人民共和国代表在马拉喀什签署的条约，我国关于无障碍格式版的出版和发行有了新的发展

---

[1] 例如：喜马拉雅 FM 和蜻蜓 FM。前者喜马拉雅 FM 是国内领先的音频分享平台，汇集了有声小说、有声书、儿童故事、相声评书、京剧戏曲、段子、广播电台 FM 等数亿条免费声音内容，可以听书、听小说、听故事、听儿歌、听音乐；后者蜻蜓 FM 不仅囊括数千家 FM 广播电台，还涵盖有声小说、儿童故事、相声评书、戏曲、音乐、脱口秀、财经科技、新闻历史人文、健康教育等 30 多类的有声读物或音频节目。

[2] 例如微信读书 APP。

方向。

我国 2021 年实施的《著作权法》规定，以无障碍方式向视力障碍或其他印刷品阅读障碍者提供已经发表的作品，可以不经过著作权人许可，不向其支付报酬，但具体的操作方式还有待进一步明确。我国于 2022 年 5 月 5 日加入《马拉喀什条约》后，被授权实体在遵守条约第 2 条的前提下，可以未经著作权人许可制作已公开作品的无障碍格式版本。

（1）制作成本

根据《马拉喀什条约》的规定，制作和跨境交换无障碍格式版（如盲文、电子文本、音频或大字版图书等）不需要获得版权人授权。目前在我国针对视力障碍或其他印刷品阅读障碍者的无障碍格式版本的图书主要有盲文图书、大字书籍和有声读物。一直以来，这三种无障碍格式的图书出版都有较高的制作成本。盲文图书需要在一般图书审核的基础上增加翻译，将利用视觉阅读的文字转换成盲文。汉字为表意文字，盲文为表音文字，将汉字转换为盲文将使文本的数量大为增加。同时，盲文通过触摸来阅读，相应的纸张和制作要求高于一般的普通图书，从而进一步提高了盲文图书的制作成本。2021 年之前，我国的《著作权法》规定了出版盲文图书的合理使用，但是并未规定大字书籍和有声读物的合理使用，对此，大字书籍和有声读物的出版难度在于著作财产权的获取。另外，大字书籍的受众主要为低视力盲人，由于字体大，纸张的消耗也比一般的普通书籍大，制作成本较高。视力障碍或其他印刷品阅读障碍者在社会工作和生活中已有诸多不便，若缺乏有力的经济支持，他们将无力承担为获取无障碍格式版所需的费用。即便在发达国家，也只有不到 5% 的已经出版发行的印刷品被制作成为无障碍格式版提供给视力障碍或其他印刷品阅读障碍者使用[1]。在无障碍图书联合会的推动下，克罗地亚、拉脱维亚、葡萄牙、西班牙和英国的盲文图书馆藏书都纳入了无障碍图书联合体（Accessible Books Consortium，ABC）的目录，超过了五十万册[2]。阿联酋、韩国和澳大利亚的无障碍图书联合会的信托基金也资助制作了9300种无障碍格式版的教育图书。[3]

在加入《马拉喀什条约》后，由于主张对已出版作品可以无障碍格式的版本发行，作品著作权获取的成本将降低，有利于丰富视力障碍或其他印刷品阅读障碍者获得作品的种类和形式，尤其是有声读物的获取。在人工智能技术的推动下，有声读物的制作成本下降，制作效率提升，增加了对于视力障碍或其他印刷品阅读障碍者的图书供应，对视力障碍或其他印刷品阅读障碍者的教育、工作和生活都将产生积极影响。需要注意的是，数字文件不一定都是无障碍格式版[4]，无障碍格式版有其特殊的格式要求和制作体系，一定程度上对出版业有较高的专业化要求。

（2）流通渠道

在国内层面，主要是确定无障碍格式图书直接到达视力障碍或其他印刷品阅读障碍者的渠道。盲文图书由于其制作过程

---

〔1〕 王迁：论《马拉喀什条约》及对我国著作权立法的影响"，载《法学》2013年第10期。

〔2〕 "无障碍图书联合会：五十万种图书现可供跨境交换"，载 https://www.wipo.int/portal/zh/news/2020/article_0016.html，最后访问日期：2022年4月17日。

〔3〕 WIPO, "Report on the Accessible Books Consortium", available at https://www.wipo.int/meetings/en/doc_details.jsp?doc_id=454315, last visited on 2022-04-10.

〔4〕 王清、徐凡："实施《马拉喀什条约》的域外出版实践与启示"，载《出版发行研究》2020年第3期。

的特殊性和受众群体的特定性,在市场流通中受到一定限制。在市场调控的经济规律下,盲文图书与视力障碍或其他印刷品阅读障碍者之间缺少密切联系的渠道。《马拉喀什条约》在我国生效后,对出版无障碍格式版的读物将起到激励作用,被授权实体同时也被要求制作的无障碍格式读物的发行和提供需要针对条约所规定的受益人。流通渠道的确定一方面保障了出版单位的回报和收益,另一方面也履行了条约的义务。

在国际层面,《马拉喀什条约》规定了无障碍格式版的跨境交换。如果无障碍格式版是根据条约所规定的作品的例外和限制依法制作完成的,则该版本可以由一个被授权实体向缔约的另一国受益人或被授权实体提供。同时,在条约的第6条也规定,只要缔约国的国内法有关于条约允许的主体按照作品的限制和例外来制作无障碍格式版的规定,则该缔约国的国内法也应允许在未经权利人授权的情况下,为受益人的利益进口无障碍格式版。

3. 产业视角下版权规则构建

《马拉喀什条约》在《世界人权宣言》和联合国《残疾人权利公约》的基础上对视力障碍或其他印刷品阅读障碍者提供机会均等接受出版印刷品的规则,在这个过程中,对于版权的保护和尊重仍然不可忽视。我国目前无障碍格式版作品仍未能满足需求,让更多的出版机构参与到无障碍格式版作品的制作和推广,还需要重视相应制度的完善和对于出版业利益的维护。

(1) 明确受益人的身份、信用审核及隐私保护

《马拉喀什条约》规定了受益人的范围,该定义该如何落实到我国的《著作权法》中还有待确定。视力障碍或其他印刷品

阅读障碍者的人群范围究竟如何审核,《马拉喀什条约》并未明确要求必须穷尽所有可能的医学诊断和治疗方法。条约的规定给视力障碍或其他印刷品阅读障碍者保留了尊严,并且要求缔约国在实施著作权的限制和例外时,应保持与其他正常人平等的地位,并保护视力障碍或其他印刷品阅读障碍者的隐私。但这在一定程度上也给出版业提出了挑战,其出版的无障碍格式版,比如有声读物,究竟是只能限于视力障碍或其他印刷品阅读障碍者使用,还是不可避免地会被普通人使用,从而给出版业带来利益上的损失,是一个值得思考的问题。

(2) 界定无障碍格式版的具体形式

《马拉喀什条约》规定给受益人提供无障碍格式版的作品,其范围远远大于我国目前市面上流通的盲文图书。给受益人所提供的无障碍格式版究竟是如何界定的,哪些作品可以未经著作权人许可而改编成无障碍格式都有待明确。并非所有的数字文件都是无障碍格式版,语音阅读软件无法对所有图像等非文字信息做出正确有效的解析,语音交互需要语音识别、语言处理以及文本到语言的转化。其中,文本到语言的转化并非一蹴而就,还存在对无障碍格式版制作的技术要求。《马拉喀什条约》签署后,无障碍数字信息系统(DAISY)集团联合视力障碍者联盟及图书馆等机构和组织进行无障碍格式出版物的技术支持,让出版者使用EPUB3电子出版物制作方式出版和发行无障碍格式出版物。

目前,相当多的网络有声读物和APP都可以提供作品的有声阅读,此类对于作品的利用是否都能纳入《马拉喀什条约》在我国生效后对于作品的限制和例外之中,都有待商榷。如果允许各种无障碍格式版在市场上无序流通,将对正规的出版业严格遵循出版协议制作高成本的无障碍格式的图书和读物形成利益上的挤压,从而出现劣等产品淘汰优质产品的现象。

(3) 界定制作无障碍格式版本的作品范围及著作权人权利保护

由于《马拉喀什条约》确立了著作权的限制和例外,究竟哪些作品可以进入可供制作无障碍格式版的范围,有待在著作权法及相关法律中明确。《新西兰著作权法》对作品进行了明确界定,指出无障碍格式版制作可以涉及已公开发表的文字、戏剧、音乐、艺术作品以及前述作品的节选[1]。明确可以进行著作权限制和例外的作品范围对于出版业的行为指引具有重要意义,还能降低获得相应作品版权的交易成本和侵权风险。《马拉喀什条约》指出,公开的文学和艺术作品都可以纳入考虑范围,可以不经过权利人的许可来制作无障碍格式版。但同时也需要对著作权人的权利给予适当的保护,并对支付了合理费用的出版单位的可期待利益予以维护。之所以出现这个问题,一方面在于受益人范围的合理确定以及无障碍格式版是否仅能传送给视力障碍或其他印刷品阅读障碍者,保障著作权人的合法利益尚无定论;另一方面在于如何确定"被授权主体"以明确出版机构的主体范围仍有待考量。

(4) 被授权实体的合理认定

被授权实体是《马拉喀什条约》中向受益人提供教育、指导培训、适应性阅读或信息渠道的政府机构或非营利实体,条约对其行为做出了四项限定性的要求,但并未明确界定被授权实体的具体范围。被授权实体对于作品的利用行为密切关联着

---

[1] 吴柯苇:"新西兰无障碍格式版本著作权例外制度研究——以《马拉喀什条约》转化立法为中心",载《出版发行研究》2021年第10期。

受益人的利益，同时也对作品的正常使用产生了影响。对此，被授权实体的合理认定需要有明确的实体和程序性的规定。目前，我国符合条约规定的被授权实体是为数不多的盲文图书出版机构和国家审定出版盲用有声读物的音像出版社等。但随着科技的进步和发展，越来越多的网络平台开始提供各类有声读物，人工智能技术的广泛应用也可以十分便利地把有形文字转化为有声读物，此类新技术的出现对传统出版业造成了冲击。为了维护私权和社会公共利益，被授权实体需要进行范围上的限定，以保障作品的限制和例外得到合理利用并维护出版业的创新积极性。

《马拉喀什条约》的实施有助于提高视力障碍或其他印刷品阅读障碍者获取出版物的可能性，通过无障碍格式版作品的适用提高他们受教育的机会，从而使他们拥有平等的机会获得知识和信息，提升个人的职业发展能力并为国家发展做出贡献。良好制度的确立需要著作权法及相应实施规则的配套支持，也需要无障碍格式版的出版机构积极参与。鼓励和支持我国出版业投入无障碍格式版的制作和发行，既要考虑作品的著作权保护，也要考虑对于出版业的收益和回报，才能最终保障视力障碍或其他印刷品阅读障碍者的权益。

（五）商标平行进口的知识产权规制

经济全球化使商品在世界范围内流通，货币汇率的波动以及不同的市场经营策略将使相同商标的商品在不同国家或地区内存在一定程度的价差[1]。国际贸易全球化的发展增加了跨国

---

[1] 参见秦元明、周波："浅析平行进口商标侵权法律问题"，载《人民司法》2020年第26期。

的商业机遇，平行进口（parallel imports）[1]应运而生，最终使得不同国家和地区之间同一商标的商品价格趋于一致。平行进口的商品均为真品，其质量并未因平行进口而受到质疑，平行进口发生的争议主要集中于商标权的利用是否得当。商标权人许可使用注册商标的商品投放在一国或地区市场，他人通过合法途径从该市场获得含有注册商标的商品后，再将该商品投放到其他国家或地区的市场进行销售，进口国对该进口商品的销售市场通常被称为"灰色市场"。[2]在我国自由贸易区的建设和发展进程中，平行进口贸易较为频繁，相应的商标侵权诉讼时有发生。

商标平行进口是否具有合法性，是否能在知识产权法的框架内得到认可，一直有不同的解读。反对平行进口的一方认为，商标权具有地域性[3]，根据我国《商标法》第57条中的规定，"未经商标注册人的许可，在同一种商品上使用与其注册商标相同的商标的"，属于侵犯注册商标专用权的行为。平行进口商品上贴附的商标未经商标权人授权，因此构成商标侵权。支持平行进口的一方认为，平行进口的商品是通过合法渠道获得的，

---

[1] 平行进口，也称为灰色市场进口，是指真正在商标、专利或版权保护下生产的商品，在一个市场流通，然后在未经当地知识产权所有人授权的情况下进口到第二个市场。See Keith E. Maskus, "Parallel Imports in Pharmaceuticals: Implications for Competition and Prices in Developing Countries", available at https://www.wipo.int/export/sites/www/about-ip/en/studies/pdf/ssa_maskus_pi.pdf, last visited on 2023-03-01.

[2] Christopher Heath, "Parallel Imports and International Trade", available at https://www.wipo.int/edocs/mdocs/sme/en/atrip_gva_99/atrip_gva_99_6.pdf, last visited on 2023-07-20.

[3] 商标权的地域性原则（territoriality principle）是指商标权建立在主权国家的法律基础之上。相同的商标在不同的国家获得商标权保护是因为该商标权依据各个主权国家的法律都能得到保护。在商标平行进口中，商标之所以在不同国家存在巨大的保护差异，原因是《巴黎公约》中规定的商标独立原则，即此处的地域性原则。

商标权权利已经穷竭，之后该贴附商标的商品转售或进口都不应受到商标权的阻碍，不能以商标权的地域性干涉合法投入市场商品的自由流通，因此平行进口不构成对商标权的侵犯。长期以来，我国法院在平行进口涉及商标侵权的裁判中观点纷呈，学界对此也存在各种解读[1]，自由贸易区内国际商品交易的繁荣使该问题更为凸显。当前，平行进口的相关研究主要涉及权利穷竭、默示许可、《Trips协议》的回避性规定以及各国根据自身发展的需求在不同门类的知识产权法中采取的不同态度[2]。

1. 商标平行进口涉及的知识产权基本原则

对于平行进口，理论上存在权利穷竭（也称权利用尽）和默示许可两种观点。在我国的司法实践中，商标平行进口判例中更多呈现权利穷竭理念；默示许可的观点则被应用在部分涉及工业产权平行进口的判例中。在不同的理论支持下，商标平行进口得到了不同的解读。

（1）权利穷竭原则下的平行进口

知识产权权利穷竭是指商品通过合法途径上市后，附着于商品的知识产权在权利人在此行使一次后便告穷竭，此后无论商品如何流转，权利人都不能再以知识产权为由主张行使权利[3]，

---

[1] 平行进口的理论无法全面描述，主要有支持和反对两种意见。当前多数学者认为，平行进口的合法性不能一概而论，例如吴汉东、王迁等。平行进口商标侵权主要从两个方面来分析，分别是权利穷竭理论和商标侵权的构成要件。如果认可商标权的国际穷竭，则商标平行进口合法，不涉及商标侵权；反之则商标侵权成立。参见郑成思：《世界贸易组织与贸易有关的知识产权》，中国人民大学出版社1996年版；黄晖：《商标法》，法律出版社2004年版，第172页。

[2] 例如我国《专利法》中明确规定了平行进口，确认了平行进口的合法性，《著作权法》《商标法》等知识产权法中则没有明确规定。

[3] 有学者认为，权利穷竭是协调知识产权与物权之间的冲突的制度安排。参见冯晓青："知识产权的权利穷竭问题研究"，载《北京科技大学学报（社会科学版）》2007年第3期。

也即知识产权权利一次用尽[1]。在具体立法或者司法实践中，知识产权权利穷竭的原则可以分为三种情况：国际穷竭、国内穷竭及区域穷竭[2]；也可分为国内权利用尽、国际权利用尽和混合权利用尽[3]。《巴黎公约》第6条规定了商标的独立性原则，即"同一商标在不同国家所受保护的独立性"，同时指出，"在本联盟一个国家正式注册的商标，与在联盟其他国家注册的商标，包括在原属国注册的商标在内，应认为是相互独立的。"[4]目前，世界上大多数国家都承认商标权在一国范围内穷竭。依据商标权独立原则，商标权在一国范围内穷竭并不必然导致商标权在他国范围内穷竭。

对此，商标权国际穷竭和区域穷竭由各国立法自行确定，在不同国家之间存在差异。我国承认商标权的国内穷竭。商标权国内穷竭理论的依据是，商标权是用来维护权利人权益的，在经过权利人的同意后将其享有商标权的商品合法投入一国市场，那么就意味着权利人认可通过这一行为收回投资，无需再通过商标权影响该商品在一国范围内的自由流通。商标权的国际穷竭进一步肯定了这种做法，含有商标权的商品通过合法途径投入市场，不论该商品进一步在哪个国家继续流通，权利人

---

[1] Christopher Heath,"Legal Concepts of Exhaustion and Parallel Imports", in Christopher Heath ed., *Parallel Imports in Asia*, Kluwer Law International, 2004, p.15.

[2] 参见严桂珍："权利穷尽原则在美国专利产品平行进口领域中的适用及其重大调整"，载《比较法研究》2008年第4期。

[3] 参见吴伟光："商标平行进口问题法律分析"，载《环球法律评论》2006年第3期。

[4]《巴黎公约》第6条："（1）商标的申请和注册条件，在本联盟各国由其本国法律决定。（2）但对本联盟国家的国民在本联盟任何国家提出的商标注册申请，不得以未在原属国申请、注册或续展为理由而予以拒绝，也不得使注册无效。（3）在本联盟一个国家正式注册的商标，与在联盟其他国家注册的商标，包括在原属国注册的商标在内，应认为是相互独立的。"

都不应该以商标权为由继续对该商品进行控制。权利人不应该在享受着经济全球化带来的便利的同时利用商标权分割市场，以谋取高额利润。在欧洲共同体市场范围内可以使用商标权区域穷竭。

在权利穷竭原则下，由于对权利范围存在不同解读，商标平行进口是否涉及商标侵权的问题也存在不同的观点。在对待平行进口的问题上，主张商标权国际穷竭的一方认为，只要不影响商品来源的识别，在商标权人首次同意将商品投入市场后，商标权人已经从中获得应有的收益，无需再对商品的进一步流通进行干涉。而反对商标权国际穷竭的一方则认为，虽然是相同的商标，但是不同国家生产的产品仍然会有差异，且双方都采用相同的商标，如果允许平行进口，将会引起消费者混淆[1]。法构造类型的差异使司法实践在理解特定商标平行进口规制上存在不同的价值取舍，在商标平行进口权利是否用尽的法律意义和法律阐释上也存在不同的逻辑脉络。

(2) 默示许可原则下的平行进口

知识产权默示许可属于民事法律行为范畴，由此决定了意思表示理论对知识产权默示许可制度的支持。[2]我国《民法典》第140条确认了默示方式的意思表示，把"沉默"可以作为意思表示的情况限定在"法律规定、当事人约定或者符合当事人之间的交易习惯"之中[3]。在平行进口中，将默示许可纳入民事法律行为，并从意思表示的角度寻找平行进口合法性的

---

[1] 参见马旭霞："平行进口中商标'混淆可能性'的判定：欧盟的经验及对中国的启示"，载《政法论坛》2019年第2期。

[2] 参见浩然、王国柱："意思表示理论对知识产权默示许可制度的支撑"，载《国家检察官学院学报》2013年第5期。

[3] 《民法典》第140条："行为人可以明示或者默示作出意思表示。沉默只有在有法律规定、当事人约定或者符合当事人之间的交易习惯时，才可以视为意思表示。"

五、数字时代的国际知识产权保护与协同创新制度

理论基础,可以得到以下结论:商品通过合法渠道售出后,除有相反的意思表示,则贴附商标的商品再次流转不再受到商标权人的约束,或认为已经获得商标权人的默示许可。

默示许可在知识产权领域的研究并未形成统一的认识,以默示意思表示确认的民事法律行为多见于标准必要专利[1]及著作权网络授权[2]等问题,将默示许可引入商标平行进口需要考虑"沉默"的意思表示是否存在扩大适用的情况。过分强调"沉默"所构成的意思表示,会模糊"默示许可"与"未经许可"两者之间的边界,让默示许可的合法性受到质疑。在商标平行进口中引入默示许可制度,不仅肯定了"沉默"的意思表示,更重要的是将默示许可制度确认为商标侵权抗辩的理由,在一定程度上是对商标权的权利限制。对此,司法实践中较为谨慎采用默示许可制度来解决知识产权纠纷,当知识产权载体的购买者根据合理期待原则行使该载体上承载的知识产权时,其使用行为可视为经过权利人的默示许可。[3]虽然"沉默"的意思表示在《民法典》中得到了确认,但对权利的限制并非可以任意实行。从默示许可的民法渊源分析,涉及权利限制时,"沉默"只能是权利人对自己权利的限制,不能涉及第三方。

在平行进口中,由于商标权的地域性,商标权在不同的国家可能分属于不同的权利人,即使一国商标权人经默示许可同意贴附商标的商品再次流转,也不必然意味着另一国商标权人

---

[1] 参见袁波:"标准必要专利禁令救济立法之反思与完善",载《上海财经大学学报》2018年第3期。

[2] 参见吕炳斌:"网络时代的版权默示许可制度——两起Google案的分析",载《电子知识产权》2009年第7期。

[3] 参见北京市第一中级人民法院(2011)一中民终字第5969号民事判决书。

的权利不受侵犯。在默示许可原则下，商品平行进口中仅涉及一国商标权人针对含有注册商标的商品在流转过程中对自身商标权进行限制，而无法涉及在该商品进入另一国市场时，对该国相同商标的商标权人进行限制。在我国的司法实践中，目前尚未有将默示许可的原则适用于商标平行进口的裁判理论分析。

2. 司法裁判中对商标平行进口基本原则的适用及反思

目前，我国《商标法》和《反不正当竞争法》对平行进口均没有明确规定，我国的司法判例均是在现行法律框架下依据我国《商标法》和《反不正当竞争法》的立法目的，根据商标侵权的构成要件，秉承民法领域意思自治的基本理念，根据个案进行判断、裁决的，存在"侵权"和"不侵权"两种结果。由此可见，平行进口仍未打破商标权地域性的原则。

对于是否直接将权利穷竭原则适用于商标平行进口的司法裁判，实践中存在不同的做法。一方面，司法实践中将平行进口是否受到法律制裁与商标权用尽原则的适用相关联[1]；另一方面，也存在判决认为我国《商标法》及司法解释并未明确权利用尽的原则，该原则仅存在于学理分析层面，不宜直接引用该原则来进行案件的裁判[2]。尽管如此，法院也在裁判中明确

---

[1] 北京市东城区人民法院（2015）东民（知）初字第03450号民事判决书。该审理法院认为，商标权用尽原则对于平行进口仍然适用。但是如果平行进口的商品与商标权人在进口国销售的同种商品存在实质性差别，则为了保护消费者的利益和知情权，平行进口商应在销售该商品时将该差别予以注明并告知消费者。

[2] 广州知识产权法院（2019）粤73民终6944号民事判决书。该案的判决观点为，《Trips协议》在涉及平行进口问题的第6条"权利用尽"中规定："就本协议项下的争端解决而言，在遵守第2条和第4条规定的前提下，本协议的任何规定不得用于处理知识产权的权利用尽问题。"这实际上是将权利用尽问题留给各成员国国内法解决。因此，在我国《商标法》及司法解释并未明确采纳"权利用尽"原则，该原则亦未成为该领域通行学术观点的情况下，不宜直接引用该原则作为论据，论证裁判理由。

了认定商标平行进口需要明确的条件，即从出口国购买的产品必须是该产品的商标权人自己或被许可人合法售出的。如果进口的产品不是该产品的商标权人自己或被许可人合法售出的，则不仅进口行为本身可能构成侵犯商标权，该产品随后在进口国一系列的销售和使用行为都有可能构成侵犯商标权。同时，司法判决中也多次对平行进口进行界定。例如：平行进口一般是指未经相关知识产权权利人授权的进口商，将由权利人自己或经其同意在其他国家或地区投放市场的产品，向知识产权人或独占被许可人所在国或地区的进口；[1]或平行进口一般是指他人从本国以外的地域进口与本国商标权利人为同一主体或存在利益上的关联关系的主体所生产的商品，进而在本国市场予以销售的商业模式，即平行进口的侧重点在于本国的商标权人与本国以外地域商品的生产者为同一主体或存在关联关系。[2]这些界定有利于商标平行进口案件逐渐实现同案同判，在法理基础上趋于一致。

商标法的立法目的涉及商标专用权的保护，商标管理，保证商品和服务质量，维护商标信誉，保障消费者和生产、经营者的利益和促进社会主义市场经济的发展等诸多方面。商标权保护逻辑的核心在于商标功能的维护，主要体现为识别商品及服务的来源、保障商品及服务的品质、承载商业信誉等功能。在市场经济活动中，商标以使用为中心，通过商标传递商品信息，凭借商标产生的心理效应吸引消费者[3]。在此基础上，商标成为推介商品的广告，衍生出推广销售和广告宣传的功能。

---

[1] 浙江省杭州市中级人民法院（2016）浙01民终7197号民事判决书。
[2] 北京市高级人民法院（2021）京民再80号民事判决书。
[3] 参见彭学龙："商标法基本范畴的心理学分析"，载《法学研究》2008年第2期。

商标平行进口的正当性判断应立足于平行进口是否对商标的功能造成了破坏。

(六) 商标平行进口的多维检视及因应之策

1. 国内外制度层面的检视

（1）国内制度

当前，国内没有市场经济范围内的平行进口专门立法。在市场竞争中的各方考虑到自身利益的受损情况，会从自身能掌握的权利中选择知识产权来维护市场利益。对于商标权人而言，商标权的地域性是优先考虑的因素。此时，权利人提出平行进口商标侵权的诉讼，敦促停止商标平行进口或者赔偿损失，都是在社会经济发展的压力下对司法权的行使。法律通常强调其实现社会资源分配和维护社会正常运作的作用，与此同时，司法还具有能动性和对社会经济发展的回应性。但是法律和经济、立法和司法之间仍然存在边界，因此，经济发展和经济秩序成为商标平行进口理论中需要权衡的核心法益。法院一旦受理案件并做出裁判，在某种程度上就意味着裁判的性质是市场经济对于平行进口态度的指向。

我国的《商标法》规定，在相同或类似商品上使用相同或近似的商标均属于侵犯注册商标专用权的行为，且未规定有例外情况。平行进口的商品由于与进口国商品在商标上具有一致性，依据我国现行《商标法》和商标权地域性原则，其属于未经商标权利人的许可，在同一种商品上使用与其注册商标相同的商标的情况，应被认定为侵权。由此可见，我国在商标法上暂不直接承认平行进口。此外，对商标平行进口持谨慎态度还有更为深层的考虑。一方面，平行进口对一国经济发展有积极意义。比如，在精密仪器、特种金属、特殊材料、集成电路芯片和汽车等领域，平行进口有利于平衡国内市场的需求和供给。如果平行进口受阻，精密仪器、特种金属、特殊材料、集成电路芯片和汽车商品的商标权人就可以利用商标权的地域性进行市场的分割，在不同的国家和地区区别对待，收取高额利润，对国内产业和经济发展产生不利影响。另一方面，平行进口对一国经济发展有消极意义，这在日常生活消费品领域有所体现。平行进口的商品大多数来自越南、柬埔寨等国家，低价的平行进口商品将挤压本国日常生活消费品产业的发展。如果允许商标平行进口，很可能会激发本国基础产业市场的矛盾，对部分中小企业和地方产业发展不利。

从长远来看，平行进口将使同一商标的商品在全球范围内形成较为均衡的价格，对消费者有利。这也就是明明在一国之内具有某种商标商品的售卖，而消费者仍然愿意"海淘"和"国外代购"的原因之一。但对于生产商和销售者而言，情况却并非如此。一些国家在遭遇金融危机或本国经济发展遇到困难时，为了提高出口商品的竞争力，采取货币贬值的方式，使得某些跨国企业同一商标的商品在这些国家的价格下降，即使加上运输成本和进口关税，这些商品的价格仍然低于另一国相同商标的商品。此外，只要国与国之间存在政策和经营环境的差别，资本就能找寻到商机。大量商品以平行进口的方式进入另一国，会对该国相同商标商品的制造者和独占许可的经销商形成市场冲击，从而导致该国相同商标商品的制造者和独占许可的经销商的亏损和倒闭。在严重的情况下，还会影响到相关产业及商业领域的就业问题。

在商标平行进口的问题上，我国《商标法》虽然没有明确的例外规定，但在我国目前的自由贸易试验区建设中，商标平行进口在某种程度上是被允许的[1]。自 2014 年 10 月以来，商务部会同相关部门在我国部分地区开展平行进口汽车的试点，至今已有近十年。在自由贸易试验区开展汽车平行进口试点，是推进汽车领域供给侧结构性改革，加快汽车流通体制创新发展，激发汽车市场活力的重要举措[2]。深圳市为了激发市场活力，于 2022 年发布了关于开展汽车平行进口试点企业动态调整的通知[3]，以提升企业参与汽车平行进口试点的积极性。商标平行进口在市场中具有现实的合理性，需要运用法律解释来阐明商标法规范的意义及效力范围，换言之，就是适切陈述商标侵权规范的内容及其有效适用，而这主要取决于法律解释的目标。该目标通常有立法的意图或规范性的法律意义，以满足切实的社会需求和社会秩序的构建。在致力于实现对商标权人、消费者和社会公众的利益平衡的基础上，商标法立法目的在于保护商标专用权，维护公平的市场竞争秩序，促进经济发展。

(2) 国际规则层面

平行进口涉及不同的国家和地区，也涉及许多素未谋面或难以谋面的行为人，从《巴黎公约》到《Trips 协议》对如何在各方之间达成合意均未能给出直接的答复，其复杂程度可见一斑。行为人之间无法通过设立合同的方式而只能通过矫正正义的方式来调整的法律事项可以通过侵权责任来解决。平行进口

---

[1] 参见马治国、张楠："中国自贸区知识产权保护研究"，载《科技与法律》2018 年第 6 期。

[2] 《商务部 工业和信息化部 公安部 环境保护部 交通运输部 海关总署 国家质量监督检验检疫总局 国家认证认可监督管理委员会关于促进汽车平行进口试点的若干意见》，载 http://www.mofcom.gov.cn/zfxxgk/article/gkml/202104/20210403056120.shtml，最后访问日期：2023 年 3 月 2 日。

[3] "深圳开展汽车平行进口试点企业动态调整"，载 http://sztb.mofcom.gov.cn/article/shangwxw/202209/20220903351489.shtml，最后访问日期：2023 年 3 月 1 日。

商标侵权各方的诉求指向为经济利益，这也给问题的解决带来了思考的方向。因此，可以在国际层面构建合作框架，由各国国内进行立法，并从司法的角度予以解读。

《巴黎公约》为了形成有利于保护知识产权的国际环境，构建了国民待遇原则和优先权制度，同时也明确规定了商标权的独立性。根据《巴黎公约》中规定的商标权独立原则，一种否定平行进口的结论诞生了，理由是相同的商标在不同的国家获得的商标权是各自独立的，在一国国内商标权权利穷竭并不会必然导致在另一国相同商标的商标权权利穷竭。其实，《巴黎公约》规定的商标权独立的原则是针对商标权的取得、维持和保护而言的。《巴黎公约》的各个成员国的商标权彼此独立是签订《巴黎公约》之前已经存在的事实，并非因《巴黎公约》的生效而产生。商标权独立原则并没有排除商标权人在一国的商标使用行为对于他在另一国使用相同商标产生影响的可能性。对此，在是否承认商标权国际穷竭并允许平行进口这个问题上，需要考虑的是平行进口商品销售是否在进口国的法律上不侵犯商标权。销售国的法律规定商标权权利穷竭，则该商品在以合法途径售出后，商标权相对于售出的商品而言已经用尽。进口国如果采取商标权国际穷竭的原则，则平行进口的商品销售行为在进口国的商标权效力相对于售出的商品而言也已被用尽。尽管两国的结论一致，但是两国的结论在法律上没有关联，是两国在各自主权国家的法律下独立做出的决定。

世界贸易组织主导下的《Trips 协议》将知识产权和国际贸易紧密联系起来，并大幅度提高了知识产权的保护水平。知识产权保护水平的提高暗含一种风险，即知识产权保护力度越强，对拥有更多知识产权的行为人和以知识产权驱动贸易发展的强国更有利，而对于知识产权发展薄弱的国家和地区可能会形成知识产权的压制，从而带来负面影响。在此情况下，知识产权可能成为一种新的贸易壁垒。对此，一部分国家认为[1]，采用知识产权国际穷竭可以减少知识产权给自由贸易带来的阻碍，但这种观点也遭到了一些国家的反对。在《Trips 协议》制定过程中，知识产权权利穷竭成为争议的焦点之一，最终各方在条约中达成一个折中的解决方案，即"就本协议项下的争端解决而言，在遵守第 2 条和第 4 条规定的前提下，本协议的任何规定不得用于处理知识产权的权利用尽问题。"[2]该条款在《Trips 协议》中的确立不仅反映了各个成员方对待知识产权国际穷竭的态度，也表明了知识产权国际穷竭在国际贸易中的重要性。相比于《巴黎公约》，《Trips 协议》各方认为，回避知识产权国际穷竭原则成立与否并不能缓解矛盾，还应该在条约中明确规定排除条款来避免今后在国际贸易过程中利用《Trips 协议》中的其他条款做相互矛盾的法律解释[3]。在《Trips 协议》签订之后，世界贸易组织将不再对知识产权权利用尽的问题进行调解，知识产权国际穷竭原则完全由各个成员方在国内立法

---

〔1〕 包含发展中国家和发达国家。许多发展中国家由于自身知识产权发展的局限性，希望能通过知识产权国际穷竭来规避知识产权贸易壁垒所形成的风险。部分发达国家，比如德国、挪威、芬兰等支持采用知识产权国际穷竭的原则，而美国、加拿大、澳大利亚等发达国家则反对知识产权国际穷竭原则。See Vincent Chiappetta, "The Desirability of Agreeing to Disagree: The WTO, Trips, International IPR Exhaustion and a Few Other Things", *Michigan Journal of International Law*, Vol. 21, 3（2000）.

〔2〕《Trips 协议》（2017 年 1 月 23 日修订）第 6 条为解决本协议项下的争议，根据第 3 条和第 4 条的规定，本协议中的任何内容均不得用于解决知识产权的用尽问题。

〔3〕 Rajnish Kumar Rai, "Parallel Imports and Unparallel Laws: Does the WTO Need to Harmonize the Parallel Import Law?" *Journal of World Trade*, Vol. 46, 3（2012）, pp. 657-694.

中自行决定。其后,《Trips 与公共健康多哈宣言》(以下简称《多哈宣言》)[1]对该规定再次进行强调,"在《Trips 协议》第 3 条、第 4 条规定的最惠国待遇和国民待遇原则的前提下,《Trips 协议》中有关知识产权权利穷竭的规定应当使各成员不受阻碍地建立其知识产权权利用尽的法规"。[2]《多哈宣言》进一步明确了世界贸易组织在知识产权国际穷竭原则上的中立立场,同时也将平行进口中涉及的知识产权侵权问题留给各个成员国自行立法判定。

各国在自行决定对待商标平行进口态度的基础上,仍然会考虑商标功能的实现和市场秩序的维护。美国海关在对待平行进口的问题时尊重商标的指示识别功能,在不会引起混淆的情况下允许商标商品的平行进口。平行进口商品和经商标权利人许可进口的商品之间如果存在实质差异,则平行进口商需要在其商品上进行明确标注,将平行进口商品自行区分开来[3]。此法避免了商标权人利用商标分割市场,有助于维护国际贸易和国内自由竞争的市场态势。该做法从原则上允许平行进口,但商品存在实质性差别时,权利人可以要求平行进口方明示差别,从而对平行进口货物进行一定的制约,以维护权利人的合法权益。

---

[1] 2001 年 11 月 14 日通过的《多哈宣言》。

[2] 《多哈宣言》第 5 条 d 款:《Trips 协议》中与知识产权用尽有关的条款的效果是,使每个成员国都可以自由地建立自己的知识产权用尽制度、不受质疑,但须遵守第 3 条和第 4 条的最惠国待遇和国民待遇规定。

[3] "Trademark Owner's Guide to Parallel Imports in the United States: Working with U. S. Customs and Border Protection to Prevent Importation of Gray Market Goods", available at https://www.inta.org/wp-content/uploads/public-files/advocacy/committee-reports/INTA-Trademark-Owners-Guide-to-Parallel-Imports-in-the-United-States.pdf, last visited on 2023-06-21.

对于许多跨国企业而言，在全球范围内针对同一商品使用同一商标，是期望在同一品牌下保持同样的质量，而事实上，不同国家的生产环境不同，产业政策、生产资源、人工和机器制造水平都存在差异，同一商标下的产品将存在差异。从全球范围来看，国际尚未形成统一的市场，不同国家对于同一品牌的商品不能保持一种恒定的质量，在平行进口的情况下，有可能导致消费者的混淆和误认。商标除了指示和识别功能，还有一项功能是承载商誉。需要注意的是，同一商标在不同国家所承载的商誉是存在差别的。虽然商誉依附商标存在，但仍可以在某种程度上形成外溢于商标权的独立商誉，因此对于商标的维护更注重于商标所能传递的商品质量、商业文化、商业信用和商业宣传价值等信息。即使同一商标的权利人在国内外均为同一人，但在不同国家和地区，同一商标所代表的商业含义也存在差异。承认商标平行进口的合法性将使平行进口的商品享有持同样商标商品的商誉，平行进口商不用投入资本即可享有该国商家所营造的此类商标的商誉。在商标的功能从指示识别向承载商誉转化之时，允许商标平行进口会导致商标商誉的淡化。

2. 商标平行进口市场逻辑的检视

既有的研究成果多数从法解释论阐述商标平行进口，却鲜有从经济及市场层面展开讨论的。商标平行进口理论的完善不仅需要明确商标权的保护程度，还需明晰商标权保护的市场经济意义。对此，商标平行进口的经济内核在于平行进口的市场利益分配机制。

从全球范围来看，平行进口满足了商品的消费者及以商品作为原材料的产业的需求。但在这个过程中，在同一商标下的商品收益分配发生变化,商标法的规定意向及其针对商标平行进口这一具体行为的规范想法需要重新考虑。

假设,在商标平行进口中,A 为平行进口一方,B 为本国(即进口国)商标权人,该 A 和 B 可以为自然人、法人或其他组织。市场总需求为 T,市场总收益为 R,R_A 为平行进口方销售贴附某一具体商标商品在进口国的市场收益,R_B 为本国商标权人在本国(即进口国)的市场收益。系数 k 为市场份额调整幅度,$0<k<1$。P 为商品价格,C 为贴附某一具体商标商品的消耗成本。

表 10

主体	市场收益	平行进口后市场需求	价格	成本
平行进口方 A	R_A	kT	P_A	C_A
本国商标权人 B	R_B	$(1-k)T$	P_B	C_B

在某一时段,市场总收益为 R,R 为 R_A 和 R_B 的总和,则平行进口方的收益 R_A 和本国商标权人的收益 R_B 分别为:

$$R_A = kTP_A - C_A, \quad 0<k<1 \tag{1}$$

$$R_B = (1-k)TP_B - C_B, \quad 0<k<1 \tag{2}$$

在平行进口开始之后,平行进口方的成本 C_A 下降,由此导致平行进口方在销售商品时价格 P_A 下降。对于相同商标的商品而言,P_A 下降将造成平行进口方市场份额的上升,k 的比重加大。正常情况下一国市场对某一商标商品的需求变动缓慢且不易被察觉,对此,假设在短期内一国市场对某一商品总的需求量 T 为固定值,当平行进口方在本国市场的需求量上升时,商标权人在本国的市场需求量将减少。结合(1)和(2)可以分析得出，k 值上升，$1-k$ 的数值下降，商标权人在本国的市场份额减少。由此可以看出平行进口对于市场利益分配的影响。

而在某一时间段内，商标权人在商品成本 C_B 和商品价格 P_B 上保持不变，平行进口会导致其商品在市场中的占有量下降，商标权人在本国市场的收益 R_B 下降。正常情况下一国市场对某一商标的商品需求变动缓慢且不易被察觉，则在某一时间段相同商标的商品的市场总收益 R 为固定值，根据 R 为 R_A 和 R_B 的总和可以得出，R_A 会上升。结合（1）可以分析出，在 R_A 上升的过程中，k 值上升，P_A 和 C_A 下降。对此，为了挽回原有的市场份额，甚至超过原有的市场份额并在市场竞争中取得优势地位，本国商标权人将降低 C_B，从而降低 P_B，以期获得市场的青睐。这也是平行进口带来的影响。在本国市场上，不论是平行进口商品还是非平行进口的商品，相同商标的商品价格下降会趋于一致。本国商标权人利用商标权的地域性进行市场区分并从中获得不同利润的方式受到冲击，不同国家和地区的市场会因平行进口的存在而消除地域性的价格差。本国商标权人在平行进口之前所获得的利润被减损，同时，在平行进口冲击市场的过程中，本国商标权人需要考虑降本提效的合适方式，采用更符合市场需求的管理手段和更能提高生产效率的新科技来降低 C_B，从而降低 P_B，这从一定程度上也激励了创新。对此，平行进口对全球市场整体形成的是创新促进效应，但利益会在平行进口方和本国商标权人之间分割和调整。

平行进口可以降低销售成本，提升经营利润，是自由竞争下市场经济发展的必然规律的体现。平行进口对进口国的商标权人原有的市场销售份额造成了冲击，重新分割了市场利润，从某种程度而言，商标权人或者被许可人为开拓市场所付出的成本未能得到预期的利益，还有可能因平行进口而受到利润损失。在侵权法上，一种应受到保护的利益并不能成为该利益受损时获得民事救济的全部构成要件。市场经济环境中，竞争自由应是常态。竞争自由意味着竞争对手彼此尊重对方自由竞争的权利，秉承诚实信用和商业道德进行商业机会和市场份额的争取是自由竞争的表现形式，具有正当性。对于相同商标的商品而言，同一交易机会在竞争秩序下是非此即彼的结果，竞争双方一方获得收益而另一方则失去此次交易机会，但这并不意味着该行为本身具有可责性。利益受损方如果希望获得商标法上的民事救济，就需要证明竞争对手具有损害商标功能的行为。当竞争对手在争夺市场份额获取利润的过程中存在违背诚实信用原则，违反商标法的禁止性规定，通过不正当手段攫取他人合法可预期的利益的行为时，其才具备商标法上的可责性。

3. 商标平行进口的因应之策

商标平行进口的现实纷争和理论探讨之间存在脉络关联，解决如何对待商标平行进口的合法性问题需要从"实现商标的功能""符合市场的需求""平衡权利人和社会公众的利益"三个方面考虑。

（1）商标功能

我国商标法不仅保护商标专用权，还有维护商标识别来源、保障品质及承载商誉等功能，防止消费者对商品及服务的来源产生混淆，同时也需要考虑对商标权人和社会公共利益的均衡保护。商标平行进口存在商标权人在进行商品全球战略时带来的差异性影响，比如不同地区相同商标的商品存在地区文化、生活习惯等带来的产品差异化以及平行进口商品难以在国内获得完整的售后服务等，如果消费者存在商品体验性的需求，则平行进口无法及时满足，而这会导致消费者对于商标的信赖利益受损。对此，笔者建议对平行进口商品进行标识，明示该商品为平行进口的方式进入国内市场，从而避免消费者的混淆误认，同时从商品来源的正当性和商标核心要素的一致性来衡量平行进口对商标功能带来的影响，并从公共利益的角度消除这种影响。

权利穷竭或是默示许可在商标平行进口理论中均占有一席之地，学理研究或司法裁判基于这些理论产生了诸多大相径庭的结果。当然，即使持权利穷竭观点的学者也不反对商标权的地域性，承认知识产权默示许可为民事法律行为的学者也会审慎对待商标权的权利限制，只是在司法实践中需要通过法律规定的侵权要件来判断平行进口行为的违法性。事实上，商标平行进口理论的完善往往需要合适的法律依据及根据法秩序及立法意图所进行的法律解释。对此，应对商标平行进口需要回归商标法的立法目的，确认商标的基本功能，维护自由竞争的市场秩序。

解决商标平行进口的问题需要通过商标法维护商标的功能，同时兼顾社会公共利益的实现。商标的基本功能在于其识别性，从区分商品和服务的来源这一功能的角度可以看出，商标保护的目的既在于保护商标权人的法益，维护商标权人的商业信息和身份识别，也在于保护消费者和社会公众的利益，提升消费者准确识别商品的可能性，降低社会公众参与市场交易的搜寻成本和混淆偏差。

（2）市场需求

商标平行进口理论的复杂性决定了平行进口中商标侵权行为是一种经济社会发展中不可避免的存在，也决定了其不可能由商标法给出唯一的解决方案。对于因平行进口受到影响的商标权人、相关公众或是平行进口一方的法益,都需要依赖其他的制度构建,在使社会福利最大化的同时尽最大可能避免权利人及相关公众风险的现实化。

回归商标法的立法本意,秉承民法谦抑自治的基本理念,在理性的市场经济环境中,法律不应过多干涉市场竞争,而应维护市场规律的正常运行。因此,法律应根据产业发展的需要对商标平行进口进行合理规制,避免阻碍正常的商品流通,促进社会主义市场经济的发展。

社会主义市场经济发展的需求是商标平行进口能否获得合法性地位的关键性因素。中国积极参与经济全球化,加强国际合作和国际贸易,平行进口虽然会对国内部分实力较弱的产业造成压力,但是能激发国内市场的经济活力,促进市场的良性竞争,打破部分企业依靠商标权对进口、销售渠道实施的垄断控制,能对市场的供求关系进行调整,避免高额垄断利润,提升本国市场的国际竞争力。对于维护自由竞争的市场秩序,商标权的司法保护不应过度干涉,而应秉承"司法审慎介入意思自治领域"的民事司法理念,充分尊重市场主体的意志自由,为多元化的竞争发展保留合理的空间,在公序良俗的基础上以有利于市场资源配置、保护商标权和激励创新的方式来建立商标平行进口的制度,在维护商标功能的基础上对商标权进行适当限制。

(3)法益衡量

平行进口方、商标权人、消费者和社会公众的利益之间需要进行合理的调整,一旦有冲突发生,为了重建法律平和的状态和市场良好的秩序,需要一种权利向另一种权利让步,或者多种权利都需要让步。在法律层面上，平行进口涉及在相同商品上使用相同商标的侵权行为的形式规定、商标功能受损的判定、商标权在何种程度上可以适用权利穷竭或默示许可等问题。平行进口商标侵权在商标法上并未得到明确规定，平行进口商标侵权未必能够全然成立。在经济层面上，受市场竞争、利益平衡或更为深层次的文化因素等影响，平行进口有其存在的现实基础及合理性。某种程度上，平行进口商标侵权诉讼成为一种市场竞争的方式。平行进口在商标侵权领域的纷争纠结了各方的诉求和矛盾，其利益关系错综复杂，在司法裁判过程中，需要根据具体情况赋予各种法益不同的权重，从而进行权利或法益的衡量，以"法益衡量"来解决平行进口商标侵权的理论问题。

对此，制度建构可以着重于平衡国内权利人与平行进口方之间的利益，在法益均衡的基础上认可商标权国际穷竭，以商标平行进口多元法律制度激励创新。对于在我国获得的商标权而言，商标权人或者被许可人在我国境外销售贴附其商标的商品后，购买者通过合法途径购买并将该商品进口到我国境内，之后在我国境内销售该商品不构成侵犯商标权的行为。此外，还应基于商标立法的商标权保护逻辑对商标权人、商标被许可人、消费者和社会主义市场经济需求的价值平衡对商标平行进口进行重释和构建。在此规则的限定之下，在平行进口过程中，我国境内和我国境外贴附相同商标的商品均为同一商标权人或被许可人，才成立商标权的国际穷竭。如果在平行进口过程中，我国境内和我国境外贴附相同商标的商品均不为同一商标权人或被许可人，则不成立商标权的国际穷竭。相比较于不论我国境内和我国境外贴附相同商标的商品是否为同一商标权人或被许可人，购买者通过合法途径购买并将该商品进口到我国境内均成立商标权的国际穷竭这一绝对性权利穷竭方式，此处构建的商标权国际穷竭原则具有相对性。这一方面可以避免商标权人利用商标权的地域性进行市场分割，获取高额利润；另一方面也可以给本国的市场竞争带来活力，激励创新。

六、国际知识产权保护制度与协同创新文化的发展策略

2022年《世界知识产权指标》(World Intellectual Property Indicators, WIPI)表明,知识产权的申请量仍持续增长,而该增长主要是由亚洲的申请量推动的。2021年,世界各地的创新者提交了340万件专利申请,同比增长3.6%,亚洲各主管局受理的申请量占全世界总申请量的67.6%[1]。其中,中国(+5.5%)、韩国(+2.5%)和印度(+5.5%)等国家在2021年的专利申请量增长强劲,有力推动了全球专利申请量的增长,并使亚洲申请量所占份额超过了全球专利申请量的三分之二。美国(-1.2%)、日本(-1.7%)和德国(-3.9%)等国家的专利申请量在2021年有所下降[2]。

《"十四五"北京国际科技创新中心建设战略行动计划》中明确提出支持北京培育建设国家实验室,参与重组国家重点实验室体系,牵头建设京津冀国家技术创新中心,贯彻党的十九届五中全会精神,探索建立"顶层目标牵引、重大任务带动、

---

[1] WIPO, "Worldwide IP Filings Reached New All-Time Highs in 2021, Asia Drives Growth", available at https://www.wipo.int/pressroom/en/articles/2022/article_0013.html, last visited on 2022-11-28.

[2] 同上。

六、国际知识产权保护制度与协同创新文化的发展策略

基础能力支撑"的科技组织模式,在前沿领域培育一批世界一流新型研发机构[1]。知识产权保护是该战略行动计划得以顺利实施的保障。同时,丝绸之路经济带和 21 世纪海上丝绸之路的美好愿景将历史和现实联系起来,并将中国推入国际协作的创新大环境中。在"一带一路"倡议启动后,中国将与亚欧沿线国家开展基础设施、能源、跨境光缆、新兴产业的合作。在国际协作的过程中,了解并掌握协作国家的知识产权保护水平并探究我国的应对之策是当下所亟需的。国际协作视阈中知识产权保护路径的研究有助于科技合作和科技创新的开展,符合创新驱动发展的时代需求。

(一)国际知识产权保护水平的趋势

在国内,历经改革开放和中国企业的海外发展,学术界对于知识产权国际协调保护的研究一直都存在广泛的争议。有研究观点表明知识产权保护水平过高,可能会限制中国企业在海外的发展[2];也有研究观点认为海外知识产权保护力度不够,以至于发生商标假冒[3]、专利侵权得不到及时救济[4]等情况,影响中国企业的投资信心和力度[5]。面对知识产权保护的

---

[1] 刘诗瑶:"北京努力走出国际科技创新中心建设新路子",载《人民日报》2021 年 1 月 21 日,第 16 版。

[2] 朱颖:"美国知识产权保护制度的发展——以自由贸易协定为拓展知识产权保护的手段",载《知识产权》2006 年第 5 期。

[3] 严永和:"我国反假冒制度的创新与传统名号的知识产权保护",载《法商研究》2015 年第 2 期。

[4] 张红辉、周一行:"'走出去'背景下企业知识产权海外维权援助问题研究",载《知识产权》2013 年第 1 期。

[5] 张建邦:"国际投资条约知识产权保护制度的现代转型研究",载《中国法学》2013 年第 4 期。

国际环境，中国谋求低水平的知识产权保护并不现实[1]，但是主张与发达国家一致的知识产权保护水平也不是明智之选。研究从《Trips协议》、相关国家知识产权行政保护制度和中国现状等几个方面论证了我国在整体上实施知识产权行政保护特色制度的必要性[2]。在研究方法上，学者将政策文献量化研究引入政策分析领域[3]，进行客观、可重现、可验证的知识产权保护政策的分析。此外，我国有些学者对于知识产权保护水平的分析会从利益分配的角度展开论述，认为知识产权保护是一个利益平衡的机制[4]。

在国外，学者们从许多不同的角度展开了关于知识产权保护的研究。全球化的发展影响到政策与法律的制定[5]，在国际化的发展中知识产权保护的重要性日益凸显[6]。一部分学者认为，当前由《Trips协议》确立的国际知识产权保护最低标准是国际社会应该达到的水平，其平衡发展能进一步激励创新[7]；另一部分学者认为，《Trips协议》所确立的知识产权保护水平对

---

[1] 郑成思："中国知识产权保护现状与定位问题"，载《今日中国论坛》2005年第Z1期。

[2] 邓建志："中国知识产权行政保护特色制度的发展趋势研究"，载《中国软科学》2008年第6期。

[3] 黄萃、任弢、张剑："政策文献量化研究：公共政策研究的新方向"，载《公共管理学报》2015年第2期。

[4] 冯晓青："知识产权法的价值构造：知识产权法利益平衡机制研究"，载《中国法学》2007年第1期。

[5] [英] 威廉·退宁著，钱向阳译：《全球化与法律理论》，中国大百科全书出版社2009年版，第5—13页。

[6] Srividya Jandhyala, "International and Domestic Dynamics of Intellectual Property Protection", *Journal of World Business*, Vol. 50, 2 (2015), pp. 284-293.

[7] Peter M. Gerhart, "The Tragedy of TRIPS", *Law, Economics, Political Science*, 2007, pp. 143-184.

于当前国际社会的发展需求仍存在许多不合适的成分[1]。有一种观点认为，保持较高的知识产权保护水平对发展中国家是有利的[2]，可以采取《反假冒贸易协议》（ACTA）、《跨太平洋伙伴关系协议》（TPP）等合作形式，在世界知识产权组织和《Trips 协议》之外建立新的知识产权国际保护体系，以进一步加强知识产权执法，将知识产权保护推向更高水平。但有部分学者对于推行过高的知识产权保护水平表示了担忧[3]，更有观点提出知识产权保护水平的高低之争可能引起国家之间的外交冲突[4]。

总结国内外学者的现有研究可以看出，国外学者对知识产权保护相关的研究内容探讨范围比较广泛，其中已经有研究涉及了中亚等"一带一路"沿线国家；国内学者对知识产权保护制度的了解相对全面。国内外学者近几年来展开对于国际知识产权协调保护的研究，在一定程度上说明国际科技创新的环境客观上带来了技术投资、贸易与知识产权政策的矛盾，而解决矛盾的焦点越来越集中到国际协作中知识产权保护对于创新能力关系的考察，并试图据此制定出合理的知识产权法律规则和科技政策。

---

[1] Patricia L. Judd, "The TRIPS Balloon Effect", *International Law and Politics*, Vol. 46, 2 (2014), pp. 471-540.

[2] Ken Shadlen, "Intellectual Property, Trade and Development: Can Foes Be Friends?" *Global Governance*, Vol. 13, 2 (2007), pp. 171-177.

[3] Peter K. Yu, "Three Questions That Will Make You Rethink the U. S. -China Intellectual Property Debate", *John Marshall Review of Intellectual Property Law*, Vol. 7, 3 (2008), pp. 412-432.

[4] Aaron Shaw, "The Problem with the Anti-Counterfeiting Trade Agreement (and What to Do About It)", available at http://www.kestudies.org/the-problem-with-the-anti-counterfeiting-trade-agreement-and-what-to-do-about-it/, last visited on 2020-09-10.

(二) 适应数字技术发展的专利保护规则创新

当前,数字技术已经成为国家经济发展的重要力量和国际社会竞争的焦点,世界主要的科技大国纷纷通过顶层设计和制度变革确立本国数字技术发展的重要地位。数字技术既是我国经济转型增长的新动力,也是我国技术创新的主要路径,其发展重构了国民社会的各个方面,并进一步推动了专利法律制度的变革。数字技术保护是专利审查制度改革的重要环节,在互联网、大数据、电子商务、区块链和人工智能等方面,数字技术催生了基于新模式和新业态的专利申请。与传统技术相比,数字技术的专利保护具有独特性,这些独特性亟需在专利制度框架内予以分辨及确认。

1. 数字技术领域专利申请审查的特征分析

数字技术对于信息技术及其系统产生了直接的影响,不仅体现在物理的硬件系统上,还体现在网络连接、平台建设和网络操作等方面。互联网技术的应用让服务体系的共享和通用成为现实,并为数字产品和服务提供可扩展的空间和操作体系。新一代的互联网技术与产品、服务的高度融合超出了传统经济流通的边界,持续产生的数字化产品和数字化服务依托互联网技术可以进行无国界的互动交流,产生基于新的技术方案的专利申请。大数据是数字技术发展的必要条件,也是数字创新的首要因素。大数据产业的发展推动了电子信息技术的突飞猛进,也促进了智能产品的迭代升级。大数据与行业发展相结合,使传统行业的生产范式和商业模式发生了变化,衍生出关于新业态的技术方案的专利申请,并对专利制度的法律支持产生新的期待。电子商务则推动了市场经营主体向新零售商业模式的转型。商业模式是一种人的智力活动的规则与方法,在数字技术的推动下，商业模式不再是抽象的规则，而是一个个具体的技术方案。它通过数字技术对供应链、物流和销售进行全面覆盖，由智能设备进行需求识别和作业，减少人工并提升了工作效率，创造了新的零售服务商业模式。此外，在大数据发展的基础上，机器学习和人工智能在各行各业均得到广泛的应用。人工智能在算法的基础上深入洞察用户行为，并基于行为进行大数据的挖掘和精准决策，加速探索问题解决方案。目前，在算法的基础上进行权利要求陈述的发明专利申请越来越多，而这类申请的审查也具有一定的特殊性。数字技术带来创新发展的同时也产生了诸多问题，比如数字产品传播过程中的知识产权保护、信息安全和个人隐私保护等。对此，数字技术中区块链技术的应用弥补了这些不足，它通过加密、不可篡改的分布式传播方式进行信息交换，为数据的流通提供了新的具有可溯及性的技术支持。专利制度为此类技术方案提供保护需要明晰智力活动规则和技术特征之间的区别。综上所述，数字技术为一项可授予专利权的发明应是技术方案这一专利授权的基本要求带来审查上的难度。专利审查需要判断的是数字技术专利申请内容是否为具有创造性的技术方案，并探寻相应的技术问题和技术效果。

产品创新模式下的数字技术专利申请的主题通常为专利法意义上的发明。这类专利申请都有较为明确的技术特征，因此在审查过程中应着重于创造性的判断。在我国目前的审查中常用"三步检验法"：判断最接近的现有技术、判断审查的技术方案与最接近的现有技术之间的区别技术特征、该区别技术特征是否具有显而易见性。在审查过程中还需要明确的是，申请的技术方案所做出的贡献必须是技术性的。而随着数字技术的发展，创造性有极大的可能会存在于非技术领域，专利制度是否应对特定的创造性提供具有延展性的判断标准是值得深入探讨的问题，尤其是针对模式创新的数字技术专利申请。

第一类专利申请审查案中通常会存在网络通信设备，这种技术性的基础框架使权利要求具有技术特征。但是，整个权利要求书通过对方法的描述展示了数字技术对商业理念或管理模式的推广。技术解决方案用于解决技术问题，而商业理念或管理模式并不解决任何技术问题，但是这些商业理念或管理模式不得不被纳入解决技术问题的技术方案中，在某种程度上正是通过技术方案对商业理念或管理模式进行的推广。对此，该技术方案属于专利法上被认可的客体，可能存在的问题是创造性的判断只能基于技术内容，而不能基于商业理念或管理模式。如果仅存在商业理念或管理模式的创新，则技术方案会因缺乏创造性而不能被授予专利权。

第二类专利申请审查案是数字数据内容的应用和保护。这类审查案强调，数字数据内容的保护是通过数字技术来实现的，比如区块链技术。数字数据内容的应用和保护涉及法律、商业模式和技术操作等方面内容。由于有区块链技术的加入，这类的审查案会呈现出明确的方法技术方案特征，但如何通过数字技术来产生一种使用或许可数据内容的方式是一类商业方法。如果整个技术方案是在展示一种受保护的数字内容或管理数据的方式，而在由技术特征构成的技术内容上没有非显而易见性，则该技术方案将会面临缺乏创造性而不能授权的风险。

第三类专利申请审查案是计算机网络通信系统的技术方案。在计算机通信系统领域的审查案中，当权利要求不再是单纯的展示商业理念或管理模式的自动实现时，数据交换至少需要通过不同的通信设备并获得内存技术功能的支持，同时具有控制移动终端的功能。如果相应的技术特征的组合产生了协作式的技术效果，克服了技术性的障碍，具有非显而易见性，则该技术方案可以避免受到创造性的质疑。

2. 数字技术领域专利审查方式的创新调整

数字技术包括信息、计算机、通信及具有连接性的各类技术，具体包括大数据、人工智能、模拟仿真、网络技术及安全、区块链和存储技术等，目前被广泛应用于网络平台构建、远距离移动通信、数据分析等产品、方法和服务中，包括软件和硬件两大类。技术组织过程和产品的数字化程度的提升，对理解数字产品创新和数字模式创新提出了新的挑战，其中最为明显的就是涉及计算机领域的发明专利审查。这类申请一般包含算法或商业规则和方法等，具有一定的智力活动的规则与方法的特征，在专利审查的环节需要针对其特殊性做出新的调整。

专利审查可以重点集中在确定技术问题后的解决方案的可专利性判定上。对此，笔者建议专利审查主要在以下几个方面进行适应性调整：其一，对于技术特征和非技术特征相结合的发明专利申请，采取从整体判断的方案，尤其要对权利要求中区别特征部分进行全面考量，从整体方案上考虑技术问题和技术效果，对技术手段中的各个特征综合评价，而不是孤立看待每一个单独的特征。其二，对于集中于数字技术领域的计算机相关审查，要区分其他计算机程序和计算机程序本身，审查提交的发明专利申请是否为计算机处理流程。如果其是程序、数据及文本与硬件相结合构成的技术方案，则可以受到专利法的保护。其三，在涉及商业模式的专利申请中，根据权利要求与现有技术的区别技术特征来明确技术问题，在审查过程中将技术特征、技术问题和技术效果结合看待，共同判断其是否可以成为受专利法保护的技术方案。其四,在数字产品创新和数字模式创新融合最为突出的算法领域,人工智能的运用使机器具有学习能力,在机器自动化的状态下形成的专利申请方案能否被授予专利权仍需进行专利理论构建,同时专利审查仍需集中关注技术方案本身,从计算机系统内部性能来考虑算法与计算机是否存在具体技术关联以及软件与硬件的结合关系。

3. 数字技术领域专利授权制度的修改完善

为了应对数字技术专利审查的特点、激励创新、以前沿科技更好地推动国家和地区的经济发展和社会进步,各国都在改进专利制度,推动专利审查国际协作的发展,以全新的制度激励和保护新技术成果的研发和运用,尤其是涉及人工智能、互联网、大数据和区块链等领域的发明专利申请。

欧洲专利局在2022年3月开始适用新的《欧洲专利审查指南》[1],同时开展了欧洲专利局和韩国知识产权局之间关于计算机技术领域专利审查规则的对比研究[2],为信息通信领域的专利保护开拓新思路和新方法。美国专利政策和审查规则根植于联邦宪法,并紧跟创新发展的需求。2021年,美国专利商标局对外观设计审查规则进行了修订[3],以适应数字设计(digital

---

[1] "Guidelines for Examination in the European Patent Office", March 2021 edition, available at https://www.epo.org/law-practice/legal-texts/guidelines.html, last visited on 2024-04-30.

[2] "Comparative Study on Computer-Implemented Inventions/Software-Related Inventions", available at https://documents.epo.org/projects/babylon/eponot.nsf/0/E1845 285B1DD9C53C125879F00374910/$File/comparative_study_on_computer_implemented_inventions_software_related_inventions_EPO_KIPO_en.pdf, last visited on 2022-11-11.

[3] "Digital and New Technology Designs", available at https://www.uspto.gov/ip-policy/patent-policy/digital-and-new-technology-designs, last visited on 2022-09-11.

design)的发展需求。日本内阁府知识产权战略本部在其《2021年知识产权促进计划》中明确提出"数据使用作为21世纪最重要的知识产权,要推动其生态环境的维护"以及"符合数字时代的内容策略"为知识产权战略中七项优先事项中的两项[1];日本专利局在其2021年年度报告专利申请和授权情况中重点提到给人类生活方式带来重大变化的数字技术,这些技术涉及情感型机器人、与人类互动的人工智能学习系统及无人配送型机器人等。[2]

专利审查的制度基准主要在于《专利法》第25条关于智力活动的规则和方法的判定、《专利法》第2条对于技术方案的审定以及对于包含算法特征或商业规则和方法特征的发明专利申请的新颖性和创造性的审查尺度。中国国家知识产权局在2020年初对我国专利审查的相应规则进行了修改,在《专利审查指南》第二部分第九章增加了第六节,提出对权利要求所限定的技术方案进行分门别类的判断,强调将技术特征与算法特征或商业规则和方法特征全面看待,将权利要求书的全部内容作为整体进行可专利性的判断,从而为我国数字技术的发明创造提供更全面的法律保护。

4. 数字技术与专利制度的协同发展

在数字创新的导向下,数字技术与专利制度相互影响、协同演进,呈现出紧密的相关性。其一,数字技术的创新导向推动了专利制度的变革。以互联网、大数据、电子商务、人工智

---

[1] "标准必要专利的战略获取和利用:审阅日本《2021年知识产权促进计划》",载 http://ipr.mofcom.gov.cn/article/gjxw/gbhj/yzqt/rb/202107/1963745.html,最后访问日期:2022年7月30日。

[2] "特许行政年次报告书2021年版",载 https://www.jpo.go.jp/resources/report/nenji/2021/index.html,最后访问日期:2022年10月19日。

能和区块链等为代表的数字技术提出了多元化的技术方案，拓展了创新的边界，形成了数字产品创新和数字模式创新两大类型。其二，专利制度的变革激励和保护数字技术的持续创新。欧洲专利局、美国专利商标局和日本专利局等主要的知识产权部门为适应数字技术发展对专利审查制度进行了相应的调整，中国国家知识产权局在参与国际合作的基础上，结合中国国情，针对性地修改了《专利审查指南》以适应数字技术的发展与创新。其三，数字技术与专利制度存在共生演进的制度关联。数字技术的强创造性和弱边界性突破了传统专利制度框架。在激励和保护的目的之下，专利审查制度从国际和国内两个视角对专利授权率和专利质量进行优化。

根据上述结论可知，数字技术与专利制度变革之间存在相关性，两者相互影响、相互作用。完善这种相互关系需以创新为导向，从专利制度构建出发，提升专利审查效率和审查质量，通过国际和国内两个环境进行资源的配置，激励高质量的数字技术申请案，让专利制度演变服务于技术创新。对此，政策建议如下：

第一，改进专利授权标准以适应数字技术发展，提升中国知识产权保护的核心竞争力。数字创新的方式日新月异，专利授权标准作为被动的制度需要及时进行调整。未来的数字技术可能在中国经济发展中呈现出自身的特点，对应到中国的专利制度中需要及时得到体现，为中国数字创新提供知识产权的制度支持。

第二，协调国际和国内的专利审查资源，以专利审查提升数字产业绩效。数字技术的强创造性和弱边界性拓展了创新的深度和广度，数字产品创新和数字模式创新可以提升企业的国际竞争能力并提升产业绩效。对此，中国在积极参与知识产权全球治理过程中，应合理配置专利审查资源，优化审查质量，从而提升专利质量，促进数字产业的发展。

（三）知识产权国际协作水平对我国的潜在影响

从国际范围来看，有的国家和地区知识产权保护较为完备，有的国家和地区的知识产权制度尚在起步阶段。以"一带一路"沿线国家为例，知识产权在这些国家和地区的分布呈现以下层次：层一，对于经历战乱和政局动荡的国家而言，比如巴勒斯坦，本国的基础制度建设举步维艰，难以顾及知识产权的保护。而在多数农业国家，比如柬埔寨、越南、泰国等，政府并不关注知识产权的制度建设，本国的知识产权法律缺失或没有实效，尤其是在专利法领域。由于知识产权并未得到重视，知识产权人才也没有相应的培养机制，公众的知识产权意识淡薄。在这些国家，知识产权相关法律是根据经济贸易的需要而附带的相关规定，国内的法律制度主要集中在商标领域，而对外的知识产权规定则集中在与之有贸易往来的国家的双边协定中。这些国家知识产权国际合作的渠道尚未能有效发挥作用，国外相关技术难以在当地获得知识产权的授权和保护。层二，对于一部分发展中的大国而言，比如马来西亚、土耳其、印度等，国家比较重视知识产权在国家创新发展中的作用，提出知识产权强国战略，并且根据本国自身的资源特点制定了相关知识产权法律，比如遗传资源的保护等。同时，这些国家在高校和科研机构中开始培养知识产权相关人才，注重知识产权的国际合作与交流，希望通过对外的学习和借鉴提高自身的知识产权能力。这些国家努力开拓各种适当的知识产权国际合作方式，以促进本国的技术走向世界。层三，对于一部分主要依靠对外贸易发展的国家而言，比如沙特阿拉伯、以色列等，国家大力支持知识产权国际合作，并根据本国的国情及需要参加了较为广泛的知识产权国际协作条约，是众多知识产权国际组织的成员，在知识产权转让、输入和输出上都有较为良好的路径和渠道。同时，这些国家注重知识产权人才的培养，知识产权保护在国家有良好的智力支持，知识产权国际合作的方式广泛。

由此可见，"一带一路"沿线国家的知识产权发展并不均衡。国际知识产权规则历来是国内知识产权制度发展和完善的重要依据，无论是在中国还是"一带一路"沿线国家，无论是在发达国家还是发展中国家，无论是对于国际组织还是民间组织，无论是对于私人机构还是公共部门，知识产权制度都正在成为一种重要的基本法律制度。知识产权已经成为关系国家发展、国际贸易和国际合作的重要问题。由于经济和社会发展的不平衡，知识产权保护的尺度和标准在不同国家之间协调的难度加大，有关知识产权的争议也时有发生，推动知识产权的国际协调保护既要履行相关国际条约义务也要符合本国国情。

中国是《巴黎公约》和《专利合作条约》的成员国，在专利审查国际协作中，中国与多国达成了专利审查高速路的协议[1]，实现了双边网络中的审查信息共享，使申请人的跨国申请能得到优先处理。由于首次申请局的检索或审查意见被后续申请局借鉴和参考，申请人答复审查意见通知书的次数减少，提高了审查结果的可预见性。中国科学院某研究所的一件专利申请通过中日专利审查高速路途径不到一个月就获得了授权[2]。专利

---

[1] 国家知识产权局专利审查高速路专栏，载 https://www.cnipa.gov.cn/col/col46/index.html，最后访问日期：2022年11月29日。
[2] 贺延芳："搭建国际合作共享通道，加快专利审批速度——中日正式启动专利审查高速路试点"，载《中国知识产权报》2011年11月4日，第4版。

审查国际协作能够帮助中国的专利申请人加速在国外的申请，节约专利申请的时间和经济成本，有助于中国企业开拓海外市场，加快全球的专利布局。开展"一带一路"建设时，"一带一路"沿线国家的知识产权国际协作水平将对"一带一路"倡议的持续发展产生影响。

"一带一路"沿线国家的知识产权发展并不均衡。对于以农业发展为主的国家而言，其并不重视专利等知识产权在本国的制度建立和保护，多数国家没有加入《专利合作条约》等条约。而一些发展中的大国比较注重本国知识产权制度体系的建立，积极参与国际协作。基于这样的困境，中国在这些国家面临技术投资和转移的时候，就缺乏有效的知识产权合作渠道。

"一带一路"沿线国家因知识产权制度的缺陷所导致的知识产权保护的挑战愈发突出，主要表现在以下几个方面：

第一，技术合作项目缺乏有效的知识产权保护。"一带一路"的合作重点涉及基础设施建设、能源设施互联互通合作、推进开展重大科技攻关等，缺乏有效的知识产权国际合作将使技术缺乏有力的保护，专利审查速度慢，专利申请难以获得授权，容易导致智力劳动成果流失，引发合作纠纷且难以得到妥善解决。

第二，国内的商标，包括一些驰名商标在"一带一路"沿线国家遭恶意抢注。"一带一路"沿线国家知识产权制度本已存在不完善的问题，再缺乏有效的知识产权国际合作，一些驰名商标很有可能将被恶意抢注，导致国内持该商标的商品入驻"一带一路"沿线国家时，反遭知识产权的侵权指控。

第三，一国生产的侵犯知识产权的产品可能大规模进入"一带一路"沿线国家。缺乏有效的知识产权国际合作，侵权商品可以毫无障碍地进入"一带一路"沿线国家,从而对合法商品的进入形成阻碍,并对商品的品质和声誉造成不良影响。

第四,"一带一路"沿线国家的知识产权制度差异性大。"一带一路"贯穿亚欧非大陆,处于东亚经济圈和欧洲经济圈之间的凹陷带,在法律上融合了大陆法系和英美法系,种族、语言、文化在各国之间存在较大差异,制度理念也各不相同。随着技术兴起的知识产权制度在各国的法律中虽然都有或多或少的体现,但并没有在较大范围上达成一致。在不同知识产权水平和不同法律文化的国家之中进行技术投资,如缺乏有效的知识产权国际合作机制,则单个国家的协调难度大,投资成本高。

第五,"一带一路"沿线国家参与的知识产权国际合作少,其中有部分国家是美欧在亚洲展开区域经济合作的成员(中亚区域经济合作、阿富汗区域经济合作会议等),签订了相关的知识产权协议,可以享有在美欧之间技术贸易与投资的便利。"一带一路"倡议的推进势必引发在"一带一路"区域知识产权竞争的加剧。当前,欧盟、美国、俄罗斯等国家和地区的企业都加强了对"一带一路"沿线国家,尤其是中亚国家的知识产权布局,以知识产权保护机制确保本国在中亚国家的利益,后续发展的企业则知识产权风险增大。

知识产权国际协作的加强有利于我国企业开拓海外市场,但一枚硬币有两面,这一制度同样有利于外国企业开拓中国市场。在合作体系下,将有越来越多的外国专利申请指定中国,在中国形成专利布局。强有力的专利攻击态势将对我国的创新产生更多限制,给我国企业的市场竞争带来压力。丝绸之路经济带和21世纪海上丝绸之路将中国古代与亚非欧国家和地区的互通有无与当今中国与这些国家和地区的友好经贸往来结合起

六、国际知识产权保护制度与协同创新文化的发展策略

来,并赋予其国家战略的时代意义。

创新文化建设是一项系统工程,其坚持共商、共建、共享原则,积极推进沿线国家发展战略的相互对接。在推进建设过程中,我国面临着不同的知识产权制度和文化。在拓宽贸易领域、加快投资便利化进程、推动新兴产业合作、优化产业链分工布局、加强科技合作等方面,知识产权的规则构建和战略布局起着至关重要的作用。如果不能有效地解决知识产权保护问题,将影响到创新文化的整体建设。

对于不同的知识产权发展境况,需要因地制宜制定相关的知识产权策略,以促进和鼓励国际社会的技术投资和贸易,其思考的着力点是在法律文化差异性和科技发展的不均衡性上求同存异,通过协调和对话加强相互的理解与合作。发达国家之间在推进国际知识产权立法与执法水平问题上的战略合谋,发达国家与发展中国家之间在知识产权保护问题上的利益冲突,以及发展中国家自身在寻求符合本国经济发展路径问题上的知识产权的政策选择,已彰显出一国知识产权战略在解决国际与国内问题上的双重意义[1]。在复杂的国际形势下,"一带一路"中的知识产权问题需要我国积极应对,与沿线国家共同参与构建"一带一路"国际合作的知识产权规则,并进行前瞻性的知识产权战略布局。

第一,在合作共赢的基础上,帮助沿线国家和地区构建并完善知识产权制度,通过共同对知识产权制度的设定和调整,使制度展示出更适合"一带一路"沿线国家建设所需要的功能和作用。从某种意义上说,我国为沿线国家知识产权制度的建

---

[1] 吴汉东:"知识产权战略实施的国际环境与中国场景——纪念中国加入世界贸易组织及《知识产权协议》10周年",载《法学》2012年第2期。

设提供力所能及的帮助既符合我国在"一带一路"中的自身定位，对于我国在"一带一路"建设中的发展具有积极意义，也提升了沿线国家的知识产权制度建设，促进该国的科技进步与发展。

第二，优化配置知识产权资源，支持我国企业在"一带一路"中的知识产权海外战略及其实施。在设施联通、贸易畅通和资金融通等方面，我国企业在海外进行了大量的投资。我国的科技能否在较高水平上实现跨越式发展，关键在于知识产权政策能否引导国内科技产业界采取正确的知识产权战略，充分利用海外的市场和机会。在"一带一路"倡议的实施过程中，应鼓励企业投身于"一带一路"沿线国家的发展，这样既有利于"一带一路"沿线各国的经济技术进步，也有利于我国企业自身的成长。

第三，推动知识产权战略布局，引领知识产权国际协作机制建设。《巴黎公约》、《专利合作条约》、专利审查高速路等知识产权国际协作条约使技术在全球能够更加快速地获得法律保护，从而进一步促进了技术在世界范围内的转化、交易和投资。我国的知识产权制度目前更多集中于本国范围内的知识产权审查、授权和保护，需要进一步考虑到国际合作的趋势，为我国的科技创新提供良好的组织安排和制度保障，为我国科技的全球战略布局提供先机，并从制度设计的层面上把握知识产权国际协作的发展，在构建"一带一路"知识产权国际秩序中发挥应有的积极作用。

第四，加强"一带一路"知识产权人才培养，实现合作共赢的发展之路。在知识产权人才培养机制所形成的良性互动之下，可以拓宽我国与"一带一路"沿线各国相互的知识产权投资领域，进一步深入开展技术合作，加大知识产权的实施和利用,共同提升科技创新能力。知识产权的交互投资和利用所形成的"一带一路"知识产权人才共同体将惠及"一带一路"的成员各方,有助于"一带一路"区域经济的安全和发展。

国际区域性的知识产权保护是国际知识产权保护制度中具有研究价值的重要环节。"一带一路"倡议综合了历史和现实的因素,兼顾了国际环境和国内发展的双重需求,是以和平、发展、合作、共赢为主题的系统工程,是研究国际区域性知识产权保护问题的重点。在"一带一路"的海外投资中,知识产权保护是容易被忽略但迫切需要重视的一个环节。伴随"一带一路"倡议的推进,将有越来越多的中国企业走向"一带一路"的沿线国家,开拓合作领域,共建合作项目。重视对知识产权的保护有利于合作中知识产权的归属和分配,避免矛盾和纠纷,促进"一带一路"发展的顺利推进。参与国际区域性合作的各方均需要预先树立知识产权保护意识,加强知识产权的保护力度,并进行前瞻性的知识产权战略设计。

1. 协同创新文化建设中知识产权保护的构思

第一,形成良好的合作和沟通机制。政府应加强与各国创新主体的知识产权合作,双边合作能使签约国家的知识产权问题得到更为集中的处理。国家各个部委之间可以研究科创中心建设的知识产权合作和保护的议题,制定相关的合作备忘录。知识产权的合作备忘录能使双方国家的知识产权制度得到协调和统一化,在未来的全球专利一体化建设中减少彼此合作的摩擦,尤其是在知识产权保护、技术投资监管和知识产权执法等行政法律方面。比如,在技术贸易的纠纷中,通过双边协议规定争端解决机制,允许协议双方就违反合作模式的行政作为或不作为,例如知识产权保护不力、技术投资监管不严或知识产权执法不到位等行政行为，以双方约定的方式得出具有法律约束力的裁决。

第二，承认法律多元体系下的知识产权制度的协调。推动合作国加入知识产权国际协作的相关公约，形成良好的知识产权输入和输出的协调途径，其表现之一是构建并参与知识产权相关的国际公约。可以预见，如果仅仅依靠一国本身的途径来进行专利的申请和审查，容易发生途径缺乏或不同国家法律制度的差异使外国申请人望而却步的问题。因此在这种情况下，参与知识产权国际条约或协议，将国际法、国际惯例或国际公约的某些要求融入其本国的法律体系中，能够在程序或实体上减少本国法律与国际社会普遍接受的法律制度之间的差异，促进国家和地区间的知识产权法律合作。知识产权国际协作的相关公约为技术资源的配置提供了国际法的途径和保障，推动实现知识产权政策协调，为开展重大科技合作、共同提升科技创新能力提供了保障。

2. 协同创新文化建设中知识产权保护预警方向

对于科技创新中心的经济以及知识产权现状，国家可以引导企业提前做好知识产权战略部署，建立健全知识产权海外维权机制。北京在全国科技创新中心的建设中，围绕科技相关产业进行布局，其中重要的一部分就是知识产权的投资和利用。

首先，政府为我国的企业提供海外国家的知识产权信息。政府可以在固定的时间发布海外国家的知识产权保护状况供中国企业参考，如投资国的知识产权侵权诉讼的成本、商标申请在投资国有何便捷方式、专利授权在投资国有何加速审查的途径等，让我国企业在"走出去"之前能充分掌握参与合作国的知识产权状况，提前做好相关的知识产权战略部署。

其次,我国企业的知识产权服务人才匮乏,一般只有大型的企业才会专门配备知识产权服务部门,因此,政府可以多举办实用性强的知识产权国际论坛,让企业了解法律制度与知识产权的互动与关联,推动企业充分学习和利用知识产权法律法规,了解知识产权海外战略的运用和实施、专利的检索和分析、知识产权诉讼应对策略等,培养具有国际化视野的知识产权人才,提供环境和平台,鼓励相关协会、商会发挥桥梁的作用,为加强国际经贸往来赢得先机,为企业在海外技术创新的市场中赢得竞争优势。

最后,建立健全科技创新中心知识产权海外维权的机制,依托高校等科研机构的研究实力,成立科技创新知识产权研究中心,形成针对欧洲、北美等国家和地区的知识产权研究团队,为政府提供宏观和微观的政策建议,为企业提供知识产权海外战略的支持。同时,可以设立技术转让知识产权维权的律师团队,设立知识产权海外维权基金,为知识产权保护提供智力和资金支持,提高企业的知识产权保护水平。

发达国家之间在推进国际知识产权立法与执法水平问题上的战略合谋,发达国家与发展中国家之间在知识产权保护问题上的利益冲突,以及发展中国家自身在寻求符合本国经济发展路径问题上的知识产权的政策选择,已彰显出一国知识产权战略在解决国际与国内问题上的双重意义。[1]在复杂的国际形势下,国际合作中的知识产权问题需要国家积极应对,并进行前瞻性的知识产权发展规划。

---

[1] 吴汉东:"知识产权战略实施的国际环境与中国场景——纪念中国加入世界贸易组织及《知识产权协议》10周年",载《法学》2012年第2期。

(四) 知识产权协同创新的维度

协同创新在技术与市场的连接方面需要知识产权发挥作用。科学技术的权利确认和转移在知识产权的制度体系中可以良好地运作。知识产权法维护良好的秩序，为市场的侵权行为提供救济；同时，反垄断与保护知识产权相辅相成，在维护市场竞争秩序和激励创新上有共同的目标[1]。知识产权制度的存在，使得技术与市场的联系更为顺畅，有利于实现创新。

1. 匹配技术创新的政策与法律

知识产权协作是通过政府在知识产权国际合作领域的积极参与，充分发挥自身的国际话语权，结合国际趋势，集中于国内的知识产权保护，考虑国际合作环境下知识产权制度的制定和执行，为技术创新提供更高更大的平台。近年来，我国与海外国家的知识产权创新政策和法律制度相互影响的程度加大，政策与法律作为知识产权协同创新外在的保护维度，需要在科技进步与发展中不断调整。

中国国家知识产权局在 2020 年初对我国专利审查的相应规则进行了调整[2]，在《专利审查指南》第二部分第九章增加了第六节，根据权利要求所限定的技术方案进行分门别类的判断，强调不割裂技术特征与算法特征或商业规则和方法特征，将权利要求书的全部内容作为整体进行可专利性的判断，从而为我国人工智能、"互联网+"、大数据和区块链等发明专利提供更全面的法律保护。专利审查的制度基准主要在于《专利法》

---

[1] 王先林："反垄断法与创新发展——兼论反垄断与保护知识产权的协调发展"，载《法学》2016 年第 12 期。
[2] 《国家知识产权局关于修改〈专利审查指南〉的决定》，载 http://www.gov.cn/zhengce/zhengceku/2019-12/31/content_5465485.htm，最后访问日期：2022 年 6 月 13 日。

第 25 条关于智力活动的规则和方法的判定、第 2 条对于技术方案的审定以及对于包含算法特征或商业规则和方法特征的发明专利申请的新颖性和创造性的审查尺度。

专利审查规则的调整适应了当前数字技术的需求，为数字技术领域的发明创造寻求专利保护提供了发展的契机，也为 2020 年到 2021 年数字技术专利申请的大幅增长提供了助力。同时，该调整更进一步地规范了数字技术领域专利授权的审查制度，提升了专利审查质量。正因为 2020 年我国《专利审查指南》关于数字技术相关专利审查规则的修正，此类技术方案的申请有了更为明确的审查标准，保障了专利审查质量，所以 2021 年数字技术领域的专利授权量才有所下降，进一步优化了数字技术的专利质量。专利审查规则的调整一方面维持了专利授权的基本原则，强调了专利的技术性；另一方面为新技术的知识产权保护提供了与时俱进的解决方案。

结合目前已有的政策、法律及创新环境，根据中国企业在海外国家进行知识产权合作的需求，政策与法律的导向性和服务性有助于在当前知识产权协作机制框架内实施激励创新的制度安排，有助于创新主体实施推进知识产权海外布局和促进科技创新的策略。

2. 知识产权协同创新的内部资源与外部要素

在知识产权协同创新过程中，将研发项目向潜在的合作国家有过程、有目标地公开，有利于寻求合作伙伴，同时也能对市场可能的反馈有一定的了解。同时，在此过程中，技术创意有着输入和输出的双方反馈，能够激发内部创新资源的活力，同时能够吸收外部创新要素，对于合作方都存在激励作用。各合作方通过整合内部资源，加快创新速度，提高创新效率，最终都能够形成自身具有核心知识产权价值的优势竞争力。

以专利审查国际协作为例。由于专利权具有地域性，专利审查由各国根据本国专利法律进行。根据一国或地区的知识产权法律体系取得的相应权利，原则上只在一国或地区的法域范围内生效，并不能延及其他国家和地区。专利权的地域性是由主权国家的性质决定的，一般情况下，一国不会承认根据他国法律所取得的专利权，也不承认在本国范围内外国专利法的适用。对此，在承认各国专利法独立的前提下，各国在专利审查过程中达成合作，能有效避免重复审查带来的资源浪费。

世界各国一直都在努力协同建设专利审查国际协作制度。2000年6月，在日内瓦召开的外交会议上通过了《专利法条约》[1]，该条约从程序角度来协调各国的专利制度。《专利法条约》减轻了申请人在提出国际专利申请时的形式负担，减少了申请人的相关费用，但并未实现各国专利审查制度的实质性协调。经过多年的协商，世界知识产权组织开展了《实体专利法条约》[2]的制定工作，议题主要集中在现有技术的定义、新颖性标准、创造性标准、产业可应用性、权利要求和充分公开等专利审查的实质性要件。尽管与会的各国对多项条款已经初步或者完全达成了共识，但是在许多关键问题上仍然存在严重分歧，各国基于本国发展要求对于专利制度有着不同的需求，持续的争议导致专利法常设委员会（Standing Committee on the Law of Patents,

---

[1] 截至2022年11月29日，缔约国总数为43个国家，包括美国（United States of America）和欧洲专利局（European Patent Organization，EPO）。见http://www.wipo.int/treaties/en/ShowResults.jsp? lang = en&treaty _ id = 4，最后访问日期：2022年11月29日。

[2] WIPO, "Draft Substantive Patent Law Treaty", available at https://www.wipo.int/patent-law/en/draft_ splt. htm, last visited on 2022-11-29.

SCP)[1]的会议在最后无法展开实质问题的讨论,各国也意识到在实体专利法方面进行协调是一项长期而艰巨的任务。因此,在专利审查的实质性要件方面并没有取得各国一致满意的结果。

(五)国际知识产权保护与协同创新完善策略

知识产权强国战略综合了历史和现实的因素,兼顾了国际环境和国内发展的双重需求,是以和平、发展、合作、共赢为主题的系统工程,我国为此投入了大量的资金和技术来推进其发展。在科技创新中心建设的海外投资中,知识产权保护是容易被忽略且迫切需要被重视的一个环节。随着协同创新文化建设的推进,将有越来越多的企业走向世界,开拓合作领域,共建合作项目。重视对知识产权的保护有利于合作中知识产权的归属和分配,避免矛盾和损失,促进创新文化建设的顺利推进。在国家的决策中,法律和政策具有相容性[2],需要加强知识产权的立法和保护力度,并进行前瞻性的知识产权战略设计。

第一,在"互利共赢"的基础上,运用人才和知识产权国际合作的优势,主动帮助知识产权制度后进的国家和地区构建并完善知识产权制度,通过对知识产权制度的设定和调整,使制度展示出更适合创新文化建设所需要的功能和作用。从某种

---

[1] 专利法常设委员会于1998年成立,是一个就专利法的国际发展问题开展讨论、促进协调和提供指导的论坛。委员会将相互交联的问题一并处理,不独立地处理个别问题,向成员国提供设定优先顺序、分配资源的有效机制,确保正在进行的相关工作得到协调,具有连续性。委员会由世界知识产权组织和巴黎联盟的所有成员国组成。若干非世界知识产权组织或巴黎联盟成员的联合国会员国以及一些经认可的政府间组织和非政府组织也作为观察员列席常设委员会。WIPO, "Standing Committee on the Law of Patents (SCP)", available at https://www.wipo.int/policy/en/scp/, last visited on 2022-11-29.

[2] Louis Henkin, *How Nations Behave: Law and Foreign Policy*, 2nd ed., Columbia University Press, 1979, p. 88.

意义上说，积极主动地参与到沿线国家知识产权制度的建设中既符合我国在科技创新文化中的自身定位，也提升了合作国和地区的知识产权制度水平，促进了该国的科技进步与发展。

第二，遵循市场规律和国际通行规则，加强知识产权的保护力度。在协同创新文化建设中，我国在科技相关产业的投入巨大，其中重要的一部分是知识产权的投资和利用。重视对知识产权的保护有利于明确合作中知识产权的归属和分配，保障权利人的权益，保护发明人的积极性和创造热情，激励原始创新，推进二次创新，推动科技创新的良性循环。专利审查是专利申请最终能获得授权的关键阶段。技术创新国际化使创新主体能够获取全球化的创新资源，并与外部组织之间形成一个法律予以确权的知识交易网络。专利权对于创新主体形成核心竞争力至关重要，对此，在承认各国专利法独立的前提下，各国在专利审查过程中达成合作，改进审查效率和审查质量，有利于共同推动技术创新。

第三，优化配置知识产权资源，支持企业知识产权海外战略及其实施。在设施联通、贸易畅通和资金融通等方面，我国企业起到了主力军的作用。2018年，北京研究与试验发展经费投入强度达6.17%，居全国之首，是全国平均水平的2.8倍；全员劳动生产率达24.4万元/人，全国最高，是全国平均水平的2倍。全国约三分之一的创业投资额、技术合同成交额、国家科学技术奖项发生在北京。[1]我国的科技能否在较高水平上跨越式发展，关键在于知识产权政策能否引导国内科技产业界

---

〔1〕 盖博铭、侠克："北京全国科技创新中心建设跑出'加速度'"，载http://www.gov.cn/xinwen/2019-10/17/content_5441228.htm，最后访问日期：2021年11月20日。

采取正确的知识产权战略,充分利用海外的市场和机会。在协同创新文化建设中,政策应激发企业参与创新的热情,鼓励企业投身于科学技术的发展,这样既有利于地区的经济技术进步,也有利于企业自身的成长。

第四,创新主体更倾向于在全球范围内寻求专利权,各国专利审查机构的工作压力增大。技术创新国际化促进了专利审查国际协作的产生和演变,同时,专利审查国际协作也反作用于技术创新国际化的发展。技术创新的本质对专利审查提出了更高的要求,尤其是对于专利审查效率和专利审查质量,如若专利审查无法回应技术创新国际化的需求,将对创新的积极性产生消极影响,反之,则对技术创新产生正向的激励效应。因此,专利审查国际协作从最初的通过审查信息共享等机制来改进专利审查的速度,逐步发展到多国专利审查机构协作检索与审查来提升专利审查质量。专利审查国际协作机制的创新有利于促进创新主体国际专利战略的规划,增加创新主体对于国内专利授权的预判,提供良好的专利稳定性以推动创新国际化的开展。我国对专利审查国际协作机制进行了相应的调整,积极参与专利审查的国际合作,并由合作之初的加速审查向提升审查质量转变,力图实现进一步提高专利审查质量、支撑创新驱动发展的目标。

第五,协同创新文化建设是开放合作的战略,知识产权协同创新是一个开放的体系。知识产权协同创新和发展可以通过加强知识产权保护、重构知识产权制度等多种途径来实现,从动态的角度来看待知识产权协同创新的演进。在知识产权制度所形成的良性互动之下,我国可以拓宽与世界各国及地区相互的投资领域,进一步深入开展技术合作,提高知识产权的实施和利用率，共同提升科技创新能力。知识产权的交互投资和利用所形成的知识产权协同创新将惠及创新文化建设的成员各方，有助于区域经济安全和发展。

1. 注重知识产权协调机制构建以激励创新

世界各国的国情差异较大，在法律上融合了大陆法系和英美法系，种族、语言、文化在各国之间存在较大差异，制度理念也各不相同。随着技术兴起的知识产权制度在各国的法律中虽然都有或多或少的体现，但并没有在较大范围上达成一致。在不同知识产权水平和不同法律文化的国家之间构建知识产权合作渠道，尤其需要注重协调机制的设计，主要体现在以下三个方面：

第一，设立知识产权协调机构。可以通过国家之间双边协议或多边条约的形式，组建知识产权跨国协调机构，主要负责协调国家与企业、政策制定者与投资人、国家与公众这三个层面的知识产权联系；还可以通过知识产权联席会，进一步协调在国际合作过程中出现的知识产权纠纷。

第二，建立机构内部的协调机制。知识产权协调机构的人员来自技术创新的各行各业，本身存在制度理念的差异，可以通过对某项具体项目的特点、资源和市场等要素进行综合考虑，形成若干"知识产权讨论主题"，由相关国家具有知识产权事务处理经验的人员合作探讨，发挥协同效用，弥补单方决定时的信息不对称。

第三，促进协调主体的对话。协同创新文化建设目前与政府部门、科研院校和企业之间缺乏充分的协调，尚未形成协同效应。可以不定期举办由政府官员、知识产权服务机构、律师、专利商标专业从业人员、企业和学界代表参加的知识产权对话会议，对知识产权问题展开研讨，共同寻求对策。

2. 加强跨国知识产权专业人才培养以促进创新

强调培养具有知识产权专业知识和技能的创新人才是确保科技创新中心顺利建设的重要因素之一。一方面，要注重通过高等教育培养通晓多国家语言和法律的科技创新人才；另一方面，可以有针对性地开展国际知识产权教育合作，组织或参与国际知识产权学习交流。

为此，主要可以从以下两个方面进行：其一，鼓励知识产权人才在世界各国之间流动。对于人才培养而言，跨国之间的交流有利于促进知识产权制度的融合，为跨文化沟通提供智力支持。其二，鼓励知识产权人才在高校、企业和政府机构等多元主体之间流动。不同机构的人才流动有利于知识在不同需求和位置的更新，通过人才的流动推进知识的更替，有利于创新知识产权人才培养模式。

3. 提高科技成果的投资回报率以持续创新

目前国际社会的知识产权环境在短期内难以有显著的改善，需要在知识产权国际合作过程中长期努力，对此，建议如下：

第一，围绕现有的知识产权环境考虑合适的知识产权投资方式。可以综合分析地区知识产权保护水平和国际合作渠道，明确技术投资的定位和目标，避免缺乏知识产权保护的技术进入投资市场。同时，可以构建并完善知识产权信息共享平台，为合适的技术投资提供信息来源。

第二，帮助并支持合作国家自身的知识产权法律制度建设。我国可以帮助合作国家对知识产权制度进行设定和调整，使制度展现出更适合科技创新建设所需要的功能和作用。在知识产权领域，位于北京的中国国家知识产权局作为世界五大知识产权局之一，具有良好的专利工作经验，可以为需要帮助的国家提供支持，以改进审查效率，缩短审查时间，节省审查费用，保障审查质量。

第三，在知识产权政策设计、投资项目遴选和评估的环节引入市场机制。国际社会是平权社会，一国的事务不受他国干涉。建议我国在技术投资的决定上由"行政指导"的管理模式逐渐转为"市场引导"模式，由企业根据自身在科技创新过程中科技成果的投资回报率来确定何去何从，同时政府可以根据市场的反映制定合适的知识产权政策。企业向来追求收益的最大化，因此可以提高科技成果的投资回报率，而政府可以在资金使用方面进行监督，并开展评估。

4. 优化知识产权国际合作机制以保护创新

第一，引导知识产权国际协作机制建设。知识产权国际协作条约使技术在全球能够更加快速地获得法律保护，从而进一步促进了技术在世界范围内的转化、交易和投资。通过知识产权国际条约或协议，将国际法、国际惯例或国际公约的某些要求融入国家的法律体系中，能够在程序或实体上减少一国法律与国际社会普遍接受的法律制度之间的差异，促进国家和地区间的知识产权法律合作。

第二，打造知识产权协作体系。在知识产权制度形成良性互动之后，可以提高知识产权的实施和利用率，共同提升科技创新能力。知识产权的交互投资和利用所形成的科技创新知识产权共同体将惠及创新文化建设成员各方，形成良好的知识产权保护氛围，培育民众的知识产权意识，有助于区域经济安全和发展。

附录一 推动共建丝绸之路经济带和 21 世纪海上丝绸之路的愿景与行动*

2015 年 3 月 28 日,国家发展改革委、外交部、商务部联合发布了《推动共建丝绸之路经济带和 21 世纪海上丝绸之路的愿景与行动》。全文如下:

推动共建丝绸之路经济带和 21 世纪海上丝绸之路的愿景与行动
国家发展改革委 外交部 商务部
(经国务院授权发布)
2015 年 3 月

目 录

前言
一、时代背景
二、共建原则
三、框架思路

---

* 外交部等《推动共建丝绸之路经济带和 21 世纪海上丝绸之路的愿景与行动》,载 https://www.mfa.gov.cn/web/zyxw/201503/t20150328_332173.shtml,最后访问日期:2019 年 3 月 30 日。

四、合作重点

五、合作机制

六、中国各地方开放态势

七、中国积极行动

八、共创美好未来

前 言

2000多年前,亚欧大陆上勤劳勇敢的人民,探索出多条连接亚欧非几大文明的贸易和人文交流通路,后人将其统称为"丝绸之路"。千百年来,"和平合作、开放包容、互学互鉴、互利共赢"的丝绸之路精神薪火相传,推进了人类文明进步,是促进沿线各国繁荣发展的重要纽带,是东西方交流合作的象征,是世界各国共有的历史文化遗产。

进入21世纪,在以和平、发展、合作、共赢为主题的新时代,面对复苏乏力的全球经济形势,纷繁复杂的国际和地区局面,传承和弘扬丝绸之路精神更显重要和珍贵。

2013年9月和10月,中国国家主席习近平在出访中亚和东南亚国家期间,先后提出共建"丝绸之路经济带"和"21世纪海上丝绸之路"(以下简称"一带一路")的重大倡议,得到国际社会高度关注。中国国务院总理李克强参加2013年中国-东盟博览会时强调,铺就面向东盟的海上丝绸之路,打造带动腹地发展的战略支点。加快"一带一路"建设,有利于促进沿线各国经济繁荣与区域经济合作,加强不同文明交流互鉴,促进世界和平发展,是一项造福世界各国人民的伟大事业。

"一带一路"建设是一项系统工程,要坚持共商、共建、共享原则,积极推进沿线国家发展战略的相互对接。为推进实施

"一带一路"重大倡议,让古丝绸之路焕发新的生机活力,以新的形式使亚欧非各国联系更加紧密,互利合作迈向新的历史高度,中国政府特制定并发布《推动共建丝绸之路经济带和21世纪海上丝绸之路的愿景与行动》。

一、时代背景

当今世界正发生复杂深刻的变化,国际金融危机深层次影响继续显现,世界经济缓慢复苏、发展分化,国际投资贸易格局和多边投资贸易规则酝酿深刻调整,各国面临的发展问题依然严峻。共建"一带一路"顺应世界多极化、经济全球化、文化多样化、社会信息化的潮流,秉持开放的区域合作精神,致力于维护全球自由贸易体系和开放型世界经济。共建"一带一路"旨在促进经济要素有序自由流动、资源高效配置和市场深度融合,推动沿线各国实现经济政策协调,开展更大范围、更高水平、更深层次的区域合作,共同打造开放、包容、均衡、普惠的区域经济合作架构。共建"一带一路"符合国际社会的根本利益,彰显人类社会共同理想和美好追求,是国际合作以及全球治理新模式的积极探索,将为世界和平发展增添新的正能量。

共建"一带一路"致力于亚欧非大陆及附近海洋的互联互通,建立和加强沿线各国互联互通伙伴关系,构建全方位、多层次、复合型的互联互通网络,实现沿线各国多元、自主、平衡、可持续的发展。"一带一路"的互联互通项目将推动沿线各国发展战略的对接与耦合,发掘区域内市场的潜力,促进投资和消费,创造需求和就业,增进沿线各国人民的人文交流与文明互鉴,让各国人民相逢相知、互信互敬,共享和谐、安宁、富裕的生活。

当前，中国经济和世界经济高度关联。中国将一以贯之地坚持对外开放的基本国策，构建全方位开放新格局，深度融入世界经济体系。推进"一带一路"建设既是中国扩大和深化对外开放的需要，也是加强和亚欧非及世界各国互利合作的需要，中国愿意在力所能及的范围内承担更多责任义务，为人类和平发展作出更大的贡献。

二、共建原则

恪守联合国宪章的宗旨和原则。遵守和平共处五项原则，即尊重各国主权和领土完整、互不侵犯、互不干涉内政、和平共处、平等互利。

坚持开放合作。"一带一路"相关的国家基于但不限于古代丝绸之路的范围，各国和国际、地区组织均可参与，让共建成果惠及更广泛的区域。

坚持和谐包容。倡导文明宽容，尊重各国发展道路和模式的选择，加强不同文明之间的对话，求同存异、兼容并蓄、和平共处、共生共荣。

坚持市场运作。遵循市场规律和国际通行规则，充分发挥市场在资源配置中的决定性作用和各类企业的主体作用，同时发挥好政府的作用。

坚持互利共赢。兼顾各方利益和关切，寻求利益契合点和合作最大公约数，体现各方智慧和创意，各施所长，各尽所能，把各方优势和潜力充分发挥出来。

三、框架思路

"一带一路"是促进共同发展、实现共同繁荣的合作共赢之路,是增进理解信任、加强全方位交流的和平友谊之路。中国政府倡议,秉持和平合作、开放包容、互学互鉴、互利共赢的理念,全方位推进务实合作,打造政治互信、经济融合、文化包容的利益共同体、命运共同体和责任共同体。

"一带一路"贯穿亚欧非大陆,一头是活跃的东亚经济圈,一头是发达的欧洲经济圈,中间广大腹地国家经济发展潜力巨大。丝绸之路经济带重点畅通中国经中亚、俄罗斯至欧洲(波罗的海);中国经中亚、西亚至波斯湾、地中海;中国至东南亚、南亚、印度洋。21世纪海上丝绸之路重点方向是从中国沿海港口过南海到印度洋,延伸至欧洲;从中国沿海港口过南海到南太平洋。

根据"一带一路"走向,陆上依托国际大通道,以沿线中心城市为支撑,以重点经贸产业园区为合作平台,共同打造新亚欧大陆桥、中蒙俄、中国-中亚-西亚、中国-中南半岛等国际经济合作走廊;海上以重点港口为节点,共同建设通畅安全高效的运输大通道。中巴、孟中印缅两个经济走廊与推进"一带一路"建设关联紧密,要进一步推动合作,取得更大进展。

"一带一路"建设是沿线各国开放合作的宏大经济愿景,需各国携手努力,朝着互利互惠、共同安全的目标相向而行。努力实现区域基础设施更加完善,安全高效的陆海空通道网络基本形成,互联互通达到新水平;投资贸易便利化水平进一步提升,高标准自由贸易区网络基本形成,经济联系更加紧密,政治互信更加深入;人文交流更加广泛深入,不同文明互鉴共荣,各国人民相知相交、和平友好。

四、合作重点

沿线各国资源禀赋各异,经济互补性较强,彼此合作潜力和空间很大。以政策沟通、设施联通、贸易畅通、资金融通、民心相通为主要内容,重点在以下方面加强合作。

政策沟通。加强政策沟通是"一带一路"建设的重要保障。加强政府间合作,积极构建多层次政府间宏观政策沟通交流机制,深化利益融合,促进政治互信,达成合作新共识。沿线各国可以就经济发展战略和对策进行充分交流对接,共同制定推进区域合作的规划和措施,协商解决合作中的问题,共同为务实合作及大型项目实施提供政策支持。

设施联通。基础设施互联互通是"一带一路"建设的优先领域。在尊重相关国家主权和安全关切的基础上,沿线国家宜加强基础设施建设规划、技术标准体系的对接,共同推进国际骨干通道建设,逐步形成连接亚洲各次区域以及亚欧非之间的基础设施网络。强化基础设施绿色低碳化建设和运营管理,在建设中充分考虑气候变化影响。

抓住交通基础设施的关键通道、关键节点和重点工程,优先打通缺失路段,畅通瓶颈路段,配套完善道路安全防护设施和交通管理设施设备,提升道路通达水平。推进建立统一的全程运输协调机制,促进国际通关、换装、多式联运有机衔接,逐步形成兼容规范的运输规则,实现国际运输便利化。推动口岸基础设施建设,畅通陆水联运通道,推进港口合作建设,增加海上航线和班次,加强海上物流信息化合作。拓展建立民航全面合作的平台和机制,加快提升航空基础设施水平。

加强能源基础设施互联互通合作,共同维护输油、输气管道等运输通道安全,推进跨境电力与输电通道建设,积极开展区域电网升级改造合作。

共同推进跨境光缆等通信干线网络建设,提高国际通信互联互通水平，畅通信息丝绸之路。加快推进双边跨境光缆等建设，规划建设洲际海底光缆项目，完善空中（卫星）信息通道，扩大信息交流与合作。

贸易畅通。投资贸易合作是"一带一路"建设的重点内容。宜着力研究解决投资贸易便利化问题，消除投资和贸易壁垒，构建区域内和各国良好的营商环境，积极同沿线国家和地区共同商建自由贸易区，激发释放合作潜力，做大做好合作"蛋糕"。

沿线国家宜加强信息互换、监管互认、执法互助的海关合作，以及检验检疫、认证认可、标准计量、统计信息等方面的双多边合作，推动世界贸易组织《贸易便利化协定》生效和实施。改善边境口岸通关设施条件，加快边境口岸"单一窗口"建设，降低通关成本，提升通关能力。加强供应链安全与便利化合作，推进跨境监管程序协调，推动检验检疫证书国际互联网核查，开展"经认证的经营者"（AEO）互认。降低非关税壁垒，共同提高技术性贸易措施透明度，提高贸易自由化便利化水平。

拓宽贸易领域，优化贸易结构，挖掘贸易新增长点，促进贸易平衡。创新贸易方式，发展跨境电子商务等新的商业业态。建立健全服务贸易促进体系，巩固和扩大传统贸易，大力发展现代服务贸易。把投资和贸易有机结合起来，以投资带动贸易发展。

加快投资便利化进程，消除投资壁垒。加强双边投资保护协定、避免双重征税协定磋商，保护投资者的合法权益。

拓展相互投资领域，开展农林牧渔业、农机及农产品生产加工等领域深度合作，积极推进海水养殖、远洋渔业、水产品加工、海水淡化、海洋生物制药、海洋工程技术、环保产业和海上旅游等领域合作。加大煤炭、油气、金属矿产等传统能源资源勘探开发合作，积极推动水电、核电、风电、太阳能等清洁、可再生能源合作，推进能源资源就地就近加工转化合作，形成能源资源合作上下游一体化产业链。加强能源资源深加工技术、装备与工程服务合作。

推动新兴产业合作，按照优势互补、互利共赢的原则，促进沿线国家加强在新一代信息技术、生物、新能源、新材料等新兴产业领域的深入合作，推动建立创业投资合作机制。

优化产业链分工布局，推动上下游产业链和关联产业协同发展，鼓励建立研发、生产和营销体系，提升区域产业配套能力和综合竞争力。扩大服务业相互开放，推动区域服务业加快发展。探索投资合作新模式，鼓励合作建设境外经贸合作区、跨境经济合作区等各类产业园区，促进产业集群发展。在投资贸易中突出生态文明理念，加强生态环境、生物多样性和应对气候变化合作，共建绿色丝绸之路。

中国欢迎各国企业来华投资。鼓励本国企业参与沿线国家基础设施建设和产业投资。促进企业按属地化原则经营管理，积极帮助当地发展经济、增加就业、改善民生，主动承担社会责任，严格保护生物多样性和生态环境。

资金融通。资金融通是"一带一路"建设的重要支撑。深化金融合作，推进亚洲货币稳定体系、投融资体系和信用体系建设。扩大沿线国家双边本币互换、结算的范围和规模。推动亚洲债券市场的开放和发展。共同推进亚洲基础设施投资银行、金砖国家开发银行筹建，有关各方就建立上海合作组织融资机构开展磋商。加快丝路基金组建运营。深化中国-东盟银行联合体、上合组织银行联合体务实合作，以银团贷款、银行授信等方式开展多边金融合作。支持沿线国家政府和信用等级较高的企业以及金融机构在中国境内发行人民币债券。符合条件的中国境内金融机构和企业可以在境外发行人民币债券和外币债券，鼓励在沿线国家使用所筹资金。

加强金融监管合作，推动签署双边监管合作谅解备忘录，逐步在区域内建立高效监管协调机制。完善风险应对和危机处置制度安排，构建区域性金融风险预警系统，形成应对跨境风险和危机处置的交流合作机制。加强征信管理部门、征信机构和评级机构之间的跨境交流与合作。充分发挥丝路基金以及各国主权基金作用，引导商业性股权投资基金和社会资金共同参与"一带一路"重点项目建设。

民心相通。民心相通是"一带一路"建设的社会根基。传承和弘扬丝绸之路友好合作精神，广泛开展文化交流、学术往来、人才交流合作、媒体合作、青年和妇女交往、志愿者服务等，为深化双多边合作奠定坚实的民意基础。

扩大相互间留学生规模，开展合作办学，中国每年向沿线国家提供1万个政府奖学金名额。沿线国家间互办文化年、艺术节、电影节、电视周和图书展等活动，合作开展广播影视剧精品创作及翻译，联合申请世界文化遗产，共同开展世界遗产的联合保护工作。深化沿线国家间人才交流合作。

加强旅游合作，扩大旅游规模，互办旅游推广周、宣传月等活动，联合打造具有丝绸之路特色的国际精品旅游线路和旅游产品，提高沿线各国游客签证便利化水平。推动21世纪海上丝绸之路邮轮旅游合作。积极开展体育交流活动，支持沿线国家申办重大国际体育赛事。

强化与周边国家在传染病疫情信息沟通、防治技术交流、专业人才培养等方面的合作,提高合作处理突发公共卫生事件的能力。为有关国家提供医疗援助和应急医疗救助,在妇幼健康、残疾人康复以及艾滋病、结核、疟疾等主要传染病领域开展务实合作,扩大在传统医药领域的合作。

加强科技合作,共建联合实验室(研究中心)、国际技术转移中心、海上合作中心,促进科技人员交流,合作开展重大科技攻关,共同提升科技创新能力。

整合现有资源,积极开拓和推进与沿线国家在青年就业、创业培训、职业技能开发、社会保障管理服务、公共行政管理等共同关心领域的务实合作。

充分发挥政党、议会交往的桥梁作用,加强沿线国家之间立法机构、主要党派和政治组织的友好往来。开展城市交流合作,欢迎沿线国家重要城市之间互结友好城市,以人文交流为重点,突出务实合作,形成更多鲜活的合作范例。欢迎沿线国家智库之间开展联合研究、合作举办论坛等。

加强沿线国家民间组织的交流合作,重点面向基层民众,广泛开展教育医疗、减贫开发、生物多样性和生态环保等各类公益慈善活动,促进沿线贫困地区生产生活条件改善。加强文化传媒的国际交流合作,积极利用网络平台,运用新媒体工具,塑造和谐友好的文化生态和舆论环境。

五、合作机制

当前,世界经济融合加速发展,区域合作方兴未艾。积极利用现有双多边合作机制,推动"一带一路"建设,促进区域合作蓬勃发展。

加强双边合作，开展多层次、多渠道沟通磋商，推动双边关系全面发展。推动签署合作备忘录或合作规划，建设一批双边合作示范。建立完善双边联合工作机制，研究推进"一带一路"建设的实施方案、行动路线图。充分发挥现有联委会、混委会、协委会、指导委员会、管理委员会等双边机制作用，协调推动合作项目实施。

强化多边合作机制作用，发挥上海合作组织（SCO）、中国-东盟"10+1"、亚太经合组织（APEC）、亚欧会议（ASEM）、亚洲合作对话（ACD）、亚信会议（CICA）、中阿合作论坛、中国-海合会战略对话、大湄公河次区域（GMS）经济合作、中亚区域经济合作（CAREC）等现有多边合作机制作用，相关国家加强沟通，让更多国家和地区参与"一带一路"建设。

继续发挥沿线各国区域、次区域相关国际论坛、展会以及博鳌亚洲论坛、中国-东盟博览会、中国-亚欧博览会、欧亚经济论坛、中国国际投资贸易洽谈会，以及中国-南亚博览会、中国-阿拉伯博览会、中国西部国际博览会、中国-俄罗斯博览会、前海合作论坛等平台的建设性作用。支持沿线国家地方、民间挖掘"一带一路"历史文化遗产，联合举办专项投资、贸易、文化交流活动，办好丝绸之路（敦煌）国际文化博览会、丝绸之路国际电影节和图书展。倡议建立"一带一路"国际高峰论坛。

六、中国各地方开放态势

推进"一带一路"建设，中国将充分发挥国内各地区比较优势，实行更加积极主动的开放战略，加强东中西互动合作，全面提升开放型经济水平。

西北、东北地区。发挥新疆独特的区位优势和向西开放重要窗口作用,深化与中亚、南亚、西亚等国家交流合作,形成丝绸之路经济带上重要的交通枢纽、商贸物流和文化科教中心,打造丝绸之路经济带核心区。发挥陕西、甘肃综合经济文化和宁夏、青海民族人文优势,打造西安内陆型改革开放新高地,加快兰州、西宁开发开放,推进宁夏内陆开放型经济试验区建设,形成面向中亚、南亚、西亚国家的通道、商贸物流枢纽、重要产业和人文交流基地。发挥内蒙古联通俄蒙的区位优势,完善黑龙江对俄铁路通道和区域铁路网,以及黑龙江、吉林、辽宁与俄远东地区陆海联运合作,推进构建北京-莫斯科欧亚高速运输走廊,建设向北开放的重要窗口。

西南地区。发挥广西与东盟国家陆海相邻的独特优势,加快北部湾经济区和珠江-西江经济带开放发展,构建面向东盟区域的国际通道,打造西南、中南地区开放发展新的战略支点,形成21世纪海上丝绸之路与丝绸之路经济带有机衔接的重要门户。发挥云南区位优势,推进与周边国家的国际运输通道建设,打造大湄公河次区域经济合作新高地,建设成为面向南亚、东南亚的辐射中心。推进西藏与尼泊尔等国家边境贸易和旅游文化合作。

沿海和港澳台地区。利用长三角、珠三角、海峡西岸、环渤海等经济区开放程度高、经济实力强、辐射带动作用大的优势,加快推进中国(上海)自由贸易试验区建设,支持福建建设21世纪海上丝绸之路核心区。充分发挥深圳前海、广州南沙、珠海横琴、福建平潭等开放合作区作用,深化与港澳台合作,打造粤港澳大湾区。推进浙江海洋经济发展示范区、福建海峡蓝色经济试验区和舟山群岛新区建设,加大海南国际旅游岛开发开放力度。加强上海、天津、宁波-舟山、广州、深圳、湛江、汕头、青岛、烟台、大连、福州、厦门、泉州、海口、三亚等沿海城市港口建设，强化上海、广州等国际枢纽机场功能。以扩大开放倒逼深层次改革，创新开放型经济体制机制，加大科技创新力度，形成参与和引领国际合作竞争新优势，成为"一带一路"特别是21世纪海上丝绸之路建设的排头兵和主力军。发挥海外侨胞以及香港、澳门特别行政区独特优势作用，积极参与和助力"一带一路"建设。为台湾地区参与"一带一路"建设作出妥善安排。

内陆地区。利用内陆纵深广阔、人力资源丰富、产业基础较好优势，依托长江中游城市群、成渝城市群、中原城市群、呼包鄂榆城市群、哈长城市群等重点区域，推动区域互动合作和产业集聚发展，打造重庆西部开发开放重要支撑和成都、郑州、武汉、长沙、南昌、合肥等内陆开放型经济高地。加快推动长江中上游地区和俄罗斯伏尔加河沿岸联邦区的合作。建立中欧通道铁路运输、口岸通关协调机制，打造"中欧班列"品牌，建设沟通境内外、连接东中西的运输通道。支持郑州、西安等内陆城市建设航空港、国际陆港，加强内陆口岸与沿海、沿边口岸通关合作，开展跨境贸易电子商务服务试点。优化海关特殊监管区域布局，创新加工贸易模式，深化与沿线国家的产业合作。

七、中国积极行动

一年多来，中国政府积极推动"一带一路"建设，加强与沿线国家的沟通磋商，推动与沿线国家的务实合作，实施了一系列政策措施，努力收获早期成果。

高层引领推动。习近平主席、李克强总理等国家领导人先后出访 20 多个国家，出席加强互联互通伙伴关系对话会、中阿合作论坛第六届部长级会议，就双边关系和地区发展问题，多次与有关国家元首和政府首脑进行会晤，深入阐释"一带一路"的深刻内涵和积极意义，就共建"一带一路"达成广泛共识。

签署合作框架。与部分国家签署了共建"一带一路"合作备忘录，与一些毗邻国家签署了地区合作和边境合作的备忘录以及经贸合作中长期发展规划。研究编制与一些毗邻国家的地区合作规划纲要。

推动项目建设。加强与沿线有关国家的沟通磋商，在基础设施互联互通、产业投资、资源开发、经贸合作、金融合作、人文交流、生态保护、海上合作等领域，推进了一批条件成熟的重点合作项目。

完善政策措施。中国政府统筹国内各种资源，强化政策支持。推动亚洲基础设施投资银行筹建，发起设立丝路基金，强化中国-欧亚经济合作基金投资功能。推动银行卡清算机构开展跨境清算业务和支付机构开展跨境支付业务。积极推进投资贸易便利化，推进区域通关一体化改革。

发挥平台作用。各地成功举办了一系列以"一带一路"为主题的国际峰会、论坛、研讨会、博览会，对增进理解、凝聚共识、深化合作发挥了重要作用。

八、共创美好未来

共建"一带一路"是中国的倡议，也是中国与沿线国家的共同愿望。站在新的起点上，中国愿与沿线国家一道，以共建"一带一路"为契机，平等协商，兼顾各方利益，反映各方诉求,携手推动更大范围、更高水平、更深层次的大开放、大交流、大融合。"一带一路"建设是开放的、包容的,欢迎世界各国和国际、地区组织积极参与。

共建"一带一路"的途径是以目标协调、政策沟通为主,不刻意追求一致性,可高度灵活,富有弹性,是多元开放的合作进程。中国愿与沿线国家一道,不断充实完善"一带一路"的合作内容和方式,共同制定时间表、路线图,积极对接沿线国家发展和区域合作规划。

中国愿与沿线国家一道,在既有双多边和区域次区域合作机制框架下,通过合作研究、论坛展会、人员培训、交流访问等多种形式,促进沿线国家对共建"一带一路"内涵、目标、任务等方面的进一步理解和认同。

中国愿与沿线国家一道,稳步推进示范项目建设,共同确定一批能够照顾双多边利益的项目,对各方认可、条件成熟的项目抓紧启动实施,争取早日开花结果。

"一带一路"是一条互尊互信之路,一条合作共赢之路,一条文明互鉴之路。只要沿线各国和衷共济、相向而行,就一定能够谱写建设丝绸之路经济带和21世纪海上丝绸之路的新篇章,让沿线各国人民共享"一带一路"共建成果。

附录二 中共中央、国务院印发《国家创新驱动发展战略纲要》

近日，中共中央、国务院印发了《国家创新驱动发展战略纲要》，并发出通知，要求各地区各部门结合实际认真贯彻执行。

《国家创新驱动发展战略纲要》主要内容如下：

党的十八大提出实施创新驱动发展战略，强调科技创新是提高社会生产力和综合国力的战略支撑，必须摆在国家发展全局的核心位置。这是中央在新的发展阶段确立的立足全局、面向全球、聚焦关键、带动整体的国家重大发展战略。为加快实施这一战略，特制定本纲要。

一、战略背景

创新驱动就是创新成为引领发展的第一动力，科技创新与制度创新、管理创新、商业模式创新、业态创新和文化创新相结合，推动发展方式向依靠持续的知识积累、技术进步和劳动力素质提升转变，促进经济向形态更高级、分工更精细、结构更合理的阶段演进。

创新驱动是国家命运所系。国家力量的核心支撑是科技创新能力。创新强则国运昌，创新弱则国运殆。我国近代落后挨打的重要原因是与历次科技革命失之交臂，导致科技弱、国力弱。实现中华民族伟大复兴的中国梦，必须真正用好科学技术这个最高意义上的革命力量和有力杠杆。

创新驱动是世界大势所趋。全球新一轮科技革命、产业变革和军事变革加速演进，科学探索从微观到宇观各个尺度上向纵深拓展，以智能、绿色、泛在为特征的群体性技术革命将引发国际产业分工重大调整，颠覆性技术不断涌现，正在重塑世界竞争格局、改变国家力量对比，创新驱动成为许多国家谋求竞争优势的核心战略。我国既面临赶超跨越的难得历史机遇，也面临差距拉大的严峻挑战。惟有勇立世界科技创新潮头，才能赢得发展主动权，为人类文明进步作出更大贡献。

创新驱动是发展形势所迫。我国经济发展进入新常态，传统发展动力不断减弱，粗放型增长方式难以为继。必须依靠创新驱动打造发展新引擎，培育新的经济增长点，持续提升我国经济发展的质量和效益，开辟我国发展的新空间，实现经济保持中高速增长和产业迈向中高端水平"双目标"。

当前，我国创新驱动发展已具备发力加速的基础。经过多年努力，科技发展正在进入由量的增长向质的提升的跃升期，科研体系日益完备，人才队伍不断壮大，科学、技术、工程、产业的自主创新能力快速提升。经济转型升级、民生持续改善和国防现代化建设对创新提出了巨大需求。庞大的市场规模、完备的产业体系、多样化的消费需求与互联网时代创新效率的提升相结合，为创新提供了广阔空间。中国特色社会主义制度能够有效结合集中力量办大事和市场配置资源的优势，为实现创新驱动发展提供了根本保障。

同时也要看到，我国许多产业仍处于全球价值链的中低端，一些关键核心技术受制于人，发达国家在科学前沿和高技术领域仍然占据明显领先优势，我国支撑产业升级、引领未来发展的科学技术储备亟待加强。适应创新驱动的体制机制亟待建立健全，企业创新动力不足，创新体系整体效能不高，经济发展尚未真正转到依靠创新的轨道。科技人才队伍大而不强，领军人才和高技能人才缺乏，创新型企业家群体亟需发展壮大。激励创新的市场环境和社会氛围仍需进一步培育和优化。

在我国加快推进社会主义现代化、实现"两个一百年"奋斗目标和中华民族伟大复兴中国梦的关键阶段，必须始终坚持抓创新就是抓发展、谋创新就是谋未来，让创新成为国家意志和全社会的共同行动，走出一条从人才强、科技强到产业强、经济强、国家强的发展新路径，为我国未来十几年乃至更长时间创造一个新的增长周期。

二、战略要求

（一）指导思想

以邓小平理论、"三个代表"重要思想、科学发展观为指导，深入贯彻习近平总书记系列重要讲话精神，按照"四个全面"战略布局的要求，坚持走中国特色自主创新道路，解放思想、开放包容，把创新驱动发展作为国家的优先战略，以科技创新为核心带动全面创新，以体制机制改革激发创新活力，以高效率的创新体系支撑高水平的创新型国家建设，推动经济社会发展动力根本转换，为实现中华民族伟大复兴的中国梦提供强大动力。

（二）基本原则

紧扣发展。坚持问题导向，面向世界科技前沿、面向国家重大需求、面向国民经济主战场，明确我国创新发展的主攻方向,在关键领域尽快实现突破,力争形成更多竞争优势。

深化改革。坚持科技体制改革和经济社会领域改革同步发力,强化科技与经济对接,遵循社会主义市场经济规律和科技创新规律,破除一切制约创新的思想障碍和制度藩篱,构建支撑创新驱动发展的良好环境。

强化激励。坚持创新驱动实质是人才驱动,落实以人为本,尊重创新创造的价值,激发各类人才的积极性和创造性,加快汇聚一支规模宏大、结构合理、素质优良的创新型人才队伍。

扩大开放。坚持以全球视野谋划和推动创新,最大限度用好全球创新资源,全面提升我国在全球创新格局中的位势,力争成为若干重要领域的引领者和重要规则制定的参与者。

(三)战略目标

分三步走:

第一步,到2020年进入创新型国家行列,基本建成中国特色国家创新体系,有力支撑全面建成小康社会目标的实现。

——创新型经济格局初步形成。若干重点产业进入全球价值链中高端,成长起一批具有国际竞争力的创新型企业和产业集群。科技进步贡献率提高到60%以上,知识密集型服务业增加值占国内生产总值的20%。

——自主创新能力大幅提升。形成面向未来发展、迎接科技革命、促进产业变革的创新布局,突破制约经济社会发展和国家安全的一系列重大瓶颈问题,初步扭转关键核心技术长期受制于人的被动局面,在若干战略必争领域形成独特优势,为国家繁荣发展提供战略储备、拓展战略空间。研究与试验发展(R&D)经费支出占国内生产总值比重达到2.5%。

——创新体系协同高效。科技与经济融合更加顺畅,创新主体充满活力，创新链条有机衔接，创新治理更加科学，创新效率大幅提高。

——创新环境更加优化。激励创新的政策法规更加健全，知识产权保护更加严格，形成崇尚创新创业、勇于创新创业、激励创新创业的价值导向和文化氛围。

第二步，到2030年跻身创新型国家前列，发展驱动力实现根本转换，经济社会发展水平和国际竞争力大幅提升，为建成经济强国和共同富裕社会奠定坚实基础。

——主要产业进入全球价值链中高端。不断创造新技术和新产品、新模式和新业态、新需求和新市场，实现更可持续的发展、更高质量的就业、更高水平的收入、更高品质的生活。

——总体上扭转科技创新以跟踪为主的局面。在若干战略领域由并行走向领跑，形成引领全球学术发展的中国学派，产出对世界科技发展和人类文明进步有重要影响的原创成果。攻克制约国防科技的主要瓶颈问题。研究与试验发展（R&D）经费支出占国内生产总值比重达到2.8%。

——国家创新体系更加完备。实现科技与经济深度融合、相互促进。

——创新文化氛围浓厚，法治保障有力，全社会形成创新活力竞相迸发、创新源泉不断涌流的生动局面。

第三步，到2050年建成世界科技创新强国，成为世界主要科学中心和创新高地，为我国建成富强民主文明和谐的社会主义现代化国家、实现中华民族伟大复兴的中国梦提供强大支撑。

——科技和人才成为国力强盛最重要的战略资源，创新成为政策制定和制度安排的核心因素。

——劳动生产率、社会生产力提高主要依靠科技进步和全面创新,经济发展质量高、能源资源消耗低、产业核心竞争力强。国防科技达到世界领先水平。

——拥有一批世界一流的科研机构、研究型大学和创新型企业,涌现出一批重大原创性科学成果和国际顶尖水平的科学大师,成为全球高端人才创新创业的重要聚集地。

——创新的制度环境、市场环境和文化环境更加优化,尊重知识、崇尚创新、保护产权、包容多元成为全社会的共同理念和价值导向。

三、战略部署

实现创新驱动是一个系统性的变革,要按照"坚持双轮驱动、构建一个体系、推动六大转变"进行布局,构建新的发展动力系统。

双轮驱动就是科技创新和体制机制创新两个轮子相互协调、持续发力。抓创新首先要抓科技创新,补短板首先要补科技创新的短板。科学发现对技术进步有决定性的引领作用,技术进步有力推动发现科学规律。要明确支撑发展的方向和重点,加强科学探索和技术攻关,形成持续创新的系统能力。体制机制创新要调整一切不适应创新驱动发展的生产关系,统筹推进科技、经济和政府治理等三方面体制机制改革,最大限度释放创新活力。

一个体系就是建设国家创新体系。要建设各类创新主体协同互动和创新要素顺畅流动、高效配置的生态系统,形成创新驱动发展的实践载体、制度安排和环境保障。明确企业、科研院所、高校、社会组织等各类创新主体功能定位,构建开放高效的创新网络,建设军民融合的国防科技协同创新平台;改进创新治理，进一步明确政府和市场分工，构建统筹配置创新资源的机制；完善激励创新的政策体系、保护创新的法律制度，构建鼓励创新的社会环境，激发全社会创新活力。

六大转变就是发展方式从以规模扩张为主导的粗放式增长向以质量效益为主导的可持续发展转变；发展要素从传统要素主导发展向创新要素主导发展转变；产业分工从价值链中低端向价值链中高端转变；创新能力从"跟踪、并行、领跑"并存、"跟踪"为主向"并行"、"领跑"为主转变；资源配置从以研发环节为主向产业链、创新链、资金链统筹配置转变；创新群体从以科技人员的小众为主向小众与大众创新创业互动转变。

四、战略任务

紧紧围绕经济竞争力提升的核心关键、社会发展的紧迫需求、国家安全的重大挑战，采取差异化策略和非对称路径，强化重点领域和关键环节的任务部署。

（一）推动产业技术体系创新，创造发展新优势

加快工业化和信息化深度融合，把数字化、网络化、智能化、绿色化作为提升产业竞争力的技术基点，推进各领域新兴技术跨界创新，构建结构合理、先进管用、开放兼容、自主可控、具有国际竞争力的现代产业技术体系，以技术的群体性突破支撑引领新兴产业集群发展，推进产业质量升级。

1. 发展新一代信息网络技术，增强经济社会发展的信息化基础。加强类人智能、自然交互与虚拟现实、微电子与光电子等技术研究，推动宽带移动互联网、云计算、物联网、大数据、高性能计算、移动智能终端等技术研发和综合应用，加大集成电路、工业控制等自主软硬件产品和网络安全技术攻关和推广

力度，为我国经济转型升级和维护国家网络安全提供保障。

2. 发展智能绿色制造技术，推动制造业向价值链高端攀升。重塑制造业的技术体系、生产模式、产业形态和价值链，推动制造业由大到强转变。发展智能制造装备等技术，加快网络化制造技术、云计算、大数据等在制造业中的深度应用，推动制造业向自动化、智能化、服务化转变。对传统制造业全面进行绿色改造，由粗放型制造向集约型制造转变。加强产业技术基础能力和试验平台建设，提升基础材料、基础零部件、基础工艺、基础软件等共性关键技术水平。发展大飞机、航空发动机、核电、高铁、海洋工程装备和高技术船舶、特高压输变电等高端装备和产品。

3. 发展生态绿色高效安全的现代农业技术，确保粮食安全、食品安全。以实现种业自主为核心，转变农业发展方式，突破人多地少水缺的瓶颈约束，走产出高效、产品安全、资源节约、环境友好的现代农业发展道路。系统加强动植物育种和高端农业装备研发，大面积推广粮食丰产、中低产田改造等技术，深入开展节水农业、循环农业、有机农业和生物肥料等技术研发，开发标准化、规模化的现代养殖技术，促进农业提质增效和可持续发展。推广农业面源污染和重金属污染防治的低成本技术和模式，发展全产业链食品安全保障技术、质量安全控制技术和安全溯源技术，建设安全环境、清洁生产、生态储运全覆盖的食品安全技术体系。推动农业向一二三产业融合，实现向全链条增值和品牌化发展转型。

4. 发展安全清洁高效的现代能源技术，推动能源生产和消费革命。以优化能源结构、提升能源利用效率为重点，推动能源应用向清洁、低碳转型。突破煤炭石油天然气等化石能源的清洁高效利用技术瓶颈,开发深海深地等复杂条件下的油气矿产资源勘探开采技术,开展页岩气等非常规油气勘探开发综合技术示范。加快核能、太阳能、风能、生物质能等清洁能源和新能源技术开发、装备研制及大规模应用,攻克大规模供需互动、储能和并网关键技术。推广节能新技术和节能新产品,加快钢铁、石化、建材、有色金属等高耗能行业的节能技术改造,推动新能源汽车、智能电网等技术的研发应用。

5. 发展资源高效利用和生态环保技术,建设资源节约型和环境友好型社会。采用系统化的技术方案和产业化路径,发展污染治理和资源循环利用的技术与产业。建立大气重污染天气预警分析技术体系,发展高精度监控预测技术。建立现代水资源综合利用体系,开展地球深部矿产资源勘探开发与综合利用,发展绿色再制造和资源循环利用产业,建立城镇生活垃圾资源化利用、再生资源回收利用、工业固体废物综合利用等技术体系。完善环境技术管理体系,加强水、大气和土壤污染防治及危险废物处理处置、环境检测与环境应急技术研发应用,提高环境承载能力。

6. 发展海洋和空间先进适用技术,培育海洋经济和空间经济。开发海洋资源高效可持续利用适用技术,加快发展海洋工程装备,构建立体同步的海洋观测体系,推进我国海洋战略实施和蓝色经济发展。大力提升空间进入、利用的技术能力,完善空间基础设施,推进卫星遥感、卫星通信、导航和位置服务等技术开发应用,完善卫星应用创新链和产业链。

7. 发展智慧城市和数字社会技术,推动以人为本的新型城镇化。依靠新技术和管理创新支撑新型城镇化、现代城市发展和公共服务,创新社会治理方法和手段,加快社会治安综合治理信息化进程,推进平安中国建设。发展交通、电力、通信、地下管网等市政基础设施的标准化、数字化、智能化技术,推动绿色建筑、智慧城市、生态城市等领域关键技术大规模应用。加强重大灾害、公共安全等应急避险领域重大技术和产品攻关。

8. 发展先进有效、安全便捷的健康技术,应对重大疾病和人口老龄化挑战。促进生命科学、中西医药、生物工程等多领域技术融合,提升重大疾病防控、公共卫生、生殖健康等技术保障能力。研发创新药物、新型疫苗、先进医疗装备和生物治疗技术。推进中华传统医药现代化。促进组学和健康医疗大数据研究,发展精准医学,研发遗传基因和慢性病易感基因筛查技术,提高心脑血管疾病、恶性肿瘤、慢性呼吸性疾病、糖尿病等重大疾病的诊疗技术水平。开发数字化医疗、远程医疗技术,推进预防、医疗、康复、保健、养老等社会服务网络化、定制化,发展一体化健康服务新模式,显著提高人口健康保障能力,有力支撑健康中国建设。

9. 发展支撑商业模式创新的现代服务技术,驱动经济形态高级化。以新一代信息和网络技术为支撑,积极发展现代服务业技术基础设施,拓展数字消费、电子商务、现代物流、互联网金融、网络教育等新兴服务业,促进技术创新和商业模式创新融合。加快推进工业设计、文化创意和相关产业融合发展,提升我国重点产业的创新设计能力。

10. 发展引领产业变革的颠覆性技术,不断催生新产业、创造新就业。高度关注可能引起现有投资、人才、技术、产业、规则"归零"的颠覆性技术,前瞻布局新兴产业前沿技术研发,力争实现"弯道超车"。开发移动互联技术、量子信息技术、空天技术,推动增材制造装备、智能机器人、无人驾驶汽车等发展，重视基因组、干细胞、合成生物、再生医学等技术对生命科学、生物育种、工业生物领域的深刻影响，开发氢能、燃料电池等新一代能源技术，发挥纳米、石墨烯等技术对新材料产业发展的引领作用。

(二) 强化原始创新，增强源头供给

坚持国家战略需求和科学探索目标相结合，加强对关系全局的科学问题研究部署，增强原始创新能力，提升我国科学发现、技术发明和产品产业创新的整体水平，支撑产业变革和保障国家安全。

1. 加强面向国家战略需求的基础前沿和高技术研究。围绕涉及长远发展和国家安全的"卡脖子"问题，加强基础研究前瞻布局，加大对空间、海洋、网络、核、材料、能源、信息、生命等领域重大基础研究和战略高技术攻关力度，实现关键核心技术安全、自主、可控。明确阶段性目标，集成跨学科、跨领域的优势力量，加快重点突破，为产业技术进步积累原创资源。

2. 大力支持自由探索的基础研究。面向科学前沿加强原始创新，力争在更多领域引领世界科学研究方向，提升我国对人类科学探索的贡献。围绕支撑重大技术突破，推进变革性研究，在新思想、新发现、新知识、新原理、新方法上积极进取，强化源头储备。促进学科均衡协调发展，加强学科交叉与融合，重视支持一批非共识项目，培育新兴学科和特色学科。

3. 建设一批支撑高水平创新的基础设施和平台。适应大科学时代创新活动的特点，针对国家重大战略需求，建设一批具有国际水平、突出学科交叉和协同创新的国家实验室。加快建设大型共用实验装置、数据资源、生物资源、知识和专利信息服务等科技基础条件平台。研发高端科研仪器设备，提高科研装备自给水平。建设超算中心和云计算平台等数字化基础设施，形成基于大数据的先进信息网络支撑体系。

(三) 优化区域创新布局，打造区域经济增长极

聚焦国家区域发展战略，以创新要素的集聚与流动促进产业合理分工，推动区域创新能力和竞争力整体提升。

1. 构建各具特色的区域创新发展格局。东部地区注重提高原始创新和集成创新能力，全面加快向创新驱动发展转型，培育具有国际竞争力的产业集群和区域经济。中西部地区走差异化和跨越式发展道路，柔性汇聚创新资源，加快先进适用技术推广和应用，在重点领域实现创新牵引，培育壮大区域特色经济和新兴产业。

2. 跨区域整合创新资源。构建跨区域创新网络，推动区域间共同设计创新议题、互联互通创新要素、联合组织技术攻关。提升京津冀、长江经济带等国家战略区域科技创新能力，打造区域协同创新共同体，统筹和引领区域一体化发展。推动北京、上海等优势地区建成具有全球影响力的科技创新中心。

3. 打造区域创新示范引领高地。优化国家自主创新示范区布局，推进国家高新区按照发展高科技、培育新产业的方向转型升级，开展区域全面创新改革试验，建设创新型省份和创新型城市，培育新兴产业发展增长极，增强创新发展的辐射带动功能。

(四) 深化军民融合，促进创新互动

按照军民融合发展战略总体要求，发挥国防科技创新重要作用，加快建立健全军民融合的创新体系，形成全要素、多领域、高效益的军民科技深度融合发展新格局。

1. 健全宏观统筹机制。遵循经济建设和国防建设的规律，构建统一领导、需求对接、资源共享的军民融合管理体制，统筹协调军民科技战略规划、方针政策、资源条件、成果应用，推动军民科技协调发展、平衡发展、兼容发展。

2. 开展军民协同创新。建立军民融合重大科研任务形成机制，从基础研究到关键技术研发、集成应用等创新链一体化设计，构建军民共用技术项目联合论证和实施模式，建立产学研相结合的军民科技创新体系。

3. 推进军民科技基础要素融合。推进军民基础共性技术一体化、基础原材料和零部件通用化。推进海洋、太空、网络等新型领域军民融合深度发展。开展军民通用标准制定和整合，推动军民标准双向转化，促进军民标准体系融合。统筹军民共用重大科研基地和基础设施建设，推动双向开放、信息交互、资源共享。

4. 促进军民技术双向转移转化。推动先进民用技术在军事领域的应用，健全国防知识产权制度、完善国防知识产权归属与利益分配机制，积极引导国防科技成果加速向民用领域转化应用。放宽国防科技领域市场准入，扩大军品研发和服务市场的开放竞争，引导优势民营企业进入军品科研生产和维修领域。完善军民两用物项和技术进出口管制机制。

（五）壮大创新主体，引领创新发展

明确各类创新主体在创新链不同环节的功能定位，激发主体活力，系统提升各类主体创新能力，夯实创新发展的基础。

1. 培育世界一流创新型企业。鼓励行业领军企业构建高水平研发机构，形成完善的研发组织体系，集聚高端创新人才。引导领军企业联合中小企业和科研单位系统布局创新链，提供产业技术创新整体解决方案。培育一批核心技术能力突出、集成创新能力强、引领重要产业发展的创新型企业，力争有一批企业进入全球百强创新型企业。

2. 建设世界一流大学和一流学科。加快中国特色现代大学制度建设，深入推进管、办、评分离，扩大学校办学自主权，完善学校内部治理结构。引导大学加强基础研究和追求学术卓越，组建跨学科、综合交叉的科研团队，形成一批优势学科集群和高水平科技创新基地，建立创新能力评估基础上的绩效拨款制度，系统提升人才培养、学科建设、科技研发三位一体创新水平。增强原始创新能力和服务经济社会发展能力，推动一批高水平大学和学科进入世界一流行列或前列。

3. 建设世界一流科研院所。明晰科研院所功能定位，增强在基础前沿和行业共性关键技术研发中的骨干引领作用。健全现代科研院所制度，形成符合创新规律、体现领域特色、实施分类管理的法人治理结构。围绕国家重大任务，有效整合优势科研资源，建设综合性、高水平的国际化科技创新基地，在若干优势领域形成一批具有鲜明特色的世界级科学研究中心。

4. 发展面向市场的新型研发机构。围绕区域性、行业性重大技术需求，实行多元化投资、多样化模式、市场化运作，发展多种形式的先进技术研发、成果转化和产业孵化机构。

5. 构建专业化技术转移服务体系。发展研发设计、中试熟化、创业孵化、检验检测认证、知识产权等各类科技服务。完善全国技术交易市场体系，发展规范化、专业化、市场化、网络化的技术和知识产权交易平台。科研院所和高校建立专业化技术转移机构和职业化技术转移人才队伍，畅通技术转移通道。

（六）实施重大科技项目和工程，实现重点跨越

在关系国家安全和长远发展的重点领域，部署一批重大科

技项目和工程。

面向2020年，继续加快实施已部署的国家科技重大专项，聚焦目标、突出重点，攻克高端通用芯片、高档数控机床、集成电路装备、宽带移动通信、油气田、核电站、水污染治理、转基因生物新品种、新药创制、传染病防治等方面的关键核心技术，形成若干战略性技术和战略性产品，培育新兴产业。

面向2030年，坚持有所为有所不为，尽快启动航空发动机及燃气轮机重大项目，在量子通信、信息网络、智能制造和机器人、深空深海探测、重点新材料和新能源、脑科学、健康医疗等领域，充分论证，把准方向，明确重点，再部署一批体现国家战略意图的重大科技项目和工程。

面向2020年的重大专项与面向2030年的重大科技项目和工程，形成梯次接续的系统布局，并根据国际科技发展的新进展和我国经济社会发展的新需求，及时进行滚动调整和优化。要发挥社会主义市场经济条件下的新型举国体制优势，集中力量，协同攻关，持久发力，久久为功，加快突破重大核心技术，开发重大战略性产品，在国家战略优先领域率先实现跨越。

（七）建设高水平人才队伍，筑牢创新根基

加快建设科技创新领军人才和高技能人才队伍。围绕重要学科领域和创新方向造就一批世界水平的科学家、科技领军人才、工程师和高水平创新团队，注重培养一线创新人才和青年科技人才，对青年人才开辟特殊支持渠道，支持高校、科研院所、企业面向全球招聘人才。倡导崇尚技能、精益求精的职业精神，在各行各业大规模培养高级技师、技术工人等高技能人才。优化人才成长环境，实施更加积极的创新创业人才激励和吸引政策，推行科技成果处置收益和股权期权激励制度，让各类主体、不同岗位的创新人才都能在科技成果产业化过程中得到合理回报。

发挥企业家在创新创业中的重要作用，大力倡导企业家精神，树立创新光荣、创新致富的社会导向，依法保护企业家的创新收益和财产权，培养造就一大批勇于创新、敢于冒险的创新型企业家，建设专业化、市场化、国际化的职业经理人队伍。

推动教育创新，改革人才培养模式，把科学精神、创新思维、创造能力和社会责任感的培养贯穿教育全过程。完善高端创新人才和产业技能人才"二元支撑"的人才培养体系，加强普通教育与职业教育衔接。

(八) 推动创新创业，激发全社会创造活力

建设和完善创新创业载体，发展创客经济，形成大众创业、万众创新的生动局面。

1. 发展众创空间。依托移动互联网、大数据、云计算等现代信息技术，发展新型创业服务模式，建立一批低成本、便利化、开放式众创空间和虚拟创新社区，建设多种形式的孵化机构，构建"孵化+创投"的创业模式，为创业者提供工作空间、网络空间、社交空间、共享空间，降低大众参与创新创业的成本和门槛。

2. 孵化培育创新型小微企业。适应小型化、智能化、专业化的产业组织新特征，推动分布式、网络化的创新，鼓励企业开展商业模式创新，引导社会资本参与建设面向小微企业的社会化技术创新公共服务平台，推动小微企业向"专精特新"发展，让大批创新活力旺盛的小微企业不断涌现。

3. 鼓励人人创新。推动创客文化进学校，设立创新创业课程，开展品牌性创客活动，鼓励学生动手、实践、创业。支持

企业员工参与工艺改进和产品设计,鼓励一切有益的微创新、微创业和小发明、小改进,将奇思妙想、创新创意转化为实实在在的创业活动。

五、战略保障

实施创新驱动发展战略,必须从体制改革、环境营造、资源投入、扩大开放等方面加大保障力度。

(一)改革创新治理体系

顺应创新主体多元、活动多样、路径多变的新趋势,推动政府管理创新,形成多元参与、协同高效的创新治理格局。

建立国家高层次创新决策咨询机制,定期向党中央、国务院报告国内外科技创新动态,提出重大政策建议。转变政府创新管理职能,合理定位政府和市场功能。强化政府战略规划、政策制定、环境营造、公共服务、监督评估和重大任务实施等职能。对于竞争性的新技术、新产品、新业态开发,应交由市场和企业来决定。建立创新治理的社会参与机制,发挥各类行业协会、基金会、科技社团等在推动创新驱动发展中的作用。

合理确定中央各部门功能性分工,发挥行业主管部门在创新需求凝炼、任务组织实施、成果推广应用等方面的作用。科学划分中央和地方科技管理事权,中央政府职能侧重全局性、基础性、长远性工作,地方政府职能侧重推动技术开发和转化应用。

构建国家科技管理基础制度。再造科技计划管理体系,改进和优化国家科技计划管理流程,建设国家科技计划管理信息系统,构建覆盖全过程的监督和评估制度。完善国家科技报告制度,建立国家重大科研基础设施和科技基础条件平台开放共享制度，推动科技资源向各类创新主体开放。建立国家创新调查制度，引导各地树立创新发展导向。

(二) 多渠道增加创新投入

切实加大对基础性、战略性和公益性研究稳定支持力度，完善稳定支持和竞争性支持相协调的机制。改革中央财政科技计划和资金管理，提高资金使用效益。完善激励企业研发的普惠性政策，引导企业成为技术创新投入主体。

探索建立符合中国国情、适合科技创业企业发展的金融服务模式。鼓励银行业金融机构创新金融产品，拓展多层次资本市场支持创新的功能，积极发展天使投资，壮大创业投资规模，运用互联网金融支持创新。充分发挥科技成果转化、中小企业创新、新兴产业培育等方面基金的作用，引导带动社会资本投入创新。

(三) 全方位推进开放创新

抓住全球创新资源加速流动和我国经济地位上升的历史机遇，提高我国全球配置创新资源能力。支持企业面向全球布局创新网络，鼓励建立海外研发中心，按照国际规则并购、合资、参股国外创新型企业和研发机构，提高海外知识产权运营能力。以卫星、高铁、核能、超级计算机等为重点，推动我国先进技术和装备走出去。鼓励外商投资战略性新兴产业、高新技术产业、现代服务业，支持跨国公司在中国设立研发中心，实现引资、引智、引技相结合。

深入参与全球科技创新治理，主动设置全球性创新议题，积极参与重大国际科技合作规则制定，共同应对粮食安全、能源安全、环境污染、气候变化以及公共卫生等全球性挑战。丰富和深化创新对话，围绕落实"一带一路"战略构想和亚太互联互通蓝图,合作建设面向沿线国家的科技创新基地。积极参与和主导国际大科学计划和工程,提高国家科技计划对外开放水平。

(四) 完善突出创新导向的评价制度

根据不同创新活动的规律和特点,建立健全科学分类的创新评价制度体系。推进高校和科研院所分类评价,实施绩效评价,把技术转移和科研成果对经济社会的影响纳入评价指标,将评价结果作为财政科技经费支持的重要依据。完善人才评价制度,进一步改革完善职称评审制度,增加用人单位评价自主权。推行第三方评价,探索建立政府、社会组织、公众等多方参与的评价机制,拓展社会化、专业化、国际化评价渠道。改革国家科技奖励制度,优化结构、减少数量、提高质量,逐步由申报制改为提名制,强化对人的激励。发展具有品牌和公信力的社会奖项。完善国民经济核算体系,逐步探索将反映创新活动的研发支出纳入投资统计,反映无形资产对经济的贡献,突出创新活动的投入和成效。改革完善国有企业评价机制,把研发投入和创新绩效作为重要考核指标。

(五) 实施知识产权、标准、质量和品牌战略

加快建设知识产权强国。深化知识产权领域改革,深入实施知识产权战略行动计划,提高知识产权的创造、运用、保护和管理能力。引导支持市场主体创造和运用知识产权,以知识产权利益分享机制为纽带,促进创新成果知识产权化。充分发挥知识产权司法保护的主导作用,增强全民知识产权保护意识,强化知识产权制度对创新的基本保障作用。健全防止滥用知识产权的反垄断审查制度,建立知识产权侵权国际调查和海外维权机制。

提升中国标准水平。强化基础通用标准研制，健全技术创新、专利保护与标准化互动支撑机制，及时将先进技术转化为标准。推动我国产业采用国际先进标准，强化强制性标准制定与实施，形成支撑产业升级的标准群，全面提高行业技术标准和产业准入水平。支持我国企业、联盟和社团参与或主导国际标准研制，推动我国优势技术与标准成为国际标准。

推动质量强国和中国品牌建设。完善质量诚信体系，形成一批品牌形象突出、服务平台完备、质量水平一流的优势企业和产业集群。制定品牌评价国际标准，建立国际互认的品牌评价体系，推动中国优质品牌国际化。

（六）培育创新友好的社会环境

健全保护创新的法治环境。加快创新薄弱环节和领域的立法进程，修改不符合创新导向的法规文件，废除制约创新的制度规定，构建综合配套精细化的法治保障体系。

培育开放公平的市场环境。加快突破行业垄断和市场分割。强化需求侧创新政策的引导作用，建立符合国际规则的政府采购制度，利用首台套订购、普惠性财税和保险等政策手段，降低企业创新成本，扩大创新产品和服务的市场空间。推进要素价格形成机制的市场化改革，强化能源资源、生态环境等方面的刚性约束，提高科技和人才等创新要素在产品价格中的权重，让善于创新者获得更大的竞争优势。

营造崇尚创新的文化环境。大力宣传广大科技工作者爱国奉献、勇攀高峰的感人事迹和崇高精神，在全社会形成鼓励创造、追求卓越的创新文化，推动创新成为民族精神的重要内涵。倡导百家争鸣、尊重科学家个性的学术文化，增强敢为人先、勇于冒尖、大胆质疑的创新自信。重视科研试错探索价值，建立鼓励创新、宽容失败的容错纠错机制。营造宽松的科研氛围，保障科技人员的学术自由。加强科研诚信建设，引导广大科技工作者恪守学术道德，坚守社会责任。加强科学教育，丰富科学教育教学内容和形式，激发青少年的科技兴趣。加强科学技术普及，提高全民科学素养，在全社会塑造科学理性精神。

六、组织实施

实施创新驱动发展战略是我们党在新时期的重大历史使命。全党全国必须统一思想，各级党委和政府必须切实增强责任感和紧迫感，统筹谋划，系统部署，精心组织，扎实推进。

加强领导。按照党中央、国务院统一部署，国家科技体制改革和创新体系建设领导小组负责本纲要的具体组织实施工作，加强对创新驱动发展重大战略问题的研究和审议，指导推动纲要落实。

分工协作。国务院和军队各有关部门、各省（自治区、直辖市）要根据本纲要制定具体实施方案，强化大局意识、责任意识，加强协同、形成合力。

开展试点。加强任务分解，明确责任单位和进度安排，制订年度和阶段性实施计划。对重大改革任务和重点政策措施，要制定具体方案，开展试点。

监测评价。完善以创新发展为导向的考核机制，将创新驱动发展成效作为重要考核指标，引导广大干部树立正确政绩观。加强创新调查，建立定期监测评估和滚动调整机制。

加强宣传。做好舆论宣传，及时宣传报道创新驱动发展的新进展、新成效，让创新驱动发展理念成为全社会共识，调动全社会参与支持创新积极性。

全党全社会要紧密团结在以习近平同志为总书记的党中央周围,把各方面力量凝聚到创新驱动发展上来,为全面建成创新型国家、实现中华民族伟大复兴的中国梦而努力奋斗。

附录三　专利合作条约

1970 年 6 月 19 日签订于华盛顿

1979 年 9 月 28 日修正

1984 年 2 月 3 日和 2001 年 10 月 3 日修改

目　录*

前　言

绪　则

　　第 1 条：联盟的建立

　　第 2 条：定义

第 I 章：国际申请和国际检索

　　第 3 条：国际申请

　　第 4 条：请求书

　　第 5 条：说明书

　　第 6 条：权利要求书

　　第 7 条：附图

　　第 8 条：要求优先权

　　第 9 条：申请人

＊ 本条约签字本中没有这个目录，本目录是为了便于读者查阅而增编的。

第 10 条：受理局

第 11 条：国际申请的申请日和效力

第 12 条：将国际申请送交国际局和国际检索单位

第 13 条：向指定局提供国际申请副本

第 14 条：国际申请中的某些缺陷

第 15 条：国际检索

第 16 条：国际检索单位

第 17 条：国际检索单位的程序

第 18 条：国际检索报告

第 19 条：向国际局提出对权利要求书的修改

第 20 条：向指定局的送达

第 21 条：国际公布

第 22 条：向指定局提供副本、译本和缴纳费用

第 23 条：国家程序的推迟

第 24 条：在指定国的效力可能丧失

第 25 条：指定局的复查

第 26 条：向指定局提出改正的机会

第 27 条：国家的要求

第 28 条：向指定局提出对权利要求书、说明书和附图的修改

第 29 条：国际公布的效力

第 30 条：国际申请的保密性

第 Ⅱ 章：国际初步审查

第 31 条：要求国际初步审查

第 32 条：国际初步审查单位

第 33 条：国际初步审查

第 34 条：国际初步审查单位的程序

第 35 条：国际初步审查报告

第 36 条：国际初步审查报告的送交、翻译和送达

第 37 条：国际初步审查要求或选定的撤回

第 38 条：国际初步审查的保密性

第 39 条：向选定局提供副本、译本和缴纳费用

第 40 条：国家审查和其他处理程序的推迟

第 41 条：向选定局提出对权利要求书、说明书和附图的修改

第 42 条：选定局的国家审查的结果

第Ⅲ章：共同规定

第 43 条：寻求某些种类的保护

第 44 条：寻求两种保护

第 45 条：地区专利条约

第 46 条：国际申请的不正确译文

第 47 条：期限

第 48 条：延误某些期限

第 49 条：在国际单位执行业务的权利

第Ⅳ章：技术服务

第 50 条：专利信息服务

第 51 条：技术援助

第 52 条：与本条约其他规定的关系

第Ⅴ章：行政规定

第 53 条：大会

第 54 条：执行委员会

第 55 条：国际局

第56条：技术合作委员会

第57条：财务

第58条：实施细则

第Ⅵ章：争议

第59条：争议

第Ⅶ章：修订和修改

第60条：本条约的修订

第61条：本条约某些规定的修改

第Ⅷ章：最后条款

第62条：加入本条约

第63条：本条约的生效

第64条：保留

第65条：逐步适用

第66条：退出

第67条：签字和语言

第68条：保管的职责

第69条：通知

前　言

缔约各国，期望对科学和技术的进步作出贡献，期望使发明的法律保护臻于完备，期望简化在几个国家取得发明保护的手续，并使之更加经济，期望使公众便于尽快获得记载新发明的文件中的技术信息，期望通过采用提高发展中国家为保护发明而建立的国家或地区法律制度的效率的措施，来促进和加速这些国家的经济发展；其办法是，对适合其特殊需要的技术解决方案提供易于利用的信息，以及对数量日益增长的现代技术提供利用的方便，深信各国之间的合作将大大有助于达到这些目的，缔结本条约。

绪　则

第 1 条　联盟的建立

（1）参加本条约的国家（下称各缔约国）组成联盟，对保护发明的申请的提出、检索和审查进行合作，并提供特殊的技术服务。本联盟称为国际专利合作联盟。

（2）本条约的任何规定不应解释为有损保护工业产权巴黎公约缔约国的任何国民或居民按照该公约应该享有的权利。

第 2 条　定义

除另有明文规定外，为本条约和实施细则的目的，

（i）"申请"是指保护发明的申请；述及"申请"应解释为述及发明专利、发明人证书、实用证书、实用新型、增补专利或增补证书、增补发明人证书和增补实用证书的申请；

（ii）述及"专利"应解释为述及发明专利、发明人证书、实用证书、实用新型、增补专利或增补证书、增补发明人证书和增补实用证书；

（iii）"国家专利"是指由国家机关授予的专利；

（iv）"地区专利"是指有权授予在一个以上国家发生效力的专利的国家机关或政府间机关所授予的专利；

（v）"地区申请"是指地区专利的申请；

（vi）述及"国家申请"应解释为述及国家专利和地区专利的申请，但按本条约提出的申请除外；

（vii）"国际申请"是指按本条约提出的申请；

（viii）述及"申请"应解释为述及国际申请和国家申请；

（ix）述及"专利"应解释为述及国家专利和地区专利；

（x）述及"本国法"应解释为述及缔约国的本国法，或者，如果述及地区申请或地区专利，则指述及规定提出地区申请或授予地区专利的条约；

（xi）为计算期限的目的，"优先权日"是指：

（a）国际申请中包含按第 8 条提出的一项优先权要求的，指作为优先权基础的申请的提出日期；

（b）国际申请中包含按第 8 条提出的几项优先权要求的，指作为优先权基础的最早申请的提出日期；

（c）国际申请中不包含按第 8 条提出的优先权要求的，指该申请的国际申请日；

（xii）"国家局"是指缔约国授权发给专利的政府机关；凡提及"国家局"时，应解释为也是指几个国家授权发给地区专利的政府间机关，但这些国家中至少应有一国是缔约国，而且这些国家已授权该机关承担本条约和细则为各国家局所规定的义务并行使该条约和细则为各国家局所规定的权力；

（xiii）"指定局"是指申请人按本条约第Ⅰ章所指定的国家的国家局或代表该国的国家局；

（xiv）"选定局"是指申请人按本条约第Ⅱ章所选定的国家的国家局或代表该国的国家局；

（xv）"受理局"是指受理国际申请的国家局或政府间组织；

（xvi）"本联盟"是指国际专利合作联盟；

（xvii）"大会"是指本联盟的大会；

（xviii）"本组织"是指"世界知识产权组织"；

（xix）"国际局"是指本组织的国际局和保护知识产权联合国际局（在后者存在期间）；

（xx）"总干事"是指本组织的总干事和保护知识产权联合国际局（在该局存在期间）的局长。

第 I 章　国际申请和国际检索

第 3 条　国际申请

（1）在任何缔约国，保护发明的申请都可以按照本条约作为国际申请提出。

（2）按照本条约和细则的规定，国际申请应包括请求书、说明书、一项或几项权利要求、一幅或几幅附图（需要时）和摘要。

（3）摘要仅作为技术信息之用，不能考虑作为任何其他用途，特别是不能用来解释所要求的保护范围。

（4）国际申请应该：

（i）使用规定的语言；

（ii）符合规定的形式要求；

（iii）符合规定的发明单一性的要求；

（iv）按照规定缴纳费用。

第 4 条　请求书

（1）请求书应该包括：

（i）请求将国际申请按本条约的规定予以处理；

（ii）指定一个或几个缔约国，要求这些国家在国际申请的基础上对发明给予保护（"指定国"）；如果对于任何指定国可以获得地区专利，并且申请人希望获得地区专利而非国家专利的，应在请求书中说明；如果按照地区专利条约的规定，申请人不能将其申请限制在该条约的某些缔约国的，指定这些国家中的一国并说明希望获得地区专利，应认为指定该条约的所有缔约国；如果按照指定国的本国法，对该国的指定具有申请地

区专利的效力的,对该国的指定应认为声明希望获得地区专利;

(iii) 申请人和代理人 (如果有的话) 的姓名和其他规定事项;

(iv) 发明的名称;

(v) 发明人的姓名和其他规定事项——如果指定国中至少有一国的本国法规定在提出国家申请时应该提供这些事项。在其他情况下,上述这些事项可以在请求书中提供,也可以在写给每一个指定国的通知中提供,如果该国本国法要求提供这些事项,但是允许提出国家申请以后提供这些事项。

(2) 每一个指定都应在规定的期限内缴纳规定的费用。

(3) 除申请人要求第43条所述的其他任何一种保护外,指定国家是指希望得到的保护是由指定国授予专利或者代表指定国授予专利。为本款的目的,不适用第2条 (ii) 的规定。

(4) 指定国的本国法要求提供发明人的姓名和其他规定事项,但允许在提出国家申请以后提供的,请求书中没有提供这些事项在这些指定国不应产生任何后果。指定国的本国法不要求提供这些事项的,没有另行提供这些事项在这些指定国也不应产生任何后果。

第5条 说明书

说明书应对发明作出清楚和完整的说明,足以使本技术领域的技术人员能实施该项发明。

第6条 权利要求书

权利要求应确定要求保护的内容。权利要求应清楚和简明,并应以说明书作为充分依据。

第7条 附图

(1) 除本条 (2) (ii) 另有规定外,对理解发明有必要时,应有附图。

（2）对理解发明虽无必要，但发明的性质容许用附图说明的：

（i）申请人在提出国际申请时可以将这些附图包括在内；

（ii）任何指定局可以要求申请人在规定的期限内向该局提供这些附图。

第8条　要求优先权

（1）国际申请可以按细则的规定包含一项声明，要求在保护工业产权巴黎公约缔约国提出或对该缔约国有效的一项或几项在先申请的优先权。

（2）

（a）除（b）另有规定外，按（1）提出的优先权要求的条件和效力，应按照保护工业产权巴黎公约的斯德哥尔摩议定书第4条的规定。

（b）国际申请要求在一个缔约国提出或对该缔约国有效的一项或几项在先申请的优先权的，可以包含对该国的指定。国际申请要求在一个指定国提出或对该指定国有效的一项或几项国家申请的优先权的，或者要求仅指定一个国家的国际申请的优先权的，在该国要求优先权的条件和效力应按照该国本国法的规定。

第9条　申请人

（1）缔约国的任何居民或国民均可提出国际申请。

（2）大会可以决定，允许保护工业产权巴黎公约缔约国但不是本条约缔约国的居民或国民提出国际申请。

（3）居所和国籍的概念，以及这些概念在有几个申请人或者这些申请人对所有指定国并不相同的情形的适用，由细则规定。

第 10 条 受理局

国际申请应向规定的受理局提出。该受理局应按本条约和细则的规定对国际申请进行检查和处理。

第 11 条 国际申请的申请日和效力

(1) 受理局应以收到国际申请之日作为国际申请日,但以该局在收到申请时认定该申请符合下列要求为限:

(ⅰ) 申请人并不因为居所或国籍的原因而明显缺乏向该受理局提出国际申请的权利;

(ⅱ) 国际申请是用规定的语言撰写;

(ⅲ) 国际申请至少包括下列项目:

(a) 说明是作为国际申请提出的;

(b) 至少指定一个缔约国;

(c) 按规定方式写明的申请人的姓名或者名称;

(d) 有一部分表面上看像是说明书;

(e) 有一部分表面上看像是一项或几项权利要求。

(2)

(a) 如果受理局在收到国际申请时认定该申请不符合本条(1) 列举的要求,该局应按细则的规定,要求申请人提供必要的改正。

(b) 如果申请人按细则的规定履行了上述的要求,受理局应以收到必要的改正之日作为国际申请日。

(3) 除第 64 条(4) 另有规定外,国际申请符合本条(1)(ⅰ) 至(ⅲ) 列举的要求并已被给予国际申请日的,在每个指定国内自国际申请日起具有正规的国家申请的效力。国际申请日应认为是在每个指定国的实际申请日。

(4) 国际申请符合本条(1)(ⅰ) 至(ⅲ) 列举的要求的,

即相当于保护工业产权巴黎公约所称的正规国家申请。

第 12 条　将国际申请送交国际局和国际检索单位

(1) 按照细则的规定,国际申请一份由受理局保存("受理本"),一份送交国际局("登记本"),另一份送交第 116 条所述的主管国际检索单位("检索本")。

(2) 登记本应被视为是国际申请的正本。

(3) 如果国际局在规定的期限内没有收到登记本,国际申请即被视为撤回。

第 13 条　向指定局提供国际申请副本

(1) 任何指定局可以要求国际局在按第 0 条规定送达之前将一份国际申请副本送交该局,国际局应在从优先权日起一年期满后尽快将一份国际申请副本送交该指定局。

(2)

(a) 申请人可以在任何时候将其一份国际申请副本送交任一指定局。

(b) 申请人可以在任何时候要求国际局将其一份国际申请副本送交任一指定局。国际局应尽快将该国际申请副本送交该指定局。

(c) 任何国家局可以通知国际局,说明不愿接受(b)规定的副本。在这种情况下,该项规定不适用于该局。

第 14 条　国际申请中的某些缺陷

(1)

(a) 受理局应检查国际申请是否有下列缺陷,即:

(i) 国际申请没有按细则的规定签字;

(ii) 国际申请没有按规定载明申请人的情况;

(iii) 国际申请没有发明名称;

(iv) 国际申请没有摘要；

(v) 国际申请不符合细则规定的形式要求。

(b) 如果受理局发现上述缺陷，应要求申请人在规定期限内改正该国际申请，期满不改正的，该申请即被视为撤回，并由受理局作相应的宣布。

(2) 如果国际申请提及附图，而实际上该申请并没有附图，受理局应相应地通知申请人，申请人可以在规定的期限内提供这些附图；如果申请人在规定期限内提供这些附图的，应以受理局收到附图之日为国际申请日。否则，应认为该申请没有提及附图。

(3)

(a) 如果受理局发现在规定的期限内没有缴纳第3条（4）(iv) 所规定的费用，或者对于任何一个指定国都没有缴纳第4条（2）规定的费用，国际申请即被视为撤回，并由受理局作相应的宣布。

(b) 如果受理局发现，已经在规定的期限内就一个或几个指定国家（但不是全部国家）缴清第4条（2）规定的费用，对其余指定国家没有在规定期限内缴清该项费用的，其指定即被视为撤回，并由受理局作相应的宣布。

(4) 如果在国际申请被给予国际申请日之后，受理局在规定的期限内发现，第11条（1）(i) 至 (iii) 列举的任何一项要求在该日没有履行，上述申请即被视为撤回，并由受理局作相应的宣布。

第15条 国际检索

(1) 每一国际申请都应经过国际检索。

(2) 国际检索的目的是发现有关的现有技术。

(3) 国际检索应在权利要求书的基础上进行，并适当考虑到说明书和附图（如果有的话）。

(4) 第 16 条所述的国际检索单位应在其条件允许的情况下，尽量努力发现有关的现有技术，但无论如何应当查阅细则规定的文献。

(5)

(a) 如果缔约国的本国法允许，向该国或代表该国的国家局提出国家申请的申请人，可以按照该本国法规定的条件要求对该申请进行一次与国际检索相似的检索（"国际式检索"）。

(b) 如果缔约国的本国法允许，该国或代表该国的国家局可以将向其提出的国家申请交付国际式检索。

(c) 国际式检索应由第 16 条所述的国际检索单位进行，这个国际检索单位也就是假设国家申请是向（a）和（b）所述的专利局提出的国际申请时有权对之进行国际检索的国际检索单位。如果国家申请是用国际检索单位认为自己没有人能处理的语言撰写的，该国际式检索应该用申请人准备的译文进行，该译文的语言应该是为国际申请所规定并且是国际检索单位同意接受的国际申请的语言。如果国际检索单位要求，国家申请及其译文应按照为国际申请所规定的形式提出。

第 16 条　国际检索单位

(1) 国际检索应由国际检索单位进行。该单位可以是一个国家局，或者是一个政府间组织，如国际专利机构，其任务包括对作为申请主题的发明提出现有技术的文献检索报告。

(2) 在设立单一的国际检索单位之前，如果存在几个国际检索单位，每个受理局应按照本条（3）（b）所述的适用协议的规定，指定一个或几个有权对向该局提出的国际申请进行检索的国际检索单位。

(3)

(a) 国际检索单位应由大会指定。符合（c）要求的国家局和政府间组织均可以被指定为国际检索单位。

(b) 前项指定以取得将被指定的国家局或政府间组织的同意，并由该局或该组织与国际局签订协议为条件，该协议须经大会批准。该协议应规定双方的权利和义务，特别是上述局或组织正式承诺执行和遵守国际检索的所有各项共同规则。

(c) 细则应规定，国家局或政府间组织在其被指定为国际检索单位之前必须满足，而且在其被指定期间必须继续满足的最低要求，尤其是关于人员和文献的要求。

(d) 指定应有一定的期限，期满可以延长。

(e) 在大会对任何国家局或政府间组织的指定或对其指定的延长作出决定之前，或在大会听任此种指定终止之前，大会应听取有关局或组织的意见，一旦第 56 条所述的技术合作委员会成立之后，并应征求该委员会的意见。

第 17 条　国际检索单位的程序

(1) 国际检索单位的检索程序应依本条约、细则以及国际局与该单位签订的协议的规定，但该协议不得违反本条约和细则的规定。

(2)

(a) 如果国际检索单位认为：

(i) 国际申请涉及的内容按细则的规定不要求国际检索单位检索，而且该单位对该特定案件决定不作检索；或者

(ii) 说明书、权利要求书或附图不符合规定要求，以至于不能进行有意义的检索；

上述检索单位应作相应的宣布,并通知申请人和国际局将不作出国际检索报告。

(b) 如果(a)所述的任何一种情况仅存在于某些权利要求,国际检索报告中应对这些权利要求加以相应的说明,而对其他权利要求则应按第8条的规定作出国际检索报告。

(3)

(a) 如果国际检索单位认为国际申请不符合细则中规定的发明单一性的要求,该检索单位应要求申请人缴纳附加费。国际检索单位应对国际申请的权利要求中首先提到的发明("主要发明")部分作出国际检索报告;在规定期限内付清要求的附加费后,再对国际申请中已经缴纳该项费用的发明部分作出国际检索报告。

(b) 指定国的本国法可以规定,如果该国的国家局认为(a) 所述的国际检索单位的要求是正当的,而申请人并未付清所有应缴纳的附加费,国际申请中因此而未经检索的部分,就其在该国的效力而言,除非申请人向该国的国家局缴纳特别费用,即被视为撤回。

第18条　国际检索报告

(1) 国际检索报告应在规定的期限内按规定的格式作出。

(2) 国际检索单位作出国际检索报告后,应尽快将报告送交申请人和国际局。

(3) 国际检索报告或依第17条(2)(a)所述的宣布,应按细则的规定予以翻译。译文应由国际局作出,或在其承担责任的情况下作出。

第19条　向国际局提出对权利要求书的修改

(1) 申请人在收到国际检索报告后,有权享受一次机会,在规定的期限内对国际申请的权利要求向国际局提出修改。申请人可以按细则的规定同时提出一项简短声明,解释上述修改并指出其对说明书和附图可能产生的影响。

(2) 修改不应超出国际申请提出时对发明公开的范围。

(3) 如果指定国的本国法准许修改超出上述公开范围,不遵守本条(2)的规定在该国不应产生任何后果。

第 20 条　向指定局的送达

(1)

(a) 国际申请连同国际检索报告,包括按第 17 条(2)(b) 所作的任何说明,或者按第 17 条(2)(a) 所作的宣布,应按细则的规定送达每一个指定局,除非该指定局全部或部分放弃这种要求。

(b) 送达的材料应包括上述报告或宣布的(按规定的)译文。

(2) 如果根据第 19 条(1) 对权利要求作出了修改,送达的材料应包括原提出的和经过修改的权利要求的全文,或者包括原提出的权利要求的全文并具体说明修改的各点,并且还应包括第 19 条(1) 所述的声明,如果有时。

(3) 国际检索单位根据指定局或申请人的请求,应按细则的规定,将国际检索报告中引用的文件副本分别送达上述指定局或申请人。

第 21 条　国际公布

(1) 国际局应公布国际申请。

(2)

(a) 除本款(b) 和第 64 条(3) 规定的例外以外,国际申请的国际公布应在自该申请的优先权日起满 18 个月后迅速予以办理。

(b) 申请人可以要求国际局在本款 (a) 所述的期限届满之前的任何时候公布其国际申请。国际局应按照细则的规定予以办理。

(3) 国际检索报告或第 17 条 (2) (a) 所述的宣布应按细则的规定予以公布。

(4) 国际公布所用的语言和格式以及其他细节，应按照细则的规定。

(5) 如果国际申请在其公布的技术准备完成以前被撤回或被视为撤回，即不进行国际公布。

(6) 如果国际局认为国际申请含有违反道德或公共秩序的词句或附图，或者国际局认为国际申请含有细则所规定的贬低性陈述，国际局在公布时可以删去这些词句、附图和陈述，同时指出删去的文字或附图的位置和字数或号数。根据请求，国际局提供删去部分的副本。

第 22 条　向指定局提供副本、译本和缴纳费用

(1) 申请人应在不迟于自优先权日起 30 [1] 个月届满之日，向每个指定局提供国际申请的副本（除非已按第 20 条的规定送达）及其译本（按照规定）各一份，并缴纳国家费用（如果有这种费用的话）。如果指定国的本国法要求写明发明人的姓名和其他规定的事项，但准许在提出国家申请之后提供这些说明的，除请求书中已包括这些说明外，申请人应在不迟于自优先权日

---

〔1〕编者注：自 2002 年 4 月 1 日施行的 30 个月期限不适用于已通知国际局其适用的国内法与该期限不符的指定局。只要修改后的第 22 条 (1) 的规定继续与其适用的国内法不符，至 2002 年 3 月 31 日有效的 20 个月期限在该日后对这些指定局继续有效。国际局收到的任何有关这种不符的信息将在公报以及世界知识产权组织下述网站上公告：www.wipo.int/pct/zh/texts/reservations/res_incomp.html。

起的 30[1]个月届满之日,向该国或代表该国的国家局提供上述说明。

(2)如果国际检索单位按照第 17 条(2)(a)的规定,宣布不作出国际检索报告,则完成(1)所述各项行为的期限与(1)所规定的期限相同。

(3)为完成本条(1)或(2)所述的行为,任何缔约国的本国法可以另行规定期限,该期限可以在前两款规定的期限之后届满。

第 23 条 国家程序的推迟

(1)在按照第 22 条适用的期限届满以前,任何指定局不应处理或审查国际申请。

(2)尽管有本条(1)的规定,指定局根据申请人的明确的请求,可以在任何时候处理或审查国际申请。

第 24 条 在指定国的效力可能丧失

(1)有下列情况之一的,除在下列(ii)的情况下第 25 条另有规定外,第 11 条(3)规定的国际申请的效力,在任何指定国家中应即终止,其后果和该国的任何国家申请的撤回相同:

(i)如果申请人撤回其国际申请或撤回对该国的指定;

(ii)如果根据第 12 条(3)、第 14 条(1)(b)、第 14 条(3)(a)或第 14 条(4),国际申请被视为撤回,或者如果根据第 14 条(3)(b),对该国的指定被视为撤回;

(iii)如果申请人没有在适用的期限内履行第 22 条所述的

---

[1] 编者注:自 2002 年 4 月 1 日施行的 30 个月期限不适用于已通知国际局其适用的国内法与该期限不符的指定局。只要修改后的第 22 条(1)的规定继续与其适用的国内法不符,至 2002 年 3 月 31 日有效的 20 个月期限在该日后对这些指定局继续有效。国际局收到的任何有关这种不符的信息将在公报以及世界知识产权组织下述网站上公告:www.wipo.int/pct/zh/texts/reservations/res_incomp.html。

行为。

（2）尽管有本条（1）的规定，任何指定局仍可以保持第 11 条（3）所规定的效力，甚至这种效力根据第 25 条（2）并不需要保持也一样。

第 25 条 指定局的复查

（1）

（a）如果受理局拒绝给予国际申请日，或者宣布国际申请已被视为撤回，或者如果国际局已经按第 12 条（3）作出认定，国际局应该根据申请人的请求，立即将档案中任何文件的副本送交申请人指明的任何指定局。

（b）如果受理局宣布对某一国家的指定已被视为撤回，国际局应该根据申请人的请求立即将档案中任何文件的副本送交该国的国家局。

（c）按照（a）或（b）的请求应在规定的期限内提出。

（2）

（a）除（b）另有规定外，如果在规定的期限内国家费用已经缴纳（如需缴费），并且适当的译文（按规定）已经提交，每个指定局应按本条约和细则的规定，决定（1）所述的拒绝、宣布或认定是否正当；如果指定局认为拒绝或宣布是由受理局的错误或疏忽造成的，或者认定是由国际局的错误或疏忽造成的，就国际申请在指定局所在国的效力而言，该局应和未发生这种错误或疏忽一样对待该国际申请。

（b）如果由于申请人的错误或疏忽，登记本到达国际局是在第 12 条（3）规定的期限届满之后，本款（a）的规定只有第 48 条（2）所述的情况下才应适用。

第 26 条　向指定局提出改正的机会

任何指定局在按照本国法所规定的对国家申请在相同或类似情况下允许改正的范围和程序，给予申请人以改正国际申请的机会之前，不得以不符合本条约和细则的要求为理由驳回国际申请。

第 27 条　国家的要求

（1）任何缔约国的本国法不得就国际申请的形式或内容提出与本条约和细则的规定不同的或其他额外的要求。

（2）指定局一旦开始处理国际申请后，（1）的规定既不影响第 7 条（2）规定的适用，也不妨碍任何缔约国的本国法要求提供下列各项：

（i）申请人是法人时，有权代表该法人的职员的姓名；

（ii）并非国际申请的一部分，但构成该申请中提出的主张或声明的证明的文件，包括该国际申请提出时是由申请人的代表或代理人签署，申请人以签字表示对该申请认可的文件。

（3）就指定国而言，如果申请人依该国本国法因不是发明人而没有资格提出国家申请，指定局可以驳回国际申请。

（4）如果从申请人的观点看，本国法对国家申请的形式或内容的要求比本条约和细则对国际申请所规定的要求更为有利，除申请人坚持对其国际申请适用本条约和细则规定的要求外，指定国或代表该指定国的国家局、法院和任何其他主管机关可以对该国际申请适用前一种要求以代替后一种要求。

（5）本条约和细则的任何规定都不得解释为意图限制任何缔约国按其意志规定授予专利权的实质性条件的自由。特别是，本条约和细则关于现有技术的定义的任何规定是专门为国际程序使用的，不构成对申请的形式和内容的要求。因而，各缔约国在确定国际申请中请求保护的发明的专利性时，可以自由适用其本国法关于现有技术及其他专利性条件的标准。

（6）缔约国的本国法可以要求申请人提供该法规定的关于专利性的任何实质条件的证据。

（7）任何受理局或者已开始处理国际申请的指定局，在本国法有关要求申请人指派有权在该局代表其自己的代理人以及（或者）要求申请人在指定国有一地址以便接受通知的范围内，可以适用本国法。

（8）本条约和细则中，没有一项规定的意图可以解释为限制任何缔约国为维护其国家安全而采用其认为必要的措施，或者为保护该国一般经济利益而限制其居民或国民提出国际申请的权利的自由。

第 28 条　向指定局提出对权利要求书、说明书和附图的修改

（1）申请人应有机会在规定的期限内，向每个指定局提出对权利要求书、说明书和附图的修改。除经申请人明确同意外，任何指定局，在该项期限届满前，不应授予专利权，也不应拒绝授予专利权。

（2）修改不应超出国际申请提出时对发明公开的范围，除非指定国的本国法允许修改超出该范围。

（3）在本条约和细则所没有规定的一切方面，修改应遵守指定国的本国法。

（4）如果指定局要求国际申请的译本，修改应使用该译本的语言。

第 29 条　国际公布的效力

（1）就申请人在指定国的任何权利的保护而言，国际申请

的国际公布在该国的效力,除(2)至(4)另有规定外,应与指定国本国法对未经审查的本国申请所规定的强制国家公布的效力相同。

(2) 如果国际公布所使用的语言和在指定国按本国法公布所使用的语言不同,该本国法可以规定(1)规定的效力仅从下列时间起才能产生:

(i) 使用后一种语言的译本已经按本国法的规定予以公布;或者

(ii) 使用后一种语言的译本已经按本国法的规定通过公开展示而向公众提供;或者

(iii) 使用后一种语言的译本已经由申请人送达实际的或未来的未经授权而使用国际申请中请求保护的发明的人;或者

(iv) 上列(i)和(iii)所述的行为,或(ii)和(iii)所述的行为已经发生。

(3) 如果根据申请人的要求,在自优先权日起的 18 个月期限届满以前国际申请已经予以国际公布,任何指定国的本国法可以规定,本条(1)规定的效力只有自优先权日起 18 个月期限届满后才能产生。

(4) 任何指定国的本国法可以规定,(1)规定的效力,只有自按第 21 条公布的国际申请的副本已为该国的或代表该国的国家局收到之日起才能产生。该局应将收到副本的日期尽快在其公报中予以公布。

第 30 条　国际申请的保密性

(1)

(a) 除(b)另有规定外,国际局和国际检索单位除根据申请人的请求或授权外,不得允许任何人或机构在国际申请的国际公布前接触该申请。

（b）上列（a）的规定不适用于将国际申请送交主管国际检索单位，不适用于按第 13 条规定的送交，也不适用于按第 20 条规定的送达。

（2）

（a）除根据申请人的请求或授权外，任何国家局均不得允许第三人在下列各日期中最早的日期之前接触国际申请：

（i）国际申请的国际公布日；

（ii）按第 20 条送达的国际申请的收到日期；

（iii）按第 22 条提供国际申请副本的收到日期。

（b）上列（a）的规定并不妨碍任何国家局将该局已经被指定的事实告知第三人，也不妨碍其公布上述事实。但这种告知或公布只能包括下列事项：受理局的名称、申请人的姓名或名称、国际申请日、国际申请号和发明名称。

（c）上列（a）的规定并不妨碍任何指定局为供司法当局使用而允许接触国际申请。

（3）上列（2）（a）的规定除涉及第 12 条（1）规定的送交外，适用于任何受理局。

（4）为本条的目的，"接触"一词包含第三人可以得知国际申请的任何方法，包括个别传递和普遍公布，但条件是在国际公布前，国家局不得普遍公布国际申请或其译本，或者如果在自优先权日起的 20 个月期限届满时，还没有进行国际公布，那么在自优先权日起的 20 个月届满前，国家局也不得普遍公布国际申请或其译本。

第Ⅱ章 国际初步审查

第 31 条 要求国际初步审查

（1）经申请人要求，对国际申请应按下列规定和细则进行国际初步审查。

（2）

（a）凡受第Ⅱ章约束的缔约国的居民或国民（按照细则的规定）的申请人，在其国际申请已提交该国或代表该国的受理局后，可以要求进行国际初步审查。

（b）大会可以决定准许有权提出国际申请的人要求国际初步审查，即使他们是没有参加本条约的国家或不受第Ⅱ章约束的国家的居民或国民。

（3）国际初步审查的要求应与国际申请分别提出，这种要求应包括规定事项，并使用规定的语言和格式。

（4）

（a）国际初步审查的要求应说明申请人预定在哪些缔约国使用国际初步审查的结果（"选定国"）。以后还可选定更多的缔约国。选定应只限于按第4条已被指定的缔约国。

（b）上列（2）（a）所述的申请人可以选定受第Ⅱ章约束的任何缔约国。本条（2）（b）所述的申请人只可以选定已经声明准备接受这些申请人选定的那些受第Ⅱ章约束的缔约国。

（5）要求国际初步审查，应在规定的期限内缴纳规定的费用。

（6）

（a）国际初步审查的要求应向第32条所述的主管国际初步审查单位提出。

(b) 任何以后的选定都应向国际局提出。

(7) 每个选定局应接到其被选定的通知。

第 32 条　国际初步审查单位

(1) 国际初步审查应由国际初步审查单位进行。

(2) 受理局［指第 31 条（2）（a）所述的要求的情形］和大会［指第 31 条（2）（b）所述的要求的情形］应按照有关的国际初步审查单位与国际局之间适用的协议，确定一个或几个主管初步审查的国际初步审查单位。

(3) 第 16 条（3）的规定比照适用于国际初步审查单位。

第 33 条　国际初步审查

(1) 国际初步审查的目的是对下述问题提出初步的无约束力的意见，即请求保护的发明看起来是否有新颖性、是否有创造性（非显而易见性）和是否有工业实用性。

(2) 为国际初步审查的目的，请求保护的发明如果是细则所规定的现有技术中所没有的，应认为具有新颖性。

(3) 为国际初步审查的目的，如果按细则所规定的现有技术考虑，请求保护的发明在规定的相关日期对本行业的技术人员不是显而易见的，它应被认为具有创造性。

(4) 为国际初步审查的目的，请求保护的发明如果根据其性质可以在任何一种工业中制造或使用（从技术意义上来说），应认为具有工业实用性。对"工业"一词应如同在保护工业产权巴黎公约中那样作最广义的理解。

(5) 上述标准只供国际初步审查之用。任何缔约国为了决定请求保护的发明在该国是否可以获得专利，可以采用附加的或不同的标准。

(6) 国际初步审查应考虑国际检索报告中引用的所有文件。

该审查也可以考虑被认为与特定案件有关的任何附加文件。

第 34 条　国际初步审查单位的程序

（1）国际初步审查单位的审查程序，应遵守本条约、细则以及国际局与该单位签订的协议，但该协议不得违反本条约和细则的规定。

（2）

（a）申请人有权以口头和书面与国际初步审查单位进行联系。

（b）在国际初步审查报告作出之前，申请人有权依规定的方式，并在规定的期限内修改权利要求书、说明书和附图。这种修改不应超出国际申请提出时对发明公开的范围。

（c）除国际初步审查单位认为下列所有条件均已具备外，申请人应从该单位至少得到一份书面意见：

（i）发明符合第 33 条（1）所规定的标准；

（ii）经该单位检查，国际申请符合本条约和细则的各项要求；

（iii）该单位不准备按照第 35 条（2）最后一句提出任何意见。

（d）申请人可以对上述书面意见作出答复。

（3）

（a）如果国际初步审查单位认为国际申请不符合细则所规定的发明单一性要求，可以要求申请人选择对权利要求加以限制，以符合该要求，或缴纳附加费。

（b）任何选定国的本国法可以规定，如果申请人按（a）规定选择对权利要求加以限制，国际申请中因限制的结果而不再是国际初步审查对象的那些部分，就其在该国的效力而言，应

·287·

该认为已经撤回，除非申请人向该国的国家局缴纳特别的费用。

（c）如果申请人在规定的期限内不履行本款（a）所述的要求，国际初步审查应就国际申请中看来是主要发明的那些部分作出国际初步审查报告，并在该报告中说明有关的事实。任何选定国的本国法可以规定，如果该国的国家局认为国际初步审查单位的要求是正当的，该国际申请中与主要发明无关的那些部分，就其在该国的效力来说，应认为已经撤回，除非申请人向该局缴纳特别的费用。

（4）

（a）如果国际初步审查单位认为：

（i）国际申请涉及的主题按照细则的规定并不要求国际初步审查单位进行国际初步审查，并且国际初步审查单位已决定不对该特定案件进行这种审查；或者

（ii）说明书、权利要求书或附图不清楚，或者权利要求在说明书中没有适当的依据，因而不能对请求保护的发明的新颖性、创造性（非显而易见性）或工业实用性形成有意义的意见；

则所述单位将不就第33条（1）规定的各项问题进行审查，并应将这种意见及其理由通知申请人。

（b）如果认为本款（a）所述的任何一种情况只存在于某些权利要求或只与某些权利要求有关，该项规定只适用于这些权利要求。

第35条　国际初步审查报告

（1）国际初步审查报告应在规定的期限内并按规定的格式写成。

（2）国际初步审查报告不应包括关于下列问题的说明，即请求保护的发明按照任何国家的本国法可以或看来可以取得专

利或不可以取得专利。除(3)另有规定外,报告应就每项权利要求作出说明,即该权利要求看来是否符合第33条(1)至(4)为国际初步审查的目的所规定的新颖性、创造性(非显而易见性)和工业实用性的标准。说明中应附有据以认为能证明所述结论的引用文件的清单,以及根据案件的情况可能需要作出的解释。说明还应附有细则所规定的其他意见。

(3)

(a)如果国际初步审查单位在作出国际初步审查报告时,认为存在着第34条(4)(a)所述的任何一种情况,该报告应说明这一意见及其理由。报告不应包括本条(2)所规定的任何说明。

(b)如果发现存在着第34条(4)(b)所述的情况,国际初步审查报告应对涉及的权利要求作出本款(a)所规定的说明,而对其他权利要求则应作出本条(2)规定的说明。

第36条 国际初步审查报告的送交、翻译和送达

(1)国际初步审查报告,连同规定的附件,应送交申请人和国际局。

(2)

(a)国际初步审查报告及其附件应译成规定的语言。

(b)上述报告的译本应由国际局作出或在其承担责任的情况下作出,而上述附件的译本则应由申请人作出。

(3)

(a)国际初步审查报告,连同其译本(按规定)以及其附件(用原来的语言),应由国际局送达每个选定局。

(b)附件的规定译本应由申请人在规定期限内送交各选定局。

(4) 第 20 条（3）的规定比照适用于国际初步审查报告中引用而在国际检索报告中未引用的任何文件的副本。

第 37 条　国际初步审查要求或选定的撤回

(1) 申请人可以撤回任何一个或所有的选定。

(2) 如果对所有选定国的选定都撤回，国际初步审查的要求应视为撤回。

(3)

(a) 任何撤回都应通知国际局。

(b) 国际局应相应通知有关的选定局和有关的国际初步审查单位。

(4)

(a) 除本款（b）另有规定外，撤回国际初步审查的要求或撤回对某个缔约国的选定，就该国而言，除非该国的本国法另有规定，应视为撤回国际申请。

(b) 如果撤回国际初步审查的要求或撤回选定是在第 22 条规定的适用期限届满之前，这种撤回不应该视为撤回国际申请；但是任何缔约国可以在其本国法中规定，只有在其国家局已在该期限内收到国际申请的副本及其译本（按照规定），以及国家费用的情形，本规定才适用。

第 38 条　国际初步审查的保密性

(1) 国际初步审查报告一经作出，除经申请人请求或授权，国际局或国际初步审查单位均不得准许除选定局外的任何个人或单位，以第 30 条（4）规定的意义并按其规定的限制，在任何时候接触国际初步审查的档案。

(2) 除本条（1）、第 36 条（1）和（3）以及第 37 条（3）(b) 另有规定外，如未经申请人请求或授权，无论国际局或国际初步审查单位均不得就国际初步审查报告的发布或不发布,以及就国际初步审查要求或选定的撤回或不撤回提供任何信息。

第 39 条 向选定局提供副本、译本和缴纳费用

(1)

(a) 如果在自优先权日起第 19 个月届满前已经选定缔约国、第 22 条的规定不适用于该国,申请人应在不迟于自优先权日起 30 个月届满之日向每个选定局提供国际申请副本(除非已按第 20 条的规定送达)和译本(按照规定)各一份,并缴纳国家费用(如果需要缴纳)。

(b) 为履行本款(a)所述的行为,任何缔约国的本国法可以另行规定期限比该项所规定的期限届满更迟。

(2) 如果申请人没有在按(1)(a)或(b)适用的期限内履行(1)(a)所述的行为,第 11 条(3)规定的效力即在选定国终止,其结果和在该选定国撤回国家申请相同。

(3) 即使申请人不遵守(1)(a)或(b)的要求,任何选定局仍可维持第 11 条(3)所规定的效力。

第 40 条 国家审查和其他处理程序的推迟

(1) 如果在自优先权日起第 19 个月届满之前已经选定某个缔约国,第 23 条的规定不适用于该国,该国的国家局或代表该国的国家局,除(2)另有规定外,在第 39 条适用的期限届满前,对国际申请不应进行审查和其他处理程序。

(2) 尽管有本条(1)的规定,任何一个选定局根据申请人的明确请求,可以在任何时候对国际申请进行审查和其他处理程序。

第 41 条　向选定局提出对权利要求书、说明书和附图的修改

（1）申请人应有机会在规定的期限内向每一个选定局提出对权利要求书、说明书和附图的修改。除经申请人明确同意外，任何选定局，在该项期限届满前，不应授予专利权，也不应拒绝授予专利权。

（2）修改不应超出国际申请提出时对发明公开的范围，除非选定国的本国法允许修改超出该范围。

（3）在本条约和细则所没有规定的一切方面，修改应遵守选定国的本国法。

（4）如果选定局要求国际申请的译本，修改应使用该译本的语言。

第 42 条　选定局的国家审查的结果

接到国际初步审查报告的选定局，不得要求申请人提供任何其他选定局对同一国际申请的审查有关的任何文件副本或有关其内容的信息。

第Ⅲ章　共同规定

第 43 条　寻求某些种类的保护

在任何指定国或选定国，按照其法律授予发明人证书、实用证书、实用新型、增补专利或增补证书、增补发明人证书或增补实用证书的，申请人可以按细则的规定，表示其国际申请就该国而言是请求授予发明人证书、实用证书或实用新型，而不是专利，或者表示请求授予增补专利或增补证书，增补发明人证书或增补实用证书，随此产生的效果取决于申请人的选择。为本条和其细则中有关本条的目的，第 2 条（ii）不应适用。

第 44 条　寻求两种保护

在任何指定国或选定国，按照其法律允许一项申请要求授予专利或第 43 条所述的其他各种保护之一的同时，也可以要求授予所述各种保护中另一种保护的，申请人可以按细则的规定，表明他所寻求的两种保护，随此产生的效果取决于申请人的表示。为本条的目的，第 2 条（ii）不应适用。

第 45 条　地区专利条约

（1）任何条约规定授予地区专利（"地区专利条约"），并对按照第 9 条有权提出国际申请的任何人给予申请此种专利的权利的，可以规定，凡指定或选定既是地区专利条约又是本条约的缔约国的国际申请，可以作为请求此种专利的申请提出。

（2）上述指定国或选定国的本国法可以规定，在国际申请中对该国的指定或选定，具有表明要求按地区专利条约取得地区专利的效力。

第 46 条　国际申请的不正确译文

如果因国际申请的不正确译文，致使根据该申请授予的专利的范围超出了使用原来语言的国际申请的范围，有关缔约国的主管当局可以相应地限制该专利的范围，并且对该专利超出使用原来语言的国际申请范围的部分宣告无效。这种限制和无效宣告有追溯既往的效力。

第 47 条　期限

（1）计算本条约所述的期限的细节，由细则规定。

（2）

（a）本第Ⅰ章和第Ⅱ章规定的所有期限，除按第 60 条规定的修改外，可以按照各缔约国的决定予以修改。

（b）上述决定应在大会作出，或者经由通讯投票作出，而且必须一致通过。

（c）程序的细节由细则规定。

第 48 条　延误某些期限

（1）如果本条约或细则规定的任何期限因邮政中断或者因邮递中不可避免的丢失或延误而未能遵守的，应视为该期限在该情况下已经遵守，但应有细则规定的证明和符合细则规定的其他条件。

（2）

（a）任何缔约国，就该国而言，应按照其本国法所许可的理由，对期限的任何延误予以宽恕。

（b）任何缔约国，就该国而言，可以按照（a）所述理由以外的理由，对期限的任何延误予以宽恕。

第 49 条　在国际单位执行业务的权利

任何律师、专利代理人或其他人员有权在提出国际申请的国家局执行业务的，应有权就该申请在国际局和主管的国际检索单位以及主管的国际初步审查单位执行业务。

第Ⅳ章　技术服务

第 50 条　专利信息服务

（1）国际局可以根据已公布的文件，主要是已公布的专利和专利申请，将其所得到的技术信息和任何其他有关信息提供服务（在本条中称为"信息服务"）。

（2）国际局可以直接地，或通过与该局达成协议的一个或一个以上的国际检索单位或其他国家的或国际的专门机构，来提供上述信息服务。

（3）信息服务进行的方式，应特别便利本身是发展中国家的缔约国获得技术知识和技术,包括可以得到的已公布的技术诀窍在内。

(4)信息服务应向缔约国政府及其国民和居民提供。大会可以决定也可以向其他人提供这些服务。

(5)

(a)向缔约国政府提供的任何服务应按成本收费,但该政府是一个发展中国家的缔约国政府时,提供服务的收费应低于成本,如果不足之数能够从向缔约国政府以外的其他人员提供服务所获得的利润中弥补,或能从第 51 条(4)所述的来源中弥补。

(b)本款(a)所述的成本费应该理解为高于国家局进行服务或国际检索单位履行义务正常征收的费用。

(6)有关实行本条规定的细节应遵照大会和大会为此目的可能设立的工作组(在大会规定的限度内)作出的决定。

(7)大会认为必要时,应建议筹措资金的方法,作为本条(5)所述办法的补充。

第 51 条 技术援助

(1)大会应设立技术援助委员会(本条称为"委员会")。

(2)

(a)委员会委员应在各缔约国中选举产生,适当照顾发展中国家的代表性。

(b)总干事应依其倡议或经委员会的请求,邀请向发展中国家提供技术援助的有关的政府间组织的代表参加委员会的工作。

(3)

(a)委员会的任务是组织和监督对本身是发展中国家的缔

约国个别地或在地区的基础上发展其专利制度的技术援助。

(b) 除其他事项外，技术援助应包括训练专门人员、借调专家以及为表演示范和操作目的提供设备。

(4) 为了依据本条进行的计划项目筹措资金，国际局应一方面寻求与国际金融组织和政府间组织，特别是联合国、联合国各机构以及与联合国有联系的有关技术援助的专门机构达成协议，另一方面寻求与接受技术援助的各国政府达成协议。

(5) 有关实行本条规定的细节，应遵照大会和大会为此目的可能设立的工作组（在大会规定的限度内）作出的决定。

第52条 与本条约其他规定的关系

本章中的任何规定均不影响本条约其他章中所载的财政规定。其他章的财政规定对本章或本章的执行均不适用。

第V章 行政规定

第53条 大会

(1)

(a) 除第57条（8）另有规定外，大会应由各缔约国组成。

(b) 每个缔约国政府应有一名代表，该代表可以由副代表、顾问和专家辅助。

(2)

(a) 大会应：

(i) 处理有关维持和发展本联盟及执行本条约的一切事项；

(ii) 执行本条约其他条款特别授予大会的任务；

(iii) 就有关修订本条约会议的筹备事项对国际局给予指示；

(iv) 审议和批准总干事有关本联盟的报告和活动，并就有关本联盟职权范围内的事项对总干事给予一切必要的指示；

(v) 审议和批准按(9)建立的执行委员会的报告和活动，并对该委员会给予指示；

(vi) 决定本联盟的计划，通过本联盟的三年[1]预算，并批准其决算；

(vii) 通过本联盟的财务规则；

(viii) 为实现本联盟的目的，成立适当的委员会和工作组；

(ix) 决定接纳缔约国以外的哪些国家，以及除(8)另有规定外，哪些政府间组织和非政府间国际组织作为观察员参加大会的会议；

(x) 采取旨在促进本联盟目的的任何其他适当行动，并履行按本条约是适当的其他职责。

(b) 关于本组织管理的其他联盟共同有关的事项，大会应在听取本组织的协调委员会的意见后作出决定。

(3) 一个代表只可代表一个国家，并且以该国名义投票。

(4) 每个缔约国只有一票表决权。

(5)

(a) 缔约国的半数构成开会的法定人数。

(b) 在未达到法定人数时，大会可以作出决议，但除有关其自己的议事程序的决议以外，所有决议只有在按照细则规定，依通信投票的方法达到法定人数和必要的多数时，才有效力。

(6)

(a) 除第47条(2)(b)、第58条(2)(b)、第58条(3)和第61条(2)(b)另有规定外，大会的各项决议需要有所投票数的三分之二票。

---

[1] 编者注：自1980年起，本联盟的计划和预算是两年制。

(b) 弃权票不应认为是投票。

(7) 对于仅与受第Ⅱ章约束的国家有关的事项，(4)(5)和(6)中所述的缔约国，都应认为只适用于受第Ⅱ章约束的国家。

(8) 被指定为国际检索单位或国际初步审查单位的任何政府间组织，应被接纳为大会的观察员。

(9) 缔约国超过40国时，大会应设立执行委员会。本条约和细则中所述的执行委员会，一旦该委员会设立后，应解释为这种委员会。

(10) 在执行委员会设立前，大会应在计划和三年[1]预算的限度内，批准由总干事制定的年度计划和预算。

(11)

(a) 大会应每两历年召开一次通常会议，由总干事召集，如无特殊情况，应和本组织的大会同时间和同地点召开。

(b) 大会的临时会议由总干事应执行委员会或四分之一的缔约国的要求召开。

(12) 大会应通过其自己的议事规则。

第54条 执行委员会

(1) 大会设立执行委员会后，该委员会应遵守下列的规定。

(2)

(a) 除第57条(8)另有规定外，执行委员会应由大会从大会成员国中选出的国家组成。

(b) 执行委员会的每个委员国政府应有一名代表，该代表可以由副代表、顾问和专家若干人辅助。

(3) 执行委员会委员国的数目应相当于大会成员国数目的

---

[1] 编者注：自1980年起，本联盟的计划和预算是两年制。

四分之一。在确定席位数目时,用四除后的余数不计。

(4) 大会在选举执行委员会委员时,应适当考虑公平的地理分配。

(5)

(a) 执行委员会每个委员的任期,应自选出该委员会的大会会议闭幕开始,到大会下次通常会议闭幕为止。

(b) 执行委员会委员可以连选连任,但连任的委员数目最多不能超过全体委员的三分之二。

(c) 大会应制定有关执行委员会委员选举和可能连选连任的详细规则。

(6)

(a) 执行委员会的职权如下:

(i) 拟定大会议事日程草案;

(ii) 就总干事拟定的本联盟计划和两年预算草案,向大会提出建议;

(iii) [已删除]

(iv) 向大会递交总干事的定期报告和对账目的年度审计报告,并附具适当的意见;

(v) 按照大会的决定并考虑到大会两次通常会议之间发生的情况,采取一切必要措施,以保证总干事执行本联盟的计划;

(vi) 执行按照本条约授予的其他职责。

(b) 关于与本组织管理下的其他联盟共同有关的事项,执行委员会应在听取本组织协调委员会的意见后作出决定。

(7)

(a) 执行委员会每年应举行一次通常会议,由总干事召集,最好和本组织协调委员会同时间和同地点召开。

(b) 执行委员会临时会议应由总干事依其本人倡议，或根据委员会主席或四分之一的委员的要求而召开。

(8)

(a) 执行委员会每个委员国应有一票表决权。

(b) 执行委员会委员的半数构成开会的法定人数。

(c) 决议应有所投票数的简单多数。

(d) 弃权票不应认为是投票。

(e) 一个代表只可代表一个国家，并以该国的名义投票。

(9) 非执行委员会委员的缔约国，以及被指定为国际检索单位或国际初步审查单位的任何政府间组织，应被接纳为观察员参加委员会的会议。

(10) 执行委员会应通过其自己的议事规则。

第55条 国际局

(1) 有关本联盟的行政工作应由国际局执行。

(2) 国际局应提供本联盟各机构的秘书处。

(3) 总干事为本联盟的最高行政官员，并代表本联盟。

(4) 国际局应出版公报和细则规定的或大会要求的其他出版物。

(5) 协助国际局、国际检索单位和国际初步审查单位执行本条约规定的各项任务，细则应规定国家局应提供的服务。

(6) 总干事和他所指定的工作人员应参加大会、执行委员会以及按本条约或细则设立的其他委员会或工作小组的所有会议，但无表决权。总干事或由他指定的一名工作人员应为这些机构的当然秘书。

(7)

(a) 国际局应按照大会的指示并与执行委员会合作，为修订本条约的会议进行准备工作。

（b）关于修订本条约会议的准备工作，国际局可与政府间组织和非政府间国际组织进行磋商。

（c）总干事及其指定的人员应在修订本条约会议上参加讨论，但无表决权。

（8）国际局应执行指定的任何其他任务。

第 56 条　技术合作委员会

（1）大会应设立技术合作委员会（在本条中称为"委员会"）。

（2）

（a）大会应决定委员会的组成，并指派其委员，适当注意发展中国家的公平代表性。

（b）国际检索单位和国际初步审查单位应为委员会的当然委员。如果该单位是缔约国的国家局，该国在委员会不应再有代表。

（c）如果缔约国的数目允许，委员会委员的总数应是当然委员数的两倍以上。

（d）总干事应依其本人倡议或根据委员会的要求，邀请有利害关系组织的代表参加与其利益有关的讨论。

（3）委员会的目的是提出意见和建议，以致力于：

（i）不断改进本条约所规定的各项服务；

（ii）在存在几个国际检索单位和几个国际初步审查单位的情况下，保证这些单位的文献和工作方法具有最大程度的一致性，并使其提出的报告同样具有最大程度的高质量；并且

（iii）在大会或执行委员会的倡议下，解决在设立单一的国际检索单位过程中所特有的技术问题。

(4) 任何缔约国和任何有利害关系的国际组织，可以用书面就属于委员会权限以内的问题和委员会进行联系。

(5) 委员会可以向总干事或通过总干事向大会、执行委员会，所有或某些国际检索单位和国际初步审查单位，以及所有或某些受理局提出意见和建议。

(6)

(a) 在任何情况下，总干事应将委员会的所有意见和建议的文本送交执行委员会。总干事可以对这些文本表示意见。

(b) 执行委员会可以对委员会的意见、建议或其他活动表示其看法，并且可以要求委员会对属于其主管范围内的问题进行研究并提出报告。执行委员会可将委员会的意见、建议和报告提交大会，并附以适当的说明。

(7) 在执行委员会建立前，本条 (6) 中所称执行委员会应解释为大会。

(8) 委员会议事程序的细节应由大会以决议加以规定。

第 57 条 财务

(1)

(a) 本联盟应有预算。

(b) 本联盟的预算应包括本联盟自己的收入和支出，及其对本组织管理下各联盟的共同支出预算应缴的份额。

(c) 并非专属于本联盟而同时也属于本组织管理下的一个或一个以上其他联盟的支出，应认为是这些联盟的共同支出。本联盟在这些共同支出中应负担的份额，应和本联盟在其中的利益成比例。

(2) 制定本联盟的预算时，应适当注意到与本组织管理下的其他联盟的预算进行协调的需要。

(3) 除本条(5)另有规定外,本联盟预算的资金来源如下:

(i) 国际局提供有关本联盟的服务应收取的费用;

(ii) 国际局有关本联盟的出版物的出售所得或版税;

(iii) 赠款、遗赠和补助金;

(iv) 租金、利息和其他杂项收入。

(4) 确定应付给国际局的费用的金额及其出版物的价格时,应使这些收入在正常情况下足以支付国际局为执行本条约所需要的一切开支。

(5)

(a) 如果任何财政年度结束时出现赤字,缔约国应在遵守(b)和(c)规定的情况下,缴纳会费以弥补赤字。

(b) 每个缔约国缴纳会费的数额,应由大会决定,但应适当考虑当年来自各缔约国的国际申请的数目。

(c) 如果有暂时弥补赤字或其一部分的其他办法,大会可以决定将赤字转入下一年度,而不要求各缔约国缴纳会费。

(d) 如果本联盟的财政情况允许,大会可以决定把按(a)缴纳的会费退还给原缴款的缔约国。

(e) 缔约国在大会规定的应缴会费日的两年内没有缴清(b)规定的会费的,不得在本联盟的任何机构中行使表决权。但是,只要确信缴款的延误是由于特殊的和不可避免的情况,本联盟的任何机构可以允许该国继续在该机构中行使表决权。

(6) 如果在新财政期间开始前预算尚未通过,按财务规则的规定,此预算的水平应同前一年的预算一样。

(7)

(a) 本联盟应有一笔工作基金,由每个缔约国一次缴款构成。如果基金不足，大会应安排予以增加。如果基金的一部分已不再需要，应予退还。

（b）每个缔约国首次向上述基金缴付的数额，或参与增加上述基金的数额，应由大会根据与本条（5）（b）所规定的相似的原则予以决定。

（c）缴款的条件应由大会按照总干事的建议并且在听取本组织协调委员会的意见后，予以规定。

（d）退还应与每个缔约国原缴纳的数额成比例，并且考虑到缴纳的日期。

（8）

（a）本组织与其总部所在国签订的总部协议中应规定，在工作基金不足时，该国应给予贷款。贷予的数额和条件应按每次的情况由该国和本组织订立单独的协议加以规定。只要该国仍负有给予贷款的义务，该国在大会和执行委员会就应享有当然席位。

（b）本款（a）中所述的国家和本组织每一方都有权以书面通知废除贷款的义务。废除自通知发出的当年年底起 3 年后发生效力。

（9）账目的审核应按财务规则的规定，由一个或一个以上缔约国或外界审计师进行。这些缔约国或审计师应由大会在征得其同意后指定。

第 58 条　实施细则

（1）本条约所附的细则规定以下事项的规则：

（i）关于本条约明文规定应按细则办理的事项，或明文规定由或将由细则规定的事项；

（ii）关于管理的要求、事项或程序；

(iii) 关于在贯彻本条约的规定中有用的细节。

(2)

(a) 大会可以修改细则。

(b) 除本条（3）另有规定外，修改需要有所投票数的四分之三票。

(3)

(a) 细则应规定哪些规则只有按照下列方法才能修改：

(i) 全体一致同意；或者

(ii) 其国家局担任国际检索单位或国际初步审查单位的各缔约国都没有表示异议，而且在这种单位是政府间组织时，经该组织主管机构内其他成员国为此目的授权的该组织的成员国兼缔约国并没有表示异议。

(b) 将来如从应予适用的要求中排除上述任何一项规则，应分别符合（a）(i) 或（ii）规定的条件。

(c) 将来如将任何一项规则包括在（a）所述的这一项或那一项要求中，应经全体一致同意。

(4) 细则应规定，总干事应在大会监督下制定行政规程。

(5) 本条约的规定与细则的规定发生抵触时，应以条约规定为准。

第Ⅵ章　争议

第59条　争议

除第64条（5）另有规定外，两个或两个以上缔约国之间有关本条约或细则的解释或适用发生争议，通过谈判未解决的，如果有关各国不能就其他的解决方法达成协议，有关各国中任何一国可以按照国际法院规约的规定将争议提交该法院。将争议提交国际法院的缔约国应通知国际局；国际局应将此事提请其他缔约国予以注意。

第Ⅶ章　修订和修改

第 60 条　本条约的修订

(1) 本条约随时可以由缔约国的特别会议加以修订。

(2) 修订会议的召开应由大会决定。

(3) 被指定为国际检索单位或国际初步审查单位的政府间组织，应被接纳为修订会议的观察员。

(4) 第 53 条（5）（9）和（11），第 54 条，第 55 条（4）至（8），第 56 条和第 57 条，可以由修订会议修改，或按照第 61 条的规定予以修改。

第 61 条　本条约某些规定的修改

(1)

(a) 大会的任何成员国、执行委员会或总干事可以对第 53 条（5）（9）和（11），第 54 条，第 55 条（4）至（8），第 56 条以及第 57 条提出修改建议。

(b) 总干事应将这些建议在大会进行审议前至少 6 个月通知各缔约国。

(2)

(a) 对本条（1）所述各条的任何修改应由大会通过。

(b) 通过需要有所投票数的四分之三票。

(3)

(a) 对（1）所述各条的任何修改，应在总干事从大会通过修改时的四分之三成员国收到按照其各自宪法程序办理的书面接受通知起 1 个月后开始生效。

（b）对上述各条的任何修改经这样接受后，对修改生效时是大会成员的所有国家均具有约束力，但增加缔约国财政义务的任何修改只对那些已通知接受该修改的国家具有约束力。

（c）凡按（a）的规定已经接受的任何修改，在按该项规定生效后，对于以后成为大会成员国的所有国家都具有约束力。

第Ⅷ章　最后条款

第62条　加入本条约

（1）凡保护工业产权国际联盟的成员国，通过以下手续可以加入本条约：

（i）签字并交存批准书；或

（ii）交存加入书。

（2）批准书或加入书应交总干事保存。

（3）保护工业产权巴黎公约的斯德哥尔摩议定书第24条应适用于本条约。

（4）在任何情况下，本条（3）不应理解为意味着一个缔约国承认或默示接受有关另一缔约国根据该款将本条约适用于某领地的事实状况。

第63条　本条约的生效

（1）

（a）除本条（3）另有规定外，本条约应在8个国家交存其批准书或加入书后3个月生效，但其中至少应有4国各自符合下列条件中的任一条件：

（i）按照国际局公布的最新年度统计，在该国提出的申请已超过4万件；

（ii）按照国际局公布的最新年度统计，该国的国民或居民在某一外国提出的申请至少已达1000件；

（iii）按照国际局公布的最新年度统计，该国的国家局收到外国国民或居民的申请至少已达1万件。

（b）为本款的目的，"申请"一词不包括实用新型申请。

（2）除本条（3）另有规定外，在本条约按（1）生效时未成为缔约国的任何国家，在该国交存其批准书或加入书3个月后，应受本条约的约束。

（3）但是，第Ⅱ章的规定和附于本条约的细则的相应规定，只是在有3个国家至少各自符合本条（1）规定的三项条件之一而加入本条约之日，并且没有按第64条（1）声明不愿受第Ⅱ章规定的约束，才能适用。但是，该日期不得先于按本条（1）最初生效的日期。

第64条 保留[1]

（1）

（a）任何国家可以声明不受第Ⅱ章规定的约束。

（b）按（a）作出声明的国家，不受第Ⅱ章的规定和细则的相应规定的约束。

（2）

（a）没有按（1）（a）作出声明的任何国家可以声明：

（i）不受第39条（1）关于提供国际申请副本及其译本（按照规定）各一份的规定的约束；

（ii）按第40条的规定推迟国家处理程序的义务并不妨碍由国家局或通过国家局公布国际申请或其译本，但应理解为该国

---

[1] 编者注：国际局收到的有关依照条约第64条（1）至（5）作出的保留的信息将在公报以及世界知识产权组织下述网站上公告：www.wipo.int/pct/zh/texts/reservations/res_incomp.html。

并没有免除第 30 条和第 38 条规定的限制。

(b) 作出以上声明的国家应受到相应的约束。

(3)

(a) 任何国家可以声明,就该国而言,不要求国际申请的国际公布。

(b) 如果在自优先权日起 18 个月期满时,国际申请只包含对作出本款(a)声明的国家的指定,该国际申请不应按第 21 条(2)的规定予以公布。

(c) 在适用本款(b)规定时,如遇下列情况,国际申请仍应由国际局公布:

(i) 按细则的规定,根据申请人的请求;

(ii) 当已经按本款(a)规定作出了声明的任何以国际申请为基础的国家申请或专利已被指定国的国家局或代表该国的国家局公布,立即在该公布后并在不早于自优先权日起 18 个月届满前。

(4)

(a) 当任何本国法规定,其专利的现有技术效力自公布前的某一个日期起计算,但不将为现有技术的目的,把按照保护工业产权巴黎公约所要求的优先权日等同于在该国的实际申请日的,该国可以声明,为现有技术的目的,在该国之外提交的指定该国的国际申请不等同于在该国的实际申请日。

(b) 按本款(a)作出声明的任何国家,在该项规定的范围内,不受第 11 条(3)规定的约束。

(c) 按本款(a)作出声明的国家,应同时以书面声明指定该国的国际申请的现有技术效力在该国开始生效的日期和条件。该项声明可以在任何时候通知总干事予以修改。

(5) 每个国家可以声明不受第 59 条的约束。关于作出这种声明的缔约国与其他缔约国之间的任何争议，不适用第 59 条的规定。

(6)

(a) 按本条作出的任何声明均应是书面的声明。它可以在本条约上签字时或交存批准书或加入书时作出，或者除本条 (5) 所述的情况外，在以后任何时候以通知总干事的方式作出。在通知总干事的情况下，上述声明应在总干事收到通知之日起 6 个月后生效，对于在 6 个月期满前提出的国际申请没有影响。

(b) 按本条所作的任何声明，均可以在任何时候通知总干事予以撤回。这种撤回应在总干事收到通知之日起 3 个月后生效，在撤回按本条 (3) 所作声明的情形，撤回对在 3 个月期满前提出的国际申请没有影响。

(7) 除按本条 (1) 至 (5) 提出保留外，不允许对本条约作任何其他保留。

第 65 条 逐步适用

(1) 如果在与国际检索单位或国际初步审查单位达成的协议中，对该单位承担处理的国际申请的数量或种类规定临时性的限制，大会应就某些种类的国际申请逐步适用本条约和细则采取必要措施。本规定应同样适用于按第 15 条 (5) 提出的国际式检索的请求。

(2) 除本条 (1) 另有规定外，大会应规定可以提出国际申请和可以要求国际初步审查的开始日期。这些日期应分别不迟于本条约按第 63 条 (1) 的规定生效后 6 个月，或按第 63 条 (3) 第 II 章适用后 6 个月。

第 66 条 退出

（1）任何缔约国可以通知总干事退出本条约。

（2）退出应自总干事收到所述通知 6 个月后生效。如果国际申请是在上述 6 个月期满以前提出，并且，在宣布退出的国家是选定国的情况下，如果是在上述 6 个月届满以前选定，退出不影响国际申请在宣布退出国家的效力。

第 67 条 签字和语言

（1）

（a）本条约在用英语和法语写成的一份原本上签字，两种文本具有同等效力。

（b）总干事在与有利害关系的各国政府协商后，应制定德语、日语、葡萄牙语、俄语和西班牙语，以及大会可能指定的其他语言的官方文本。

（2）本条约在 1970 年 12 月 31 日以前可以在华盛顿签字。

第 68 条 保管的职责

（1）本条约停止签字后，其原本由总干事保管。

（2）总干事应将经其证明的本条约及其附件细则两份送交保护工业产权巴黎公约的所有缔约国政府，并根据要求送交任何其他国家的政府。

（3）总干事应将本条约送联合国秘书处登记。

（4）总干事应将经其证明的本条约及其细则的任何修改的附本两份，送交所有缔约国政府，并根据要求送交任何其他国家的政府。

第 69 条 通知

总干事应将下列事项通知保护工业产权巴黎公约的所有缔约国政府：

(ⅰ) 按第62条的签字；

(ⅱ) 按第62条批准书或加入书的交存；

(ⅲ) 本条约的生效日期以及按第63条（3）开始适用第Ⅱ章的日期；

(ⅳ) 按第64条（1）至（5）所作的声明；

(ⅴ) 按第64条（6）（b）所作任何声明的撤回；

(ⅵ) 按第66条收到的退出声明；

(ⅶ) 按第31条（4）所作的声明。

参考文献

一、著作

1. ［美］约瑟夫·熊彼特著,何畏等译:《经济发展理论——对于利润、资本、信贷、利息和经济周期的考察》,商务印书馆1990年版。
2. 郑成思:《知识产权论》,社会科学文献出版社2007年版。
3. ［英］威廉·退宁著,钱向阳译:《全球化与法律理论》,中国大百科全书出版社2009年版。
4. ［美］斯蒂文·G. 米德玛编,罗君丽、李井奎、茹玉骢译:《科斯经济学:法与经济学和新制度经济学》,格致出版社、上海三联书店、上海人民出版社2010年版。
5. 陈劲编著:《协同创新》,浙江大学出版社2012年版。
6. 国家知识产权局专利局审查业务管理部组织编写:《专利审查高速路（PPH）用户手册》,知识产权出版社2012年版。
7. ［美］胡迪·利普森、梅尔芭·库曼著,赛迪研究院专家组译:《3D打印:从想象到现实》,中信出版社2013年版。
8. 佘力焓:《专利审查国际协作制度研究——基于PPH的视角》,知识产权出版社2016年版。
9. ［美］约翰·H. 霍兰著,周晓牧、韩晖译:《隐秩序:适应性造就复杂性》,上海科技教育出版社2019年版。
10. 国家知识产权局制定:《专利审查指南2010》（2019年修订）,知识产权出版社2020年版。

11. Louis Henkin, *How Nations Behave: Law and Foreign Policy*, 2nd ed., Columbia University Press, 1979.
12. Richard R. Nelson, *National Innovation Systems: A Comparative Analysis*, Oxford University Press, 1993.
13. Clayton M. Christensen, *The Innovator's Dilemma: When New Technologies Cause Great Firms to Fail*, Harvard Business School Press, 1997.
14. Peter A. Gloor, *Swarm Creativity: Competitive Advantage Through Collaborative Innovation Networks*, Oxford University Press, 2006.
15. Asian Development Bank, *The New Silk Road: Ten Years of the Central Asia Regional Economic Cooperation Program*, 2011.
16. Anu K. Mittal, Linda D. Koontz, *Intellectual Property: Improvements Needed to Better Manage Patent Office Automation and Address Workforce Challenges: Testimony Before the Subcommittee on Courts, the Internet, and Intellectual Property, Committee on the Judiciary, House of Representatives*, US Government Accountability Office, 2005.
17. Hermann Haken, *Synergetics: An Introduction*, 3rd ed., Springer, 1983.
18. Semyon D. Savransky, *Engineering of Creativity: Introduction to TRIZ Methodology of Inventive Problem Solving*, CRC Press, 2000.

二、中文期刊

1. 陈劲、阳银娟:"协同创新的理论基础与内涵",载《科学学研究》2012年第2期。
2. 陈劲等:"我国企业技术创新国际化的模式及其动态演化",载《科学学研究》2003年第3期。
3. 陈岩等:"多维政府参与、企业动态能力与海外研发——基于中国创新型企业的实证研究",载《科研管理》2015年第S1期。
4. 曹阳:"《马拉喀什条约》的缔结及其影响",载《知识产权》2013年第9期。
5. 邓建志、罗志辉:"生态文明视角下专利审查制度之优化",载《科技与法律》2020 年第 2 期。

6. 邓建志："中国知识产权行政保护特色制度的发展趋势研究"，载《中国软科学》2008 年第 6 期。

7. 冯之浚、方新："适应新常态 强化新动力"，载《科学学研究》2015 年第 1 期。

8. 冯晓青："知识产权法的价值构造：知识产权法利益平衡机制研究"，载《中国法学》2007 年第 1 期。

9. 范如国："复杂网络结构范型下的社会治理协同创新"，载《中国社会科学》2014 年第 4 期。

10. 谷丽、阎慰椿、丁堃："专利申请质量及其测度指标研究综述"，载《情报杂志》2015 年第 5 期。

11. 郭壬癸、乔永忠："版权保护强度影响文化产业发展绩效实证研究"，载《科学学研究》2019 年第 7 期。

12. 侯建、陈恒："高技术产业自主创新模式驱动专利产出机理研究——知识产权保护视角"，载《科学学与科学技术管理》2016 年第 10 期。

13. 胡海青、王钰、魏薇："网络联结、知识产权保护与创新绩效"，载《科技进步与对策》2018 年第 23 期。

14. 韩玉雄、李怀祖："关于中国知识产权保护水平的定量分析"，载《科学学研究》2005 年第 3 期。

15. 黄汇、黄杰："人工智能生成物被视为作品保护的合理性"，载《江西社会科学》2019 年第 2 期。

16. 黄萃、任弢、张剑："政策文献量化研究：公共政策研究的新方向"，载《公共管理学报》2015 年第 2 期。

17. 焦和平："网络游戏在线直播画面的作品属性再研究"，载《当代法学》2018 年第 5 期。

18. 李兴："丝绸之路经济带：支撑'中国梦'的战略，还是策略？"载《东北亚论坛》2015 年第 2 期。

19. 李朝明、罗群燕、曲燕："基于协同创新的企业知识产权合作绩效评价"，载《北京理工大学学报（社会科学版）》2016 年第 3 期。

20. 李梅、余天骄："研发国际化是否促进了企业创新——基于中国信息技术企业的经验研究"，载《管理世界》2016年第11期。

21. 刘夏、黄灿："专利审查的误差检测及影响因素分析"，载《科学学研究》2019年第7期。

22. 刘文婷、徐圆圆："发明专利审查周期模型设计及应用"，载《中国科技信息》2020年第18期。

23. 卢海君："从美国的演绎作品版权保护看我国《著作权法》相关内容的修订"，载《政治与法律》2009年第12期。

24. 李琛："论人工智能的法学分析方法——以著作权为例"，载《知识产权》2019年第7期。

25. 李杨："改编权的保护范围与侵权认定问题：一种二元解释方法的适用性阐释"，载《比较法研究》2018年第1期。

26. 罗莉："我国《专利法》修改草案中开放许可制度设计之完善"，载《政治与法律》2019年第5期。

27. 马秋芬："协同创新中知识产权相关法律问题及利益分配研究"，载《科学管理研究》2017年第3期。

28. 毛昊、刘夏、党建伟："对标世界一流专利审查机构的制度经验与改革应对"，载《中国软科学》2020年第2期。

29. 孟祥娟："论网络视频产业版权运营及其法律规制"，载《学术交流》2017年第10期。

30. 戚湧、张明、丁刚："基于博弈理论的协同创新主体资源共享策略研究"，载《中国软科学》2013年第1期。

31. 邱宁："在合法与非法之间——未经许可创作的演绎作品之著作权辨析"，载《法学杂志》2012年第4期。

32. 宋河发、穆荣平、陈芳："专利质量及其测度方法与测度指标体系研究"，载《科学学与科学技术管理》2010年第4期。

33. 佘力焰、朱雪忠："专利审查高速路制度的理性探讨"，载《中国科技论坛》2016年第2期。

34. 申长雨："全面开启知识产权强国建设新征程"，载《知识产权》2017

年第 10 期。

35. 王展硕、谢伟："中国企业研发国际化研究的综述与展望"，载《研究与发展管理》2017 年第 6 期。

36. 武兰芬、余翔、周莹："海峡两岸专利审查合作的影响及实施模式研究"，载《科研管理》2010 年第 6 期。

37. 吴汉东："知识产权的多元属性及研究范式"，载《中国社会科学》2011 年第 5 期。

38. 吴汉东："知识产权战略实施的国际环境与中国场景——纪念中国加入世界贸易组织及《知识产权协议》10 周年"，载《法学》2012 年第 2 期。

39. 吴柯苇："新西兰无障碍格式版本著作权例外制度研究——以《马拉喀什条约》转化立法为中心"，载《出版发行研究》2021 年第 10 期。

40. 王先林："反垄断法与创新发展——兼论反垄断与保护知识产权的协调发展"，载《法学》2016 年第 12 期。

41. 王迁："论《马拉喀什条约》及对我国著作权立法的影响"，载《法学》2013 年第 10 期。

42. 王清、徐凡："实施《马拉喀什条约》的域外出版实践与启示"，载《出版发行研究》2020 年第 3 期。

43. 许春明、陈敏："中国知识产权保护强度的测定及验证"，载《知识产权》2008 年第 1 期。

44. 熊琦："'用户创造内容'与作品转换性使用认定"，载《法学评论》2017 年第 3 期。

45. 叶伟巍等："协同创新的动态机制与激励政策——基于复杂系统理论视角"，载《管理世界》2014 年第 6 期。

46. 姚颉靖、彭辉："版权保护与软件业盗版关系的实证研究——基于 51 个国家的数据分析"，载《科学学研究》2011 年第 6 期。

47. 严永和："我国反假冒制度的创新与传统名号的知识产权保护"，载《法商研究》2015 年第 2 期。

48. 朱显平、邹向阳："中国—中亚新丝绸之路经济发展带构想"，载《东北亚论坛》2006 年第 5 期。

49. 朱颖："美国知识产权保护制度的发展——以自由贸易协定为拓展知识产权保护的手段"，载《知识产权》2006 年第 5 期。

50. 周文光、李尧远："吸收能力、知识产权风险与产品创新绩效"，载《科研管理》2016 年第 6 期。

51. 周璐、朱雪忠："基于专利质量控制的审查与无效制度协同机制研究"，载《科学学与科学技术管理》2015 年第 4 期。

52. 郑成思："中国知识产权保护现状与定位问题"，载《今日中国论坛》2005 年第 Z1 期。

53. 张米尔、李海鹏、国伟："专利国际化的质量指数构建及评价研究"，载《科研管理》2019 年第 8 期。

54. 张红辉、周一行："'走出去'背景下企业知识产权海外维权援助问题研究"，载《知识产权》2013 年第 1 期。

55. 张建邦："国际投资条约知识产权保护制度的现代转型研究"，载《中国法学》2013 年第 4 期。

56. 张春辉、陈继祥："渐进性创新或颠覆性创新：创新模式选择研究综述"，载《研究与发展管理》2011 年第 3 期。

三、报纸

1. 丁广宇："加强法治保障 助力'一带一路'金融创新"，载《人民法院报》2016 年 8 月 24 日，第 1 版。

2. 顾书亮："发挥知识产权在丝绸之路经济带建设中的重要作用"，载《人民政协报》2015 年 5 月 9 日，第 3 版。

3. 贺延芳："搭建国际合作共享通道，加快专利审批速度——中日正式启动专利审查高速路试点"，载《中国知识产权报》2011 年 11 月 4 日，第 4 版。

4. 蒋建科、王宾："激励创新，立起'顶梁柱'"，载《人民日报》2017 年 2 月 6 日，第 9 版。

5. 李拯："知识产权保护是最大激励"，载《人民日报》2021 年 3 月 15

日，第 8 版。

6. 王海燕：“亚信会议创新'一带一路'安全体系”，载《上海文汇报》2016 年 5 月 2 日，第 4 版。

7. 喻志强、王庆：“'一带一路'亟须知识产权保障先行”，载《人民法院报》2015 年 4 月 29 日，第 8 版。

8. 朱永新：“进一步促进盲文书籍的出版和丰富”，载《人民日报》2021 年 7 月 20 日，第 7 版。

四、英文期刊和报告

1. Andrea Frey, "To Sue or Not to Sue: Video-Sharing Web Sites, Copyright Infringement, and the Inevitability of Corporate Control", *Brooklyn Journal of Corporate, Financial & Commercial Law*, Vol. 2, 1 (2007), pp. 167-196.

2. Anupama Phene, Paul Almeida, "Innovation in Multinational Subsidiaries: The Role of Knowledge Assimilation and Subsidiary Capabilities", *Journal of International Business Studies*, Vol. 39, 5 (2008), pp. 901-919.

3. Byeongwoo Kang, "The Innovation Process of Huawei and ZTE: Patent Data-Analysis", *China Economic Review*, Vol. 36, 2015, pp. 378-393.

4. Bongsun Kim et al., "The Impact of the Timing of Patents on Innovation Performance", *Research Policy*, Vol. 45, 4 (2016), pp. 914-928.

5. Bomi Song, Hyeonju Seol, Yongtae Park, "A Patent Portfolio-Based Approach for Accessing Potential R&D Partners: An Application of the Shapley Value", *Technological Forecasting and Social Change*, Vol. 103, 2016, pp. 156-165.

6. Central Asia Program 2012, the Central Asia Policy Forum, No. 2, June 2012.

7. Charlsye Smith Diaz, "Strategies for Writing About Innovation: Navigating the Relationship Between Technical Documentation, Patent Prosecution, and Technology Transfer", *IEEE Transactions on Professional Communication*, Vol. 57, 2 (2014), pp. 113-122.

8. Chung-Jen Chen, Yi-Fen Huang, Bou-Wen Lin, "How Firms Innovate Through R&D Internationalization? An S-curve Hypothesis", *Research Policy*, Vol. 41,

9 (2012), pp. 1544-1554.

9. Dietmar Harhoff, Stefan Wagner, "The Duration of Patent Examination at the European Patent Office", *Management Science*, Vol. 55, 12 (2009), pp. 1969-1984.

10. Dongwook Chun, "Patent Law Harmonization in the Age of Globalization: The Necessity and Strategy for a Pragmatic Outcome", *Journal of Patent Trademark Office Society*, Vol. 93, 2 (2011), p. 127.

11. Daniela Baglieri, Fabrizio Cesaroni, "Capturing the Real Value of Patent Analysis for R&D Strategies", *Technology Analysis & Strategic Management*, Vol. 25, 8 (2013), pp. 971-986.

12. Eugenio Hoss, "Delays in Patent Examination and Their Implications Under the TRIPS Agreement", *MIPLC Master Thesis Series*, Vol. 11, 2010, pp. 21-35.

13. Edmund W. Kitch, "The Nature and Function of the Patent System", *The Journal of Law and Economics*, Vol. 20, 2 (1977), pp. 265-290.

14. Eugenio Archontopoulos et al., "When Small is Beautiful: Measuring the Evolution and Consequences of the Voluminosity of Patent Applications at the EPO", *Information Economics and Policy*, Vol. 19, 2 (2007), pp. 103-132.

15. H. Igor Ansoff, "Strategies for Diversification", *Harvard Business Review*, Vol. 35, 5 (1957), pp. 113-124.

16. Han Woo Park, Loet Leydesdorff, "Longitudinal Trends in Networks of University-Industry-Government Relations in South Korea: The Role of Programmatic Incentives", *Research Policy*, Vol. 39, 5 (2010), pp. 640-649.

17. Henrique M. Barros, "Exploring the Use of Patents in a Weak Institutional Environment: The Effects of Innovation Partnerships, Firm Ownership, and New Management Practices", *Technovation*, Vol. 45-46, 2015, pp. 63-77.

18. Isamu Yamauchi, Sadao Nagaoka, "Does the Outsourcing of Prior Art Search Increase the Efficiency of Patent Examination? Evidence from Japan", *Research Policy*, Vol. 44, 8 (2015), pp. 1601-1614.

19. John R. Allison, Mark A. Lemley, "Who's Patenting What? An Empirical Exploration of Patent Prosecution", *Vanderbilt Law Review*, Vol. 53, 6 (2000), p. 2099.
20. Juan C. Ginarte, Walter G. Park, "Determinants of Patent Rights: A Cross-National Study", *Research Policy*, Vol. 26, 3 (1997), pp. 283-301.
21. Jan Hendrik Fisch, "Optimal Dispersion of R&D Activities in Multinational Corporations with a Genetic Algorithm", *Research Policy*, Vol. 32, 8 (2003), pp. 1381-1396.
22. Johannes Liegsalz, Stefan Wagner, "Patent Examination at the State Intellectual Property Office in China", *Research Policy*, Vol. 42, 2 (2013), pp. 552-563.
23. Kristen Osenga, "Institutional Design for Innovation: A Radical Proposal for Addressing § 101 Patent Eligible Subject Matter", *American University Law Review*, Vol. 68, 4 (2019), pp. 1191-1262.
24. Kenneth J. Arrow, "The Economic Implications of Learning by Doing", *The Review of Economic Studies*, Vol. 29, 3 (1962), pp. 155-173.
25. E. K. Kondo, "The Effect of Patent Protection on Foreign Direct Investment", *Journal of World Trade*, Vol. 29, 6 (1995), pp. 97-122.
26. Kimberly A. Moore, "Worthless Patents", Law and Economics Working Paper Series, George Mason University School of Law, Virginia, USA, 2005.
27. Ken Shadlen, "Intellectual Property, Trade and Development: Can Foes Be Friends?" *Global Governance*, Vol. 13, 2 (2007), pp. 171-177.
28. Koki Arai, "Patent Quality and Pro-Patent Policy", *Journal of Technology Management & Innovation*, Vol. 5, 4 (2010), pp. 1-9.
29. Noriko Yodogawa, Alexander M. Peterson, "An Opportunity for Progress: China, Central Asia, and the Energy Charter Treaty", *Texas Journal of Oil, Gas, and Energy Law*, Vol. 8, 1 (2012-2013), pp. 112-142.
30. Luis Gil Abinader, "Pharmaceutical Patent Examination Outcomes in the Dominican Republic", *Journal of International Business Policy*, Vol. 3, 4

(2020), pp. 385-407.

31. Maksim Belitski, Anna Aginskaja, Radzivon Marozau, "Commercializing University Research in Transition Economies: Technology Transfer Offices or Direct Industrial Funding?" *Research Policy*, Vol. 48, 3 (2019), pp. 601-615.

32. Michael J. Meurer, James Bessen, "Lessons for Patent Policy from Empirical Research on Patent Litigation", *Lewis and Clark Law Review*, Vol. 9, 1 (2005), pp. 1-27.

33. Matti Karvonen et al., "Technology Competition in the Internal Combustion Engine Waste Heat Recovery: A Patent Landscape Analysis", *Journal of Cleaner Production*, Vol. 112, 5 (2016), pp. 3735-3743.

34. Matthis de Saint-Georges, Bruno van Pottelsberghe de la Potterie, "A Quality Index for Patent Systems", *Research Policy*, Vol. 42, 3 (2013), pp. 704-719.

35. Mark A. Lemley, Carl Shapiro, "Probabilistic Patents", *Journal of Economic Perspectives*, Vol. 19, 2 (2005), pp. 75-98.

36. Peter K. Yu, "Currents and Crosscurrents in the International Intellectual PropertyRegime", *Loyola of Los Angeles Law Review*, Vol. 38, 1 (2004), p. 323.

37. Peter K. Yu, "Three Questions That Will Make You Rethink the U. S. -China Intellectual Property Debate", *John Marshall Review of Intellectual Property Law*, Vol. 7, 3 (2008), pp. 412-432.

38. Patricia Laurens et al., "The Rate and Motives of the Internationalisation of Large Firm R&D (1994-2005): Towards a Turning Point?" *Research Policy*, Vol. 44, 3 (2015), pp. 765-776.

39. Pierre M. Picard, Bruno van Pottelsberghe de la Potterie, "Patent Office Governance and Patents Examination Quality", *Journal of Public Economics*, Vol. 104, 2013, pp. 14-25.

40. Paul F. Burke, Markus Reitzig, "Measuring Patent Assessment Quality—Analyzing the Degree and Kind of (in) Consistency in Patent Offices, Decision

Making", *Research Policy*, Vol. 36, 9 (2007), pp. 1404-1430.
41. Peter M. Gerhart, "The Tragedy of TRIPS", *Michigan State Law Review*, 2007, pp. 143-184.
42. Patricia L. Judd, "The TRIPS Balloon Effect", *International Law and Politics*, Vol. 46, 2 (2014), pp. 471-540.
43. Patrick Turner, "Digital Video Copyright Protection with File-Based Content", *Media Law & Policy*, Vol. 16, 2 (2007), pp. 165-218.
44. Ronald H. Coase, "The Nature of the Firm", *Economica*, Vol. 4, 16 (1937), pp. 386-405.
45. Ronald H. Coase, "The Problem of Social Cost", *The Journal of Law and Economics*, Vol. 3, 1960, pp. 1-44.
46. Richard T. Rapp, Richard P. Rozek, "Benefits and Costs of Intellectual Property Protection in Developing Countries", *Journal of World Trade*, Vol. 24, 5 (1990), pp. 75-102.
47. Rubens P. Cysne, David Turchick, "Intellectual Property Rights Protection and Endogenous Economic Growth Revisited", *Journal of Economic Dynamics and Control*, Vol. 36, 6 (2012), pp. 851-861.
48. Ronald J. Mann, Marian Underweiser, "A New Look at Patent Quality: Relating Patent Prosecution to Validity", *Journal of Empirical Legal Studies*, Vol. 9, 1 (2012), pp. 1-32.
49. Srividya Jandhyala, "International and Domestic Dynamics of Intellectual Property Protection", *Journal of World Business*, Vol. 50, 2 (2015), pp. 284-293.
50. Subhashini Chandrasekharan et al., "Intellectual Property Rights and Challenges for Development of Affordable Human Papillomavirus, Rotavirus and Pneumococcal Vaccines: Patent Landscaping and Perspectives of Developing Country Vaccine Manufacturers", *Vaccine*, Vol. 33, 46 (2015), pp. 6366-6370.
51. S. Frederick Starr, "The New Silk Roads: Transport and Trade in Greater

Central Asia", available at https://www.silkroadstudies.org/publications/silkroad-papers-and-monographs/item/13125-the-new-silk-roads-transport-and-trade-in-greater-central-asia.html, last visited on 2020-09-04.
52. Sneha Sharma, Manchikanti Padmavati, "Duty of Disclosure During Patent Prosecution in India", *World Patent Information*, Vol. 41, 2015, pp. 31-37.
53. Sunil Kanwar, Robert Evenson, "Does Intellectual Property Protection Spur Technological Change?" *Oxford Economic Papers*, Vol. 55, 2 (2003), pp. 235-264.
54. Thomas G. Field Jr., "Controlling Patent Prosecution History", *The University of New Hampshire Law Review*, Vol. 8, 2 (2010), pp. 231-237.
55. Toshinao Yamazaki, "Patent Prosecution Highways (PPHs): Their First Five Years and Recent Developments Seen from Japan", *World Patent Information*, Vol. 34, 4 (2012), pp. 279-283.
56. William D. Nordhaus, "An Economic Theory of Technological Change", *The American Economic Review*, Vol. 59, 2 (1969), pp. 18-28.
57. Yadong Luo, Rosalie L. Tung, "International Expansion of Emerging Market Enterprises: A Springboard Perspective", *Journal of International Business Studies*, Vol. 38, 4 (2007), pp. 481-489.
58. Zvi Griliches, "Patent Statistics as Economic Indicators: A Survey", *Journal of Economic Literature*, Vol. 28, 4 (1990), pp. 1661-1707.
59. Zhanna Mingaleva, Irina Mirskikh, "Psychological Aspects of Intellectual Property Protection", *Procedia-Social and Behavioral Sciences*, Vol. 190, 2015, pp. 220-226.